Utilice el estrés para ser feliz

Isabelle Filliozat

Utilice el estrés para ser feliz

A pesar de haber puesto el máximo cuidado en la redacción de esta obra, el autor o el editor no pueden en modo alguno responsabilizarse por las informaciones (fórmulas, recetas, técnicas, etc.) vertidas en el texto. Se aconseja, en el caso de problemas específicos —a menudo únicos— de cada lector en particular, que se consulte con una persona cualificada para obtener las informaciones más completas, más exactas y lo más actualizadas posible. EDITORIAL DE VECCHI, S. A. U.

Traducción de Sonia Saura Martínez.

Diseño gráfico de la cubierta: © YES.

© Editorial De Vecchi, S. A. 2019
© [2019] Confidential Concepts International Ltd., Ireland
Subsidiary company of Confidential Concepts Inc, USA
ISBN: 978-1-64461-442-6

El Código Penal vigente dispone: «Será castigado con la pena de prisión de seis meses a dos años o de multa de seis a veinticuatro meses quien, con ánimo de lucro y en perjuicio de tercero, reproduzca, plagie, distribuya o comunique públicamente, en todo o en parte, una obra literaria, artística o científica, o su transformación, interpretación o ejecución artística fijada en cualquier tipo de soporte o comunicada a través de cualquier medio, sin la autorización de los titulares de los correspondientes derechos de propiedad intelectual o de sus cesionarios. La misma pena se impondrá a quien intencionadamente importe, exporte o almacene ejemplares de dichas obras o producciones o ejecuciones sin la referida autorización». (Artículo 270)

*Para Anna, por tu amistad,
conexión pura del corazón, sin juicios ni rivalidad.
Para todos mis amigos, como agradecimiento por su confianza
y apoyo incondicional, aunque también por sus preguntas,
dudas y críticas, que siempre me obligan a profundizar aún
más y a precisar mis ideas, a aclarar mis formulaciones.
Esta obra es también la vuestra.*

«Nunca se está tan esclavizado
como cuando se esclaviza uno mismo».

GILBERT CESBRON

ÍNDICE

Introducción 13

1. La alquimia de la felicidad 19
La pulsión de la evolución 21
Trabajo y responsabilidades 23
Riesgo y estima de uno mismo 26
Trances y éxtasis 26
El éxito 29
Los constructores de catedrales 30
La seguridad interior 33
Costumbres y necesidad de seguridad 35
El vacío de Narciso 36

2. ¿Qué es el estrés? 41
El estrés, una reacción de adaptación 42
Reacciones desproporcionadas 45
El cerebro tiene sus razones 47
Recompensa y castigo 49
La desesperación adquirida 51
La acción imposible 53
La elección prohibida 54
Alarma, resistencia... y agotamiento 56
¿Está estresado? 59
Los síntomas del agotamiento 61

3. EL CUERPO SE EXPRESA.................... 65
Mal por digerir.............................. 66
Urgencia, ¡al ataque! 66
Rabia silenciosa 67
Corazón roto 68
¡Estoy harto, abandono! 68
La depresión 70

4. LOS ADICTOS AL ESTÍMULO 73
Vacío existencial y estrés de refugio 74
Delirio en el estadio y celebraciones en masa. 77
Los héroes................................. 78
La sal del dramatismo 79
El poder de la imaginación 82
La anticipación 83
Los aderezos mentales........................ 84
Recuerdos y reflexiones 85
Hipercontrol 87

5. CUESTIÓN DE TEMPERAMENTO 89
Angustia o éxtasis 89
Alberto.................................... 91
La fisiología del cerebro....................... 93
Los condicionamientos de la infancia 98
El poder de los padres........................ 101
Expectativas inconscientes.................... 102
¡Nunca más! 104
Verónica................................... 107
Definitivamente............................. 108
El peso de la máscara social.................... 111
La idealización de los padres 112
La angustia de no existir 114
Cada uno tiene su estilo....................... 116
   Tintín o profesor Tornasol 117
   Marilyn Monroe, Calimero o la madre naturaleza . 118
   Tomás el Gafe, Einstein y Penélope 119
   La Castafiore, la madrastra de Blancanieves, Narciso,
     Lucky Luke y James Bond 120

Alicia y el conejito. 120
Fuera las máscaras: las autorizaciones como antídoto 121

6. Crisis y cambios 123
Edades y pasos 124
Cuando la oruga utiliza la técnica del avestruz. 126
Conservadores e innovadores 127
Los mecanismos de la pasividad 130
Cuatro etapas 132
¡Acorralado!. 136
Resolver los problemas 138
Pérdidas y separaciones. 141

7. Los frenos al cambio 147
Sumisión a la presión social 148
Dependencia 149
Las emociones prohibidas 150
Los sentimientos de sustitución. 154
Los elásticos 155
Las colecciones de puntos 156
El veneno del resentimiento 157
Angustias y fobias 158
El terror del abismo. 160
El poder y el beneficio. 163
Mentiras y protección de la imagen de uno mismo . . 163
El cierre de la culpabilidad 166

8. El infierno es el otro 171
El miedo al otro. 172
El origen de los juegos de poder 174
Los padres, un tabú. 177
Padres mayores e hijos «ingratos». 178
Mensaje para los padres. 179
«El silencio como herencia» 183
Comunicación imposible 184
Proyecciones 185
Egocentrismo. 186
Soledad 188

Flechazo	189
Defensas	190
Al quitar el velo	191
Las rupturas	192
De la petición a la ofrenda	196
Negociaciones	198

9. LOS PELIGROSOS «ANTIESTRESANTES» 201
¿Rubio o negro? 201
El cafelito 203
Una copita 204
Los tranquilizantes como refugio 207
La tranquilidad de los padres 208
El chocolate ansiolítico 210
Panaderías y pastelerías 210
El azúcar, una droga insospechada 211

10. MEDIO AMBIENTE Y CONTAMINACIÓN 215
El ruido 215
Todo depende de la interpretación 217
Espacio vital 218
El agua 220
Atmósfera, atmósfera 221
Casas enfermas 222
Contaminantes invisibles 223
El hada Electricidad 223
La televisión 224
Las cámaras de gas para las piñas 225
Intoxicación hipócrita 227
Abramos los ojos 229
Los alimentos terrenales 230

11. SOMOS LOS ARTESANOS DE NUESTRAS VIDAS 233
Cambiar lo que cambiar se pueda 233
Aceptar lo que cambiar no puedo 237
Expresiones y actitudes 237
La vida de las emociones 239
Tristeza, miedo, sorpresa, hastío, ira, alegría 240

Índice

La ira 241
El miedo 243
Curar el miedo............................. 245
Contactos 247
Hacer el amor 249
Reír 250
Respirar 250
La relajación 251
Debajo del asfalto está la playa 254
Recursos e imágenes mentales............... 254
Dormir..................................... 257
Que tenga felices sueños 259
Colores 260
Música..................................... 261
El deporte 262
Los amigos................................. 263
Silencio y soledad 263

12. El sentido de la vida 267
Ética y valores, los retos de nuestra época 269
Job y el sentido del sufrimiento 271
La rana y el tarro de crema 274
¿Piedad o compasión?....................... 275
La sonrisa interior 276

Bibliografía para profundizar............... 279

INTRODUCCIÓN

Nuestra vida cotidiana es tan estresante que a veces olvidamos ser felices, pero ¿qué es la felicidad?

En la actualidad gozamos de una comodidad que a nuestros antepasados les parecería un lujo inaudito. Las máquinas nos han liberado de una gran cantidad de tareas ingratas que ocupaban buena parte del tiempo de nuestros abuelos. A pesar de que tenemos la impresión de que por la noche las calles o los pasillos del metro son poco seguros, en realidad, gozamos de una seguridad que era totalmente impensable hace algunos siglos. La época en que no se salía sin un arma no queda tan lejos.

Por ello, de forma objetiva, nuestra existencia está menos amenazada y es menos dura físicamente que la de nuestros abuelos. Sin embargo, la tensión, la angustia, el miedo y las inhibiciones se encuentran presentes ahora más que nunca. Podemos hablar de estrés por agotamiento, por timidez, por los horarios, por el pánico, por la soledad, por la falta de dinero, por la contaminación, en definitiva, del estrés actual.

Sin una verdadera razón, nos mostramos como personas sin una motivación válida, nerviosas, con insomnio, hipertensas y espasmofílicas. Los laboratorios farmacéuticos, que cada vez nos venden más tranquilizantes, hipotensores y somníferos, se frotan las manos.

¿Se puede ser feliz a pesar de todo este estrés?

Frente a la adversidad, algunas personas se restablecen y otras se desesperan. Al igual que existen aptitudes para la pintura o la música, hay otras que propician la felicidad. ¿Pero pueden aprenderse? La felicidad se basa en una alquimia que debe descodificarse. El capítulo 1 nos ofrecerá los primeros secretos.

El estrés, en líneas generales, es el nerviosismo que se produce en los atascos, el compañero de trabajo y sus eternos reproches, las letras que no podemos pagar, las tensiones familiares y las discusiones conyugales, las rupturas y la soledad, los informativos de la televisión, los gritos de los niños que se pelean continuamente..., en definitiva, es el ambiente, son los otros, es la sociedad, todo lo que, de una manera u otra, nos agrede.

Pero ¿qué es el estrés exactamente? ¿Qué relación existe entre el transporte público y la muerte de la abuela, entre el reloj de la oficina y la ruptura amorosa? En el capítulo 2 se explorarán las respuestas a estas preguntas mediante la descripción del proceso de estrés, sus etapas y los mecanismos que lo activan.

Se suele hablar de relaciones entre el estrés y las enfermedades, pero ¿de qué se trata exactamente? Lo veremos en el capítulo 3. ¿Qué tipo de estrés nos lleva a padecer una determinada enfermedad?

No se puede hablar del estrés sin mencionar a los adictos al estímulo (capítulo 4), plusmarquistas del riesgo, protagonistas en todos los registros. Uno mismo puede estresarse perfectamente, no es necesario experimentar acontecimientos traumáticos, pero ¿cómo? Pues, por ejemplo, sencillamente organizando el futuro (desde una perspectiva negativa, evidentemente), dándole vueltas a recuerdos del pasado que nos dejaron un sabor amargo, inventándonos la realidad, exagerando e interpretando las cosas presentes a nuestra manera.

Algunas personas se estresan más que otras, ya que no todo el mundo reacciona de la misma manera ante una misma situación. Nuestras reacciones son el reflejo de nuestra personalidad. ¿Qué es la personalidad? ¿Cómo se crea y qué se puede cambiar cuando determinadas actitudes y comportamientos no nos convienen? En el capítulo 5 intentaremos relacionar el cableado de las neuronas y las circunstancias personales.

Las pérdidas y las trasformaciones son inevitables. Las crisis marcan nuestras vidas. La vida es un cambio constante. Como veremos en el capítulo 6, en nuestra vida cotidiana nos mostramos más bien conservadores. Nos cuesta dejar atrás el pasado y no sentimos la necesidad de adaptarnos a un mundo que se mueve y se transforma.

Cualquier amenaza de futuro diferente, cualquier fuerza de evolución moviliza a su vez una fuerza que, como mínimo, opone la misma resistencia al cambio. En el capítulo 7 describiremos y analizaremos los ardides que utilizamos y de los que abusamos para escapar de la realidad, de nuestras responsabilidades, y para evitar cambiar. La imagen siempre está presente en nuestra sociedad, siempre hay que aparentar. No es necesario estar bien, sino simplemente aparentarlo. ¿Qué intentamos ocultar bajo esta máscara? ¡Esconda esa emoción, que no la pueda ver! La angustia, la fobia, la rabia y la desesperación nos paralizan. En el ámbito de las emociones reina la mayor confusión posible entre la mayoría de nuestros contemporáneos. Algo normal, ya que la moda educativa consistía en obedecer y, en consecuencia, en reprimir cualquier indicio de afecto que molestase a nuestros padres. Emociones primitivas, reflejas, secundarias, aprendidas: necesitamos una aclaración para elegir entre todo lo que nos impulsa y aprovecharemos para hablar del inconsciente, que suele actuar como freno.

¿Y el capítulo 8? El infierno también es el otro y los otros. ¡Es tan difícil comunicarse y amar! El miedo a los otros, los diálogos de besugos, los juegos de poder, los amores y las rupturas: los otros son los causantes de todas nuestras angustias y, sin embargo, quedarse solo tampoco resulta fácil. ¿Cómo podemos superarlo? ¿Qué pasa con la relación entre el padre y el hijo que ha crecido? Esta relación apenas se ha abordado en la literatura porque todavía está marcada por grandes tabúes, es una fuente de estrés que no por ser desconocida deja de ser menos importante. Se trata de la principal imagen de la relación del amor. La relación entre padres e hijos es la relación por excelencia, la fuente de todas las esperanzas y todos los desamparos. Marca los amores futuros, pero también las relaciones con uno mismo, con los otros y con el mundo. El hijo convertido en adulto suele estar lleno de rencores. ¿Ingratitud o simple alteración de los elementos? Los hijos ya no quieren ver a sus padres. Esta relación, no obstante, es una vía de reconciliación que los padres deben seguir para reanudar una auténtica comunicación con sus hijos convertidos en adultos.

Para mantenernos y compensar esta vida estresante, disponemos de algunas estrategias «antiestrés» que son más o menos tóxicas: los dulces, el café, el tabaco, el alcohol y los antidepresivos. Pero ¿y si, en lugar de camuflarnos, aprendemos a enfrentarnos a los problemas de cara? Entre tanto, echemos un vistazo un poco más consciente a nuestros excesos en el capítulo 9.

Lo que bebemos, lo que comemos, pero también lo que respiramos..., sin mencionar la contaminación acústica: el estrés también viene provocado por el entorno, y la contaminación tiene repercusiones tanto físicas como psíquicas. Este es el tema principal del capítulo 10.

¿Cuáles son las soluciones tras todas estas constataciones? Existen varias (capítulo 11). Contamos con numerosos recursos para modificar nuestro entorno o controlar el estrés en nuestro interior, para evitar el estrés inútil en la medida de lo posible, resolver los problemas y ocuparnos de nosotros mismos, para volver a aprender las cosas más sencillas: expresarse, respirar, reír, dormir o hacer el amor.

El estrés es un problema transversal, que comprende todos los ámbitos de la vida. En el capítulo 12 se plantea la pregunta del sentido del sufrimiento, del sentido de ponernos a prueba, del sentido de la vida.

Este libro es una obra ambiciosa, que se arriesga a abarcarlo todo, con la esperanza de no ser superficial. Se trata de un libro que he sembrado de ejemplos para permitirle seguir los meandros de mi pensamiento.

Introducción

A pesar de que he hecho auténticos malabarismos con los nombres, la mayoría de las historias son verdaderas y, por ello, me gustaría agradecer a mis clientes y a mis amigos que me hayan prestado desinteresadamente sus personajes para ilustrar mi propósito.

1

LA ALQUIMIA DE LA FELICIDAD

> «La diferencia entre los que triunfan y los que fracasan no reside en lo que poseen, sino en lo que deciden ver y hacer a partir de lo que la vida les ofrece».
> (Viktor Emil Frankl)

¿Qué es lo que nos hace felices?

Unos hacen de su vida un infierno, otros un paraíso. ¿Podríamos encontrar alguna pista acerca de la receta escuchando lo que dicen otros?

«Nunca antes había vivido una situación tan difícil y nunca he sido tan feliz en mi vida», exclama Carlos.

Ismael está pletórico: «Este amor me transforma, me dirige a horizontes desconocidos, me obliga a revisar completamente mi forma de ser. Es un cuestionamiento permanente y una felicidad sin igual. Nunca antes hubiese pensado que se podría ser tan feliz como lo soy ahora mismo».

Virginia suspira de contento al hablar de su vida: «Desde que tengo este nuevo trabajo llevo una vida de loca. Los niños, el marido, los clientes..., hay que hacerlo todo a la vez. Dispongo de una energía con la que antes no contaba y, sin embargo, todo el mundo cree que debo sentirme agotada. Sencillamente, soy feliz».

Diana no se queda corta: «No podía creerlo, resultaba duro, pero lo conseguí, soy la mujer más feliz del mundo».

Muriel se muestra furiosa contra todos los que han intentado atemperarla, hacerla razonar: «Me he enfrentado a mí misma y he ganado. Lo que hoy siento me da la razón. Estoy orgullosa de haber tenido el valor de no escuchar a los que me aconsejaban abandonar y elegir una vía más fácil».

«Me siento vacío, pero feliz a la vez», suspira Gustavo sonriendo.

Pues sí, sentirse feliz suele corresponderse con sentirse «vacío» y no «lleno». Las personas felices se entregan a sí mismas, en el amor o en la expresión de sus capacidades.

La felicidad no consiste en recibir mucho, sino en dar mucho. La felicidad es la sensación de utilizar las capacidades de uno mismo, de ir más allá de uno mismo, de amar, de superarse. Surge a la vuelta de la esquina, cuando uno no se lo espera. Sobreviene de lo que la Vida nos obliga a hacer al enfrentarnos a nosotros mismos, al hacernos rechazar, con frecuencia, la satisfacción inmediata de nuestras expectativas, cuando nos deshacemos de las costumbres, de los límites ordinarios, de la rutina, para amar o para realizarnos a nosotros mismos.

¿Podría imaginarse a alguien diciendo «No me ocurre nada, soy el hombre más feliz del mundo» o «Mi vida es tranquila, ¡qué felicidad!»? ¡No! Como mucho, las personas podemos llegar a decir: «Me considero feliz», comparando la propia vida con la miseria que hay en el mundo o con las desgracias del resto. Sin embargo «Me considero feliz» no es «Soy feliz».

Usted será feliz cuando sienta que el corazón le late, que la sangre corre por sus venas o que el aire llena sus pulmones. Será feliz cuando sienta que vive dentro de usted.

Confíe en la experiencia de Iván: «Por la noche no tenía ganas de hacer nada, me tiraba en el sofá delante de la televisión con una lata de cerveza, tranquilo, bien. Sin embargo, ahora me doy cuenta de que estaba desmotivado, deprimido. Ahora confío en mí mismo, tengo ganas de hacer cosas. Por las tardes, cuando llego del trabajo, me pongo con el jardín. Trabajo un poco y me siento feliz».

A veces suspiramos y aspiramos a la tranquilidad, soñamos con un mundo en el que todo sea «orden y belleza, lujo, calma y voluptuosidad» (Baudelaire). Pero la vida se encuentra en movimiento y la felicidad consiste precisamente en sentirse parte del movimiento de la Vida.

Miremos las cosas de frente. Aquellos que fracasan en la vida son los que huyen del estrés, los que, ante las encrucijadas de su existencia, tienden a elegir el camino que menos resistencia supone, los que prefieren la facilidad, detestan el cambio y todo lo que puede desestabilizarles, los que dan preferencia a la seguridad, los apegados a las costumbres, los que eligen hacer lo que saben hacer, en definitiva, aquellos a los que les asusta el movimiento de la vida.

Los que triunfan son los que no tienen miedo de fracasar, los que se arriesgan, aquellos que prefieren los senderos peligrosos porque les permitirán desarrollar sus capacidades, los que deciden hacer lo que todavía no saben hacer para aprender aún más, los que se mueven y salen de los caminos marcados, los que piensan que tienen algo que aportar al resto, los que dan un sentido a su vida.

La pulsión de la evolución

Si el hombre se dedicase únicamente a adaptarse a su medio, no habría construido catedrales, museos ni rascacielos. Para sobrevivir no necesitábamos televisiones, radiotelescopios ni aceleradores de partículas. ¿Qué necesidad darwiniana ha velado por la creación artística, la música, la danza, la escultura o la pintura? Si tan sólo nos motivase nuestra protección en un entorno hostil, no habríamos llegado a aventurarnos nunca en las profundidades de los océanos o en la inmensidad del espacio. ¿Qué es lo que nos empujó a querer caminar sobre la Luna?

El hombre es curioso, desea adentrarse en los secretos del universo, incluso sin tener ningún motivo. Podría pasarse la vida estudiando el anillo amarillo de la miosota, la radiación de la galaxia de Andrómeda, la vida en la era del Precámbrico o el amor en los graptolitos; se inclina por el placer de la explosión de una supernova o por la vida de los dinosaurios; desea conocer sus orígenes y sondea su destino para darle un sentido a su vida.

La presión del entorno no basta para explicar el desarrollo artístico, industrial y espiritual del ser humano. El hombre se plantea problemas incluso ahí donde la vida no lo hace, y así es como progresa, avanza y desarrolla sus capacidades físicas e intelectuales. Desgraciadamente, la sabiduría no siempre surge en sus invenciones, su ética vacila y su inteligencia suele ponerse al servicio de la destrucción.

Nuestra civilización apenas ha superado la tierna infancia y todavía le cuesta domesticar su egocentrismo. En el apogeo de su poder, todavía no controla las pulsiones de envidia, celos, poder y odio que se derivan de él. Con todo, debemos confiar en el ser humano, al que todavía le queda tiempo para desarrollar la conciencia. Este camino pasa por la experiencia.

La presión por el progreso parece ser una pulsión interna, el impulso del deseo hacia la obtención de más placer. Se trata de Eros, pulsión de la vida, por oposición a la pulsión de la muerte, que tiende a la reducción completa de las tensiones. El placer no es un estado estable, el disfrute orgiástico se encuentra en el paroxismo de la tensión. Encontramos placer al mover nuestro cuerpo, no existe nada comparable a la comodidad de un sillón delante de una chimenea y la embriaguez de un vals o de un partido de tenis o de fútbol (sobre el terreno de juego, no televisado, evidentemente). Encontramos el placer de resolver problemas, al superar nuestros límites, al construir.

«Para vivir felices, vivamos acostados». Un hombre acostado quizás esté tranquilo, pero no es feliz. Muchos comportamientos humanos se orientan hacia un desequilibrio, hacia un aumento de tensión, hacia una búsqueda de estimulaciones. El hombre tiene otros objetivos además del de mantenerse simplemente con vida.

Los problemas, las dificultades y los obstáculos no son agresiones, sino ruegos.

El estrés es la energía de adaptación que podemos utilizar para evolucionar o para bloquearnos, y que, en el último caso, nos intoxicará.

Demasiado estrés cansa al organismo. Es cierto, pero ¿qué tipo de estrés?

Trabajo y responsabilidades

Responsabilidades, multiplicación de reuniones a todos los niveles, decisiones que tomar, riesgos financieros, carrera-persecución de contratos, tensión hacia el objetivo, carga de trabajo, competición interna, horarios impuestos, sin mencionar la climatización de las oficinas, el comedor en el sótano y el peso de la jerarquía...: ¡cuánto estrés en el mundo laboral!

En *Manpower Argus* (n.º 216, febrero de 1987) algunos dirigentes responden acerca de los elementos que contribuyen al éxito profesional. Para el 93 %, la motivación en el trabajo se encuentra a la cabeza. El 63 % de los dirigentes del sector financiero van aún más lejos y hablan de «adicción al trabajo», a la que le sigue la facultad para entrar en competencia, con un 75 %.

Con tales características, cabría esperar, sin lugar a dudas, que estos directivos estuvieran estresados. Sin embargo, al contrario de lo que se nos hace pensar, los dirigentes gozan, en general, de una salud mejor que la media de los asalariados y, además, viven más tiempo.

Sin lugar a dudas, el estrés nos reserva sorpresas. A pesar de que es cierto que, de forma general, los directivos tienen una dieta alimentaria más equilibrada y hacen más ejercicio, estos no son motivos suficientes para explicar su aparente mejor aptitud para controlar el estrés.

Efectivamente, cuanto más escalamos en la jerarquía, más intenso es el estrés y... menos consecuencias nefastas se producen. De hecho, las estadísticas no engañan: los directivos medios y superiores padecen más problemas arteriales coronarios que los grandes dirigentes.

¿Paradójico? La diferencia fundamental entre el dirigente y los directivos que lo rodean es que el primero dirige, domina el tablero, es dueño de sus decisiones, se siente con el control de su éxito. Entre tanto, el directivo, incluso el superior, depende de otra persona. No dirige, sino que es dirigido, pierde el poder sobre su destino. Si no puede hacer nada para asumir el estrés de las decisiones más serias, no se sentirá libre de decir abiertamente lo que piensa ni de hacer lo que quiere. Su progreso o su trayectoria dependen de ello. Puede sentirse como un peón en el tablero, sin controlar el juego.

En el marco de una investigación realizada recientemente, se les pidió a dos grupos de trabajadores que realizaran tareas que exigieran una determinada concentración. A ambos grupos se les colocó en la misma situación, se les sometió a los ruidos de unas máquinas, a pitidos de claxon, a conversaciones ruidosas en idiomas extranjeros desconocidos, etc. En el primer grupo, cada persona tenía a su alcance un interruptor que le permitía aislarse de los ruidos cuando quisiera. En cambio, los miembros del segundo grupo no tenían elección, debían aguantar los ruidos. Como era de esperar, el grupo que disponía del interruptor obtuvo la mayor productividad y, además, la más constante. Pero el hecho más interesante fue que nadie utilizó el interruptor. Bastaba con saber que este estaba allí.

Necesitamos tener el control, aunque sólo sea una parte de este, un espacio de libertad. Si tenemos la impresión de tener que padecer una situación sin disponer de ningún poder superior, nuestro rendimiento se ve mermado.

Un estudio estadounidense ha indicado cómo los dirigentes de alto nivel se sienten satisfechos de un trabajo cuando están sometidos a un estrés intenso, mientras que los directivos de nivel medio reaccionan ante las mismas condiciones con angustia.[1] ¿Será la capacidad para controlar el estrés lo que diferencia a un jefe de empresa de un subordinado, o quizá la propia situación puede inducir, en mayor o menor medida, al estrés?

No todo el mundo desea ser jefe, a algunos les gusta tener responsabilidades, otros huyen de las mismas, prefiriendo la seguridad relativa de la dependencia. Sin embargo, el conformismo necesario que la acompaña suele generar muchos males.

---

1. «Executive Stress», AMA, Survey report New York amacom, 1979.

La alquimia de la felicidad

¿Es una simple coincidencia que la sociedad más organizada, la más jerarquizada del mundo, sea también la mayor consumidora de tranquilizantes? Japón se encuentra a la cabeza, aunque se disputa ávidamente con Francia el primer puesto. En función de las fuentes, este se atribuye a uno u otro país. Pero no ensombrezcamos el panorama, también hay asalariados contentos, aquellos que tienen la sensación de sentirse útiles, que gozan de cierta libertad en la organización de su función y que se sienten valorados en o por su trabajo.

Sin embargo, también existe una realidad fisiológica que no vendría mal tener en cuenta: la tensión arterial aumenta cuando nos dirigimos a una persona que consideramos de un estatus social superior, seamos o no conscientes de ello. James Lynch lo confirmó en uno de sus innumerables experimentos de evaluación de la tensión arterial. El propio experimentador, vestido de estudiante informal o de doctor con corbata y blusa blanca, suscitaba reacciones diferentes. La tensión arterial de los individuos (la amplitud de la subida y su nivel de base) varía considerablemente con indicadores de un estatus de «superioridad», con gran estupefacción por su parte, ya que son totalmente inconscientes de dicha modificación de tensión y piensan que se comportan del mismo modo con los dos experimentadores, que no hacen diferencias entre el «estudiante» y el «doctor».

Lo reconozcamos de forma inconsciente o no, el simple hecho de hablar a un superior jerárquico es una fuente de tensión.

El trabajo y las responsabilidades no son estresantes, pero sí lo son las herramientas de realización personal, que ofrecen espacios de creación, territorios en los que probar y mejorar las competencias, ocasiones para expresar las capacidades de cada uno, etc. El elemento estresante es la dependencia jerárquica, la falta de libertad y responsabilidad, la repetición de las tareas y la impresión de lo inútil del trabajo que uno hace.

Brigitte Gall, médico laboral de una caja de prestaciones por enfermedad, realizó un estudio acerca de las patologías asociadas al trabajo del sector terciario. El índice de depresiones en este sector parece ser claramente superior al de la media general. Cabe decir que el trabajo es, en este caso, especialmente ingrato: sentadas detrás de una mesa (suelen desempeñarlo principalmente mujeres), rellenan de forma incesante papeles cuya utilidad no siempre conocen, sus tareas son monótonas y repetitivas. Además, la novedad es que los informes incluyen cada vez más números. Uno ya no puede ni siquiera reírse de un apellido, ni imaginarse a la persona que se esconde detrás de ese nombre original. «No se les paga para que imaginen», replican los «jefes». Entonces, si el ser humano ya no puede ni siquiera imaginar, languidece y se deprime. Los seres humanos no son máquinas.

Riesgo y estima de uno mismo

¿Qué sucede con los controladores aéreos, que ejercen una profesión que se considera altamente estresante?

En las profesiones liberales, los artesanos y los comerciantes corren más riesgos que los asalariados, pero suelen enfermar con menos frecuencia. Aunque es cierto que pueden permitirse, al igual que un asalariado, una baja laboral, esto significaría una reducción inmediata de sus ingresos, por lo que prefieren ponerse enfermos el fin de semana o durante las vacaciones (increíble, pero cierto).

Suelen trabajar mucho más que los asalariados, en cuanto a número de horas por semana se refiere, de semanas por año o de años por vida, pero perciben de manera más directa el valor de sus esfuerzos y, en concreto, tienen mucho más control de su destino. Puede que proporcionalmente ganen menos dinero que un asalariado, no tienen todas las ventajas sociales que estos han adquirido, pero su trabajo los valoriza. Son directamente responsables de sus resultados, lo que les permite conocer su propio valor, estimarse y forjar una mejor imagen de ellos mismos.

Una de las claves del «ganador» parece ser la confianza en sí mismo, que es la que permite canalizar la energía del estrés hacia la consecución de un objetivo. Para elaborar la estima de uno mismo es necesario enfrentarse a uno mismo, asumir las responsabilidades, correr riesgos, decidir por uno mismo y no dejarse guiar.

Trances y éxtasis

En su libro *Cimes* (Cimas), Rob Schultheis nos descubre los deportes extremos. Cazador de visiones, como se denomina a sí mismo, siempre ha seguido la pista de las situaciones de éxtasis. Un día protagonizó una experiencia mística sobrecogedora: al descender por las cuestas mortales del Neva, se dio cuenta de que estaba haciendo cosas totalmente imposibles. «Desorientado, en estado de *shock*, escalaba con la impecable perfección de un leopardo de las nieves o de una cabra montañesa. Animado por una felicidad demente, simplemente realizaba los gestos necesarios. No hubiese podido fracasar porque cualquier error se había convertido en algo imposible».

La tensión del estrés llevada al extremo nos da la eficacia del gesto, una precisión perfecta. Toda la energía se moviliza, los sentidos se agudizan y están más atentos. Estamos preparados para la acción, la cabeza y el cuerpo se concentran en el objetivo. Eficacia de nuestros movimientos, el placer, la alegría del cuerpo y del espíritu, e incluso a veces... el éxtasis.

Schultheis se concentra en la investigación de los componentes de este estado de éxtasis «supraconsciente» y experimenta carreras en solitario, senderismo en zonas rocosas, aventura budista en el Himalaya, chamanismo amerindio y expedición al Popocatépetl. Para el «satori atlético», las condiciones físicas debían ir acompañadas de factores mentales y espirituales. El aislamiento social, la abstinencia sexual y la capacidad para vaciarse a uno mismo optimizan la ecuación de la magia: soledad + riesgo + esfuerzo al límite del agotamiento = éxtasis.

Y, para rizar el rizo: el ayuno, que permite disponer de la considerable energía utilizada generalmente por la digestión y que permite ser más receptivo.

Todas las actividades que nos obligan a superar los límites de nuestro cuerpo, como la escalada, la carrera o el *trekking*, pueden permitirnos acceder a ese estado de percepción supranormal. «En la realización de lo que es prácticamente imposible reside algo poderoso». Sin embargo, también podemos alcanzarlo con medios más suaves, como la meditación, la concentración, el canto o la danza, a través de los cuales la conciencia se desvía de lo real y tangible y se abre a otra dimensión.

En realidad, este estado es el mismo que experimentan los chamanes, los yoguis, los lamas, los derviches, los brujos y todas las personas que meditan y que cuentan con todo un arsenal de rituales que facilitan el acceso a una conciencia superior: la recitación de mantras, las plegarias, las visualizaciones, las técnicas respiratorias, las posturas, las danzas, las carreras en montañas o las caminatas, los ritmos concretos de tambores, los cantos, etc.

Independientemente de que se denominen trances, iluminaciones, estados modificados de conciencia, etc., no cabe duda de que son estados psicofisiológicos óptimos, que dan la impresión de fusión con el universo, de paz interior y de apertura cósmica, de no separación, no individuación, una conciencia sensorial aguda y una sensación de libertad y de poder ilimitado.

Las creencias están por el suelo. La búsqueda de la tranquilidad no es rentable. Para ponerse al resguardo de las consecuencias nefastas del estrés habrá que correr riesgos. ¿Paradójico? Tampoco demasiado.

«En mi opinión, resulta arriesgado creer que la salud mental depende ante todo de un equilibrio interior o, como se denomina en biología, de un estado homeostático, es decir, desprovisto de tensión. Lo que el hombre necesita no es vivir sin tensión, sino centrarse en un objetivo válido, realizar una tarea elegida libremente», afirma el psicoanalista Viktor Emil Frankl en su excelente libro *Découvrir un sens à sa vie* (Descubrir un sentido a la vida).

El equilibrio y la salud del hombre se encuentran en la homeodinámica. Este concepto lo acuñé en el libro *Le corps messager* (El cuerpo mensajero), para dar cuenta de las dos tendencias existentes para el mantenimiento de la identidad (homoios) y el crecimiento (dunamai). La seguridad afectiva y la aceptación incondicional de uno mismo constituyen la base sólida (homeo) a partir de la cual uno puede construirse, realizarse (dinámica). El ser humano necesita Ser y Crecer.

Nos sentimos vivos cuando corremos riesgos, pero... ¡atención!: ir de éxito en éxito sólo conduce a un vacío interior si la motivación es hacerse querer, obtener el reconocimiento de los otros o satisfacer las exigencias familiares.

El éxito

«Triunfar» no siempre quiere decir «realizarse» y puede llegar a ser un obstáculo para la satisfacción personal. ¿Cómo puede llegar a comprenderse esta paradoja aparente? Puede suceder que, hipnotizados por un árbol, pasemos al lado de un bosque. Así, hipnotizados por un éxito, podemos pasar al lado de auténticos envites de una situación. El auténtico y único éxito es el interior.

El éxito «exterior», el éxito a los ojos del resto, tan sólo es un espejismo, y un espejismo no hace surgir la sensación de plenitud. El éxito profundiza en el vacío interior porque, paradójicamente, refuerza la idea de que no tenemos valores propios. La creación, la realización de una obra, el resultado, tan sólo aportan la felicidad cuando son la expresión pura de uno mismo y no cuando son la búsqueda de valorización, de la respuesta a las expectativas del resto o del conformismo social. Necesitamos ser amados y hacer, creer, realizarnos, pero no hacer para ser amados.

Con todo, es natural tener (durante un tiempo) la necesidad de reconocimiento para reafirmarnos en el trabajo. Tras haber aprendido el «oficio» (sin limitar esta palabra únicamente al aspecto profesional), nos convertimos inmediatamente en los únicos jueces de nuestras competencias. El sentimiento del trabajo bien hecho procede del interior, ya que sólo nosotros mismos sabemos de lo que somos capaces.

El fracaso aparente, y no el éxito, suele ser más bien una fuente de realización personal. Nadie puede juzgar nada y, de todos modos, tan sólo se puede juzgar una vida al final, ya que ¿quién sabe por qué caminos puede llegar a pasar la realización? El sendero más directo raramente es el más valioso.

«No consigues conservar un trabajo más de dos años», «Tu vida afectiva es una sucesión de fracasos»... ¿Entonces?

No juzgue su valor en función de sus éxitos exteriores. No dependa de la imagen que dé. El auténtico éxito lo sentirá en el interior, al adquirir conciencia de todo lo que estas experiencias le han aportado. Al cambiar de trabajo tan a menudo quizás haya acumulado conocimientos en múltiples ámbitos, habrá desarrollado todo tipo de aptitudes. Todas las relaciones amorosas finalizan con una separación, pero quizás usted haya aprendido y avanzado a través de cada historia, realzándose y convirtiéndose en una persona más independiente. Quizá sea más rico, desde una perspectiva humana (y a la hora de morir, esta será la riqueza más importante para usted), por haber superado todos estos supuestos fracasos, que si hubiese «conseguido» conservar el trabajo o se hubiese casado.

El ser se moldea a través de la experiencia.

Los constructores de catedrales

Tres escultores de piedra trabajan uno al lado del otro. Uno de ellos resopla y suspira, y un transeúnte le pregunta:
—¿Qué hace?
—Esculpo una piedra —le responde el hombre.
El transeúnte se dirige al segundo escultor de piedra y le hace la misma pregunta:
—¿Qué hace?
El hombre levanta la mirada de su obra y le dice:
—Construyo una catedral.

El transeúnte, impresionado, se dirige entonces al tercer hombre, que parece bastante concentrado:
—¿Qué hace?
El escultor de piedra le responde:
—Hago una obra maestra.

Ante una misma tarea, el primero se estresa, resopla y suspira. El segundo es consciente de aquello en lo que participa, ve la imagen de la totalidad, se siente útil. Sin embargo, es el tercero el que se siente verdaderamente feliz, se implica personalmente. Pone su vida en su cincel, se expresa y se siente realizado a través de la obra, tiene conciencia de que, al esculpir la piedra, esculpe su vida.

«¡Qué ganas de jubilarme!». ¿Cuántas veces hemos oído o pronunciado nosotros mismos estas palabras? No obstante, ese paraíso al que algunos aspiran no es totalmente de color de rosa. El 51 % de jubilados enferma gravemente o muere el mismo año de la jubilación.

Y, sin embargo, ¡qué alivio no tener que trabajar! Ya no tendremos que levantarnos temprano cada mañana, podremos volver a descubrir la alegría de levantarnos tarde, podremos descansar por fin, hacer lo que siempre hemos deseado... Sí, exactamente, ese es el quid de la cuestión: ¿qué deseamos hacer? El dejar de trabajar significa también perder muchas gratificaciones sociales, nos encontramos ante nosotros mismos, disponemos por fin de esa libertad tan deseada, pero con ella también surgen la duda acerca de nosotros mismos, la incertidumbre y el vacío.

Tomás está muy concentrado en su profesión, tiene pocos amigos, no se le han dado demasiado bien las mujeres y la suya lo abandonó poco después de haberse casado. Su trabajo es su vida, le dedica todo su tiempo. Desde hace ya bastante tiempo dice que no sobrevivirá a la jubilación: «Ya verás», le dice a su hermano, «en cuanto no pueda trabajar, me iré». Con todo, hace con él proyectos para «después», pero ¿realmente cree en ellos? Este año es el último. Unas horas después de haberse despedido de sus compañeros, Tomás ingresa en el hospital y muere dos días después.

Tomás no ha construido nada dentro de él, su trabajo le daba sentido y el haberle dedicado tanto tiempo le permitía no enfrentarse al vacío que sentía en su interior.

Las reacciones en el momento de la jubilación no suelen ser, afortunadamente, tan violentas ni tan rápidas. Sin embargo, las cifras son elocuentes.

¿Cómo cree que disfrutarán su jubilación los tres escultores de piedra? El primero es, sin duda alguna, el que más habrá mencionado la frase «¡Qué ganas de jubilarme!» y, probablemente, el que la disfrutará menos. Habrá tallado el mismo número de piedras que los otros, pero con el sentimiento de haber sido explotado. Tan sólo ha tallado piedras para ganarse la vida y así es como la ha perdido.

El segundo se arriesga a sentirse inútil. Observará con orgullo las catedrales, pero también con nostalgia. ¿Qué es ahora, si ya no construye catedrales? Ha consagrado su vida a la construcción de objetos exteriores, pero en su interior tan sólo siente un vacío. Habrá asumido su papel en un aspecto, consciente de su participación en un conjunto, pero al haber basado su valor en realizaciones exteriores, él, como individuo, carecerá de existencia, de valor propio. Se asemeja a Tomás, tiene necesidad de Hacer para sentirse Ser.

El tercero ha realizado una obra maestra. No ha construido únicamente una catedral. El edificio de piedra tan sólo es la manifestación exterior de la catedral interior que él ha forjado, tallando conscientemente cada piedra. Podría decirse que se ha construido a través de la catedral. Ha utilizado su trabajo para expresarse, crecer, pulirse y escucharse a sí mismo. La realización de una obra maestra requiere una implicación total del ser y no solamente la disposición de las propias competencias al servicio de una realización. El sentido de la vida de uno mismo no depende de lo que ha hecho, sino de lo que es. No necesita Hacer para llegar a Ser.

Las estadísticas acerca de la longevidad son elocuentes. Las personas que más viven son los directores de orquestas sinfónicas, los artistas de gran popularidad y los miembros activos del mundo de los negocios. Si su nombre aparece en *Who's who* o en una tarjeta de VIP, esto también será garantía de longevidad. A priori, no son personas con vidas tranquilas ni poco estresantes; son personas que se implican totalmente, que asumen importantes responsabilidades, individuos cuya opinión cuenta para el resto. Son su propio material y hacen de su vida una obra. Se atreven a ser ellos mismos. Para convertirse en lo que son, han corrido riesgos, se han desmarcado de lo habitual y de las costumbres, porque tenían la suficiente seguridad interior para hacerlo.

La seguridad interior

En los primeros años de vida, el bebé se siente seguro con el contacto tranquilizador de los brazos de su madre, con su mirada incondicionalmente receptiva. La mirada de una madre nunca emite juicios, el niño puede ser simplemente como es, sin necesidad de hacer nada especial. Puede entregarse con confianza a los brazos de su madre. Esta le da sin esperar nada a cambio, de manera que se crea una seguridad básica.

Después, el bebé interioriza a esta buena madre, es decir, que puede llegar a conservar dentro de sí mismo la idea de la constancia del afecto de esta. Por lo tanto, ya no necesita verla constantemente para saber que le ama y le protege. Sabe que ella está en su vida, incluso cuando no se encuentre presente físicamente a su lado.

Al disponer de esta seguridad de base, nos sentimos libres para poder movernos y ver lo que sucede en otro lugar, para explorar sin miedo, porque hemos interiorizado que los problemas tienen solución, que los obstáculos pueden sortearse y que el sufrimiento puede curarse. Al llegar a la edad adulta, cuando surgen dificultades, sabemos que estas son transitorias y que vamos a encontrar algún modo de superarlas. Cuando nos caemos, sabemos que mamá, si hubiese estado ahí, nos habría soplado en la «pupa». Por ello, somos nosotros mismos los que «soplamos» en la herida y volvemos a empezar, seguros del camino elegido, abiertos al futuro, al resto de las personas y a nuevas experiencias.

Controlar el estrés resulta muy sencillo cuando hemos interiorizado una seguridad suficiente para enfrentarnos a todo tipo de situaciones arduas sin desmoronarnos, cuando nos queremos profundamente, lo suficiente como para aceptarnos incluso si fracasamos, cuando nos amamos tanto en los momentos de superación como en los de alegría, cuando nos aceptamos tanto en los momentos malos como en los buenos.

Por muchas razones, la interiorización de una madre buena y tranquilizadora resulta complicada. Existen madres ausentes, madres que se despreocupan de sus hijos y otras que están presentes, pero que no son tranquilizadoras, sino madres violentas o madres angustiadas y depresivas que, debido a su propia carencia de seguridad, son incapaces de ofrecérsela a su hijo. También existen madres que esperan que su hijo las tranquilice. Hay muchos tipos de madres.

También hay madres que no saben cómo hablarles a sus hijos, que se asustan de sus emociones y que no quieren enfrentarse a su ira o a su angustia y, por tanto, con la excusa de no hacerles llorar inútilmente, no les dicen que van a dejarlos en casa de la abuela toda la semana. Otro tipo de madres se sienten culpables por dejar a sus hijos en la guardería para ir a trabajar y, en lugar de decir al niño «Te quiero, pero también quiero trabajar y tengo ganas de ir a trabajar porque necesito sentirme realizada como mujer», le dicen: «No llores, me gustaría quedarme contigo, pero tengo que trabajar para ganar dinero para alimentarte», lo que desencadena inevitablemente los llantos del hijo, atacado por los sentimientos de impotencia y culpabilidad que la madre le transmite.

En resumen, contamos con todo tipo de buenas razones para no interiorizar un sentimiento sólido de seguridad interior. A estas aventuras con mamá pueden añadirse, además, las relaciones con papá, que suele estar ausente, siempre pensativo, que parece no saber cómo funciona una esponja o una escoba y que se coloca delante del televisor con aspecto abstraído, a quien no hay que molestar porque está cansado. Tan sólo se espabila una vez sentado en la mesa, cuando pregunta por las notas y recuerda que no se llegará a nada en la vida si no se trabaja.

Hay muchos tipos de padres. Los hay duros, autoritarios, violentos, también están los que son dulces e invisibles en presencia de mamá, otros que son muy frágiles y necesitan protección, otros muy tiernos detrás de un aspecto tosco o toscos detrás de un aspecto tierno, otros que están ausentes o que rechazan a sus hijos, aquellos que exigen todo tipo de cosas, que ponen condiciones a su cariño, y también hay otros que dan miedo. Con muchos resulta realmente difícil mostrar un sentimiento de confianza en uno mismo y de seguridad incondicional.

Costumbres y necesidad de seguridad

¿Qué ocurre cuando no conseguimos interiorizar una confianza suficiente en nosotros mismos? Pues que intentamos hacernos querer y no ser nosotros mismos ni ser queridos por lo que somos, sino que buscamos la seguridad del exterior, a través de la estabilidad en un trabajo, en las costumbres, en las rutinas, en una seguridad material o en una imagen de nosotros mismos, en un papel, en la interpretación de un personaje. Necesitamos Hacer para sentirnos Ser.

Las costumbres son reconfortantes. Una costumbre ofrece una sensación ilusa de seguridad, es algo que hemos adquirido. Por ejemplo, el primer café matutino no es simplemente un café, sino que también desempeña la función de darnos confianza. Pocas personas se preguntan por la mañana: «¿Qué me apetece hoy?». La mayoría deciden que tomarán té (o café, etc.) de una vez por todas y si un día, por cualquier motivo, el café debe omitirse o sustituirse por una taza de cacao, la jornada al completo se habrá desbaratado porque «se han quedado sin su café».

Algunas personas aprecian estos cambios y otras prefieren seguir con las costumbres. Para ir a la oficina, a algunas personas les gusta cambiar de itinerario y otras prefieren tomar cada día el mismo camino.

Las grandes cadenas hoteleras construyen por todo el mundo hoteles completamente parecidos, con las mismas habitaciones, los mismos cuadros en las paredes y la misma distribución del baño. Así se transmite seguridad, ya no estamos perdidos, sabemos dónde se encuentran las cosas y cómo funcionan las puertas y los grifos, no tenemos que calentarnos la cabeza, no se producirán incidentes imprevistos.

Sin embargo, cuando esta ilusoria seguridad que ofrecen las costumbres, el matrimonio o la profesión se ve sacudida, amenazada por cualquier razón, entonces aparece el estrés. Cualquier cosa puede desmoronarse en cualquier momento: pueden despedirle, su casa puede incendiarse con todas sus pertenencias, la persona a la que ama puede morirse o abandonarle, en su país puede surgir una dictadura, la guerra, una hambruna, un desastre ecológico, etc. Si sólo ha invertido en el aspecto exterior, será muy vulnerable. La auténtica seguridad sólo puede encontrarse en uno mismo. «Busque únicamente en sí mismo», afirman todas las corrientes espirituales. Pero ¿qué podemos hacer cuando «en uno mismo» tan sólo hay vacío?

El vacío de Narciso

En la actualidad vivimos en una civilización narcisista, hedonista, centrada en el placer de lo egotista e inmediato. «La sociedad hedonista tan sólo engendra superficialmente la tolerancia y la indulgencia, cuando en realidad nunca antes habían sido tan grandes la ansiedad, la incertidumbre y la frustración».[2]

«El mundo es un teatro», afirmaba Shakespeare, prueba de que el problema no es actual. Sí, sin lugar a dudas. En la vida, los actores suelen ser prisioneros de sus papeles más de lo que imaginan. A fuerza de encarnar un personaje, se acaba por no saber quién es quién. La interpretación ¿es conscien-

---

2. Gilles Lipovetsky, *La era del vacío: ensayos sobre el individualismo contemporáneo*, Anagrama, 2002.

te o inconsciente? Ambas cosas. Siempre permanece dentro de nosotros una pequeña voz que apenas escuchamos, pero que sabe que «yo no soy así».

Las máscaras que creemos que tenemos que llevar puestas y con las que acabamos identificándonos inhiben la espontaneidad de nuestras reacciones y limitan nuestras capacidades para resolver los problemas y para enfrentarnos a las dificultades de la vida, al margen de consumir mucha energía para su mantenimiento.

«El estrés procedente del exterior es el peor», afirmaba Alexander Lowen. El estrés es la tensión entre la compulsión de satisfacer las exigencias de la imagen y la realidad de las necesidades.

¿Cómo no vamos a sentirnos vacíos cuando renunciamos a nuestros sentimientos más profundos a favor de la sumisión a las normas familiares y sociales? La vida emocional de un hijo suele percibirse como amenazadora por parte de un padre que no tiene confianza en sí mismo, que no ha aprendido a quererse y a aceptarse tal y como es. Éste es el caso de muchas personas, por no decir de la mayoría. El fallo de todo esto reside en las normas educativas de la época, en el sistema social. Bajo la apariencia de educación, el padre intenta modelar a su hijo según la imagen que se hace de él, sometiéndole a frases como «Hay que...», «Debes...», «Yo sé mejor que tú lo que te conviene» y otras como «Es por tu bien», etc.

El hijo, obligado a someterse a las conminaciones de los padres, debe reprimir su cariño, negar sus necesidades, su realidad. A veces puede llegar incluso a dudar de sus sensaciones. «Si tengo hambre y mis padres me dicen que no es verdad porque no es la hora de comer, debo dudar de la sensación de hambre. Los padres siempre tienen razón y, de todos modos, son más fuertes y dependo de ellos».

En el interior del hijo tan sólo hay vacío y rabia acumulada, sufrimientos no expresados, miedos inconfesables, vergüenzas indecibles. El hijo crecerá con este vacío. Ya adulto, tenderá, de forma más o menos consciente, a adaptarse a las expectativas de los demás, a las normas, a las modas, a las influencias sociales, a frases como «Hay que...»/«Debes...», etc. Se creará una imagen de sí mismo que adoptará frecuentemente como su identidad (este aspecto se tratará de forma más detallada en un próximo capítulo). Cuanto más se oculte tras esta máscara, más violentos y dolorosos serán los afectos reprimidos.

Ayer no nos planteábamos preguntas. Nuestros padres, el colectivo, decidían por nosotros. Casa, matrimonio, trabajo..., apenas teníamos libertad, el individuo apenas existía, no se preocupaba por el vacío de su interior. ¿Acaso tenía tiempo de mirar en su interior?

Hoy, para evitar enfrentarnos al vacío interior que se plantea con la pregunta «¿Quién soy?», la sociedad nos propone la evasión en los placeres del consumismo: de objetos, bienes, comida, bebida, sexo, ocio, etc. Todo nos invita a no tener en cuenta la realidad de nuestras vidas.

Francamente, cabe decir que el enfrentamiento no sería nada fácil, ya que si mirásemos con más atención, ¿acaso podríamos seguir así? ¿Y si decidiéramos dejar de vivir con ese estrés? ¿Podríamos aguantar todos los cambios que tendríamos que superar?

Con frecuencia, preferimos creer que es imposible cambiar, que la vida es así y que es mejor acostumbrarse.

Las relaciones humanas, las pérdidas, los fracasos, los conflictos, las separaciones, etc., son cada vez más difíciles de controlar, y cada uno lo disimula con su maquillaje particular. Tenemos miedo unos de otros, miedo de lo que se esconde detrás de la fachada del otro. Para recuperar un poco de poder, para reconfortarnos, nos colocamos también la máscara e interpretamos: poder de seducción, de lo enigmático, del conocimiento total, de la perfecta ama de casa, del protector, del salvador, de la madre de familia numerosa, etc.

Nos enfrentamos unos a otros, o más bien a las corazas de unos y otros, a las armaduras. La soledad, la desconfianza y los juegos de poder invaden el terreno social y nos arrastran hacia una espiral sin salida.

A fuerza de interpretar nuestra vida en lugar de vivirla, de reprimir nuestras emociones primarias profundas e ignorar nuestra realidad, bloqueamos el proceso vital dentro de nosotros. Nos ponemos tensos para seguir adaptándonos a los esquemas propuestos por la sociedad, hasta llegar a agotarnos, enfermar o deprimirnos.

Si le duelen los pies porque lleva zapatos demasiado pequeños, por muchos masajes, baños, aspirinas o analgésicos a los que recurra, los pies le seguirán doliendo. Lo que debe hacer es cambiar de zapatos.

Nuestra sociedad es como un zapato demasiado pequeño: es evidente que no nos queda bien, no nos deja desarrollarnos. Por ello, en vez de intentar por todos los medios conformarnos, tomar medicamentos y realizar todo tipo de esfuerzos para adaptarnos, ¿no será mejor cambiar de zapato, cambiar la sociedad, es decir, aprender en primer lugar a desobedecer y a liberarse?

¿Hemos de lamentar la falta de asistencia a las iglesias y de participación en los partidos? Nuestra época se caracteriza por el vacío, no cabe duda. Se trata de una época narcisista, de individuación y creación de la imagen de uno mismo. Cada uno de nosotros deberá encontrarse tanto a sí mismo, como su camino, para convertirse en lo que anhele ser. En nuestra época más que en ninguna otra, el desafío consiste en amar y realizarse, convertirse en uno mismo, expresar la individualidad y encontrar el sitio de uno mismo entre el resto. La felicidad consiste en sentir que ocupamos nuestro lugar en el movimiento de la Vida.

2

¿QUÉ ES EL ESTRÉS?

El estrés, ascendido al rango de fenómeno social, suscita que se hable mucho de él y no goza precisamente de una buena reputación: se le acusa de ser el origen de muchos males de la sociedad civilizada. Muchos podrían pensar que el estrés surgió en la era industrial, relacionándolo directamente con la automatización, las máquinas, las fábricas, los horarios y la ciudad, como si antes de todo eso sólo hubiese habido calma y voluptuosidad, tranquilidad y armonía con la naturaleza.

Cojamos la máquina del tiempo y pongámonos a observar. Usted camina por un bosque muy frondoso, por lo que le resulta difícil ver dónde pone los pies... y no, no hay calzada. ¿Qué es ese martilleo sordo que se escucha? Quizá sea un mamut, o un uro. Se acerca, ¿lleva consigo la porra? ¿Una flecha? Hay que apuntar bien. Ya está, salvado. Tras volver a la cueva, ¿realmente puede dormir con tranquilidad con todo ese ruido alrededor? Percibe un movimiento cerca entre la maleza, ¿qué es? Efectivamente, sin la linterna de bolsillo es inútil buscar el interruptor para comprobar qué es lo que le ha saltado encima de la pierna en la oscuridad.

Quizás haya ido demasiado lejos. ¿Quiere intentarlo en la Edad Media? Si consigue escapar de los briosos caballos de los caballeros y las espadas de los gentilhombres que los encabezan, podría disfrutar de un paseo con los olores característicos de las calles de París antes de la invención del alcantarillado. ¿Prefiere el campo? Quizá le guste atravesar un bosque con más bandidos que Robins de los Bosques en comparación con las películas.

Con independencia de que los factores de la agresión, o de lo que nosotros percibimos como agresión, sean físicos (ruido, calor, frío, contaminación...), emocionales (conflictos, fracasos, pérdidas...) o incluso imaginarios (no olvide que «el cielo puede desplomarse sobre nuestras cabezas»), estos hacen latir nuestro corazón. Estamos tensos, nerviosos: esto es el estrés.

El estrés está presente en todas las edades, en todas las épocas, es la reacción universal a los desafíos que nos lanza el entorno.

El estrés, una reacción de adaptación

Observe lo que le pasa a su organismo cuando está sometido a la acción del estrés: el corazón late más deprisa, la sangre fluye por las venas. A veces le pican las manos, se humedecen. Enseguida siente la necesidad imperiosa de moverse y, si se deja llevar, puede llegar a agitar las piernas al compás. Se enciende compulsivamente un cigarrillo, mordisquea la punta de un lápiz o bien lo mordisquea de arriba abajo. Si no consigue moverse, deberá entonces retener su energía, su respiración, y entonces se producirá la parálisis. El estómago se entromete, comienza a hacer ruido (¡chitón!) y usted empieza a meter la barriga hacia adentro cada vez más y... le entran ganas de ir a hacer pis, ¡precisamente en ese momento! Siente la boca seca y un nudo en la garganta, nada práctico para hablar. Entonces palidece y, además de ponerse a sudar, su vello se eriza. ¡Cuidado, se le va a notar, no tiemble de ese modo!

Ante la necesidad de «enfrentarse» a una situación difícil, el cerebro activa la alarma y la movilización de los recursos. En primer lugar, el combustible: se necesita glucosa. Al principio de la fase de alarma, una descarga de insulina provoca la disminución radical del nivel de azúcar en la sangre. En las grasas se almacena azúcar. Para paliar la demanda de recursos energéticos, la respiración se acelera. El oxígeno inhalado quema las grasas para liberar azúcar a la sangre. El colesterol, el combustible más lento, tomará el relevo de la glucosa. La sangre oxigenada y portadora del combustible deberá circular rápidamente: el corazón se activa. Los cinco sentidos se agudizan: los ojos pueden ver más y más lejos, el campo visual se amplía. El oído se hace más fino. Incluso el tacto es más sensible. El gusto y el olfato se exacerban. El estómago y todo el sistema digestivo consumen, por lo general, mucha energía. En caso de emergencia, los músculos y el cerebro son los órganos prioritarios. La digestión se interrumpe y, en consecuencia, las glándulas salivales interrumpen sus secreciones. La saliva sirve para cubrir el estómago a fin de que este no sea atacado por los jugos gástricos.

La aceleración cardiaca, la boca seca, el hormigueo en los músculos y todas esas sensaciones que nos perturban y preocupan son normales, además de útiles.

«En la vida, la única constante es el cambio», dijo Einstein. Tenemos que adaptarnos incesantemente a nuestro entorno, tanto desde el punto de vista físico como psicológico. Cualquier acontecimiento nuevo, ya sea alegre o doloroso, modifica nuestra realidad y requiere nuestra adaptación. El estrés es el nombre genérico de todos estos esfuerzos de adaptación a un entorno en movimiento, es uno de los factores del ser vivo.

La primera descripción científica del estrés fisiológico fue propuesta hacia 1920 por el fisiólogo Walter Cannon: «Cualquier cuerpo animal complejo manifiesta un modelo estereotipado de reacción ante cualquier agresión del entorno que perturbe su equilibrio». A este modelo, él lo denominó «la reacción de lucha o de huída».

Algo más tarde, en 1936, Hans Selye, especialista de las glándulas endocrinas, estudió un «estado de enfermedad» común a todas las personas enfermas y puso de relieve lo que más tarde denominaría el Síndrome General de Adaptación (SGA), introduciendo el concepto de estrés con la siguiente definición: «El estrés es la respuesta del organismo a cualquier solicitación, es el esfuerzo de adaptación».

El SGA se desarrolla en tres fases. Las reacciones fisiológicas que acabamos de citar se corresponden con la primera, la *fase de alarma*. Tras esta movilización energética, en caso de que no sea posible realizar ninguna acción para modificar el entorno o resolver el problema planteado, y si el ataque o la huída están prohibidos, el organismo se mantiene en tensión. La energía permanece movilizada sin encontrar ningún objeto sobre el que emplearse. El sistema de defensa inmunitario del organismo permanece en tensión. Nos introducimos, pues, en la *fase de resistencia*. Los recursos del organismo no son eternos ni ilimitados. Una resistencia demasiado prolongada conduce al «agotamiento», tanto de las defensas como físico y mental. Por lo tanto, el estrés, además de constituir una reacción ante una agresión, es una reacción a cualquier modificación de nuestro equilibrio.

Juan Pedro se acaba de enterar de que la mujer a la que ama está enferma de cáncer y siente dolor. Sólo hay que mirarlo: no puede quedarse quieto, tiene los nervios a flor de piel, le sudan las manos, el corazón le palpita a toda velocidad, no tiene ganas de comer y esa noche apenas podrá dormir.

A Malena se le ofrece un nuevo puesto de trabajo, un ascenso importante, y siente alegría. Sólo hay que mirarla: el corazón le palpita a toda velocidad, le sudan las manos, no puede permanecer quieta, está excitada, nerviosa, sus pensamientos van y vienen, no tiene hambre y esa noche apenas podrá dormir.

¿No hay diferencias entre el estrés producido por una situación agradable y el producido por una situación desagradable? Hans Selye introdujo una distinción entre lo que él denominó *eustrés* (del griego *eu*, «bien»), desencadenado por un factor feliz, y la angustia o *distrés*, desencadenado por un acontecimiento desagradable. En el eustrés podemos encontrar recursos como el placer, la fuerza, la confianza en uno mismo, el orgullo, el calor, etc. El distrés nos arrastra a un círculo vicioso negativo: sufrimiento, debilidad, desvalorización, ideas pesimistas, angustia, etc., demasiados agentes estresantes internos que van añadiéndose y nos conducen rápidamente al agotamiento.

¿Qué es el estrés? 45

Si el estrés es una respuesta natural y sana de nuestro organismo, necesaria para nuestra supervivencia, ¿por qué tiene tan mala reputación?

Son las 8.40 horas, Arturo se encuentra en su coche, esta mañana tiene una cita importante. Para evitar los atascos decide meterse por una callejuela... con el camión de reparto. A Arturo le da un vuelco el corazón.

Nuestras reacciones suelen ser desproporcionadas. Nos ponemos nerviosos en los embotellamientos, tartamudeamos en las juntas del consejo de administración, incluso un inocente ramo de flores, obsequio de un apuesto caballero, es capaz de desencadenar un enorme estrés.

Nuestros antepasados canalizaban inmediatamente su energía en la acción, huían corriendo o atacaban a su agresor. Sin embargo, en la actualidad, ¿qué podemos hacer con ese desbarajuste fisiológico dentro de nuestro cuerpo? No podemos huir ni arremeter contra el tribunal de un examen, un jefe, una letra o un atasco. Desencadenamos reacciones de estrés en situaciones que no siempre las requieren. Nuestros agentes estresantes son más psíquicos que físicos, y no sabemos cómo utilizar la energía movilizada en el organismo. Cuando nos encontramos ante la imposibilidad de resolver un problema, de realizar una elección o de expresarnos, la energía bloqueada nos mantiene en tensión, nos paraliza y nos agota.

Reacciones desproporcionadas

Ante el obstáculo con el que se cruza Arturo, este podrá elegir el ataque y salir furioso de su coche para injuriar al pobre hombre que no ha acabado con el reparto, hasta que se dé cuenta de la imponente masa de músculos y el aspecto patibulario del susodicho. Entonces decidirá girarse repentinamente hacia ese irresistible escaparate. También podrá esperar detrás de su volante a esperar a que acabe, ir a pedirle sosegadamente al repartidor que avance un metro a fin de dejarle acceder al cruce o...

En teoría, entre varias actitudes, podremos elegir aquella que sea más eficaz. Sin embargo, numerosos factores, como la educación, las costumbres adquiridas, las experiencias pasadas, etc., condicionan nuestros comportamientos y reducen nuestras capacidades de elección.

El hipotálamo, a pesar de ser una minúscula región del cerebro, es el director de orquesta de todos los procesos metabólicos, el principal responsable de la organización de las reacciones de defensa del organismo. Esta región recibe permanentemente información directa relacionada con todas las modificaciones biológicas que se producen en el cuerpo y, en consecuencia, con las necesidades fisiológicas del momento, aunque también recibe órdenes de instancias superiores del cerebro, que cumple sin atreverse a rebelarse, incluso cuando las órdenes son incoherentes o desproporcionadas en relación con los mensajes sensoriales. Demasiado trabajo tiene ya como para tener que comprobar, además, la oportunidad y la coherencia de las reacciones que se le pide que dirija. Por tanto, habrá que plantear a la jerarquía la pregunta de la pertinencia de nuestras respuestas al entorno.

En un nivel superior al hipotálamo se encuentra el sistema límbico, que gestiona la memoria y las emociones. El término sistema límbico comprende un conjunto de estructuras del cerebro medio con forma de anillo. Este sistema atribuye una significación afectiva a las situaciones con las que nos confrontamos, comparándolas con recuerdos de situaciones parecidas: éxito o fracaso. Sin necesidad de que esos recuerdos afloren a la conciencia, las emociones que los acompañan resurgen y tiñen nuestras experiencias.

Conservar la objetividad no es una tarea sencilla cuando nuestras percepciones sensoriales están marcadas por experiencias del pasado. Los datos afectivos priman sobre los biológicos, el cerebro límbico nos hace vivir en un mundo «subjetivo».

El neocórtex, que se encuentra en un nivel superior al cerebro límbico y lo envuelve, nos permite pensar. Representa el 85 % del volumen total del cerebro y está constituido por el 80 % de las denominadas regiones asociativas, que entrecruzan la información recibida por otras regiones, las asocian para conferirles sentido. Este es el cerebro que nos permite reflexionar, imaginar, creer e inventar soluciones nuevas y originales a los problemas que nos asaltan.

Las interconexiones de nuestras neuronas asociativas se cuentan por miles. Al asociar información de todo tipo, estas nos permiten almacenar los conocimientos, aunque, sobre todo, realizar análisis y síntesis.

El neocórtex nos posibilita acceder al pensamiento lógico, a la abstracción y a la actividad voluntaria.

La mayoría de los animales no pueden inhibir sus reflejos, pero el ser humano sí. Un hombre puede permanecer estoico ante la tortura. Esto no quiere decir que sea fácil, ni que todo el mundo movilice su energía para hacerlo, pero es humanamente posible. No cabe duda de que es cuestión de voluntad, pero también de capacidad para encauzar la potencia de la tempestad emocional desencadenada en el cerebro límbico, una fuerza interior que ha de cultivarse.

En el hombre, el neocórtex posee, siempre y cuando lo movilicemos, la capacidad de decisión suprema. Si su médico le da un golpecito en la rodilla con un martillo pequeño y usted decide no moverse, él no llegará a ver el reflejo que espera.

Esquemáticamente, el hipotálamo desencadena las adaptaciones internas del organismo en relación con las emociones derivadas de la memoria de nuestro pasado (sistema límbico), en función de los pensamientos, las creencias y los análisis del neocórtex.

No reaccionamos únicamente ante un peligro o una necesidad de adaptación, sino también ante lo que «pensamos» o interpretamos que es un peligro, ni reaccionamos ante la realidad del mundo, sino ante nuestra interpretación de esta.

El cerebro tiene sus razones

El cerebro tiene razones que nuestra razón no conoce. Si nuestras reacciones son desproporcionadas con respecto a la realidad presente, probablemente sean coherentes en otro contexto, en otro marco o en otra época.

El cerebro actúa mediante generalizaciones. A partir de algunos estímulos, unos índices que para él son significativos, desencadena una reacción que, con todo, es coherente, por muy sorprendente que nos parezca.

Nicolás es un directivo brillante, aunque se paraliza en las reuniones cuando debe intervenir verbalmente ante sus colegas.

Volvamos atrás en el tiempo y trasladémonos a la clase de primaria de Nicolás. Le preguntan algo y no sabe la respuesta, no se acuerda. Aterrorizado, observa la mirada estricta de la maestra, que espera claramente algo que él no le puede dar. Veinte compañeros de clase (enemigos en ese momento) se burlan de él.

En ese momento, Nicolás es demasiado pequeño para atreverse a utilizar la energía del estrés que siente en su interior para poner en su lugar a la maestra y a sus compañeros. «Señorita, no tiene por qué mirarme con esa mirada malvada porque no me sepa la lección de hoy y vosotros no os reiríais tanto si estuvieseis en mi lugar...». En ese momento, Nicolás no tiene esa posibilidad. Lo único que puede hacer es temblar y sentirse mal. Su cerebro lo registra todo e interioriza que está haciendo el ridículo y que no sabe nada.

Veinte años más tarde, naturalmente, Nicolás no recuerda las experiencias dolorosas de la época escolar, aunque, cuando debe realizar una presentación ante su jefe y una veintena de compañeros, muestra la misma reacción que cuando era niño: pánico asociado a los sentimientos de ridículo e incapacidad.

El proceso de reconocimiento por parte del cerebro de situaciones similares para la elección de comportamientos se realiza al margen de la conciencia. A pesar de que Nicolás no se acuerda, las circunstancias son suficientemente parecidas como para olvidar que en este momento posee recursos de adulto y, por tanto, otras opciones para controlar la situación. Las dos experiencias se asocian en el cerebro: el hipotálamo desencadena las mismas reacciones fisiológicas del pasado.

Las situaciones o acontecimientos de nuestras vidas no constituyen el «estrés», sino que son los factores desencadenantes.

Nosotros, además de actores de nuestras vidas, somos también directores. Sin embargo, parece que no controlamos totalmente el guión. Si llegamos a entender los mecanismos de nuestra fisiología y de nuestra psicología, podremos aprender a controlarlos, a fin de que no sean ellos los que nos controlen a nosotros. Al dilucidar las motivaciones de nuestros comportamientos, podemos convertirnos en los guionistas de nuestras vidas. Podemos adquirir aún más control sobre nuestras reacciones y permitir que la alarma se active únicamente cuando la situación esté justificada.

Recompensa y castigo

La vida nos enfrenta a elecciones más o menos fáciles de realizar, nos plantea problemas más o menos fáciles de resolver y nos sitúa en medio de acontecimientos más o menos difíciles de controlar.

En el sistema límbico existe un circuito nervioso particular denominado «sistema de recompensa»,[3] que se activa cuando sabemos cómo enfrentarnos a una situación: tenemos el recuerdo de logros anteriores en situaciones parecidas. Este sistema activa las zonas de placer del cerebro, fomentando y «recompensando» de este modo nuestras acciones.

Cuando tenemos el recuerdo de un fracaso, de una dificultad que no hemos sabido superar de forma eficaz en el pasado, se activa un haz de fibras denominado «sistema de castigo».[4] La estimulación de este sistema nos conduce a adoptar comportamientos de evitación o de agresividad defensiva. La elección instantánea entre la huida o la lucha depende del entorno. ¿Permite este último la huida?

---

3. Medial Forebrain Bundle (MBF), puesto de relieve por Olds y Milner.
4. Peri-Ventricular System (PVS), puesto de relieve por De Molina y Hunsburguer.

Evitamos el estímulo negativo. ¿La huida es imposible? Entonces, luchamos.

Todo esto es bastante simplista desde el punto de vista de la complejidad y de los matices del comportamiento humano, pero una simplificación de este calibre, por muy simplista que sea, puede ayudarnos a comprender mejor lo que sucede dentro de nosotros. Para muchos, nuestros comportamientos están condicionados por la memoria del resultado de nuestros comportamientos anteriores. Cuando el cerebro recuerda una acción realizada con éxito en una situación similar, la desencadena. En caso de haber memorizado la ineficacia de la acción, opta entonces por la evitación.

Así se instalan los automatismos que nos facilitan la vida, pero que a veces también nos la limitan, ya que un ser humano cambia a lo largo de su existencia. Como en el caso de Nicolás, de 30 años, que se ve en la necesidad de afrontar una situación en la que se bloqueó con 7 años. Muchas de nuestras dificultades derivan del simple hecho de que no nos hemos dado cuenta de que hemos crecido y de que ahora poseemos recursos de los que no disponíamos cuando éramos niños.

Nuestro cerebro límbico no «sabe» que hemos crecido, pero, sin embargo, nuestro neocórtex sí que posee esta información. Nos ofrece libertad al conferirnos poder sobre nuestras reacciones emocionales..., a condición de que decidamos aceptar dicho poder, evidentemente, y a veces tenemos buenas razones para no querer aceptarlo (volveremos a tratar con más detalle este aspecto en el apartado «Cuando la oruga utiliza la técnica del avestruz», página 126).

En lugar de reaccionar directamente ante una situación, en lugar de huir o agredir, podemos acceder a la conciencia y actuar en función de nuestros análisis e ideas sobre el mundo, la vida y nosotros mismos.

El Hombre es «inteligente», es decir, puede conferirle sentido a lo que sucede, realizar hipótesis y deducciones y encontrar soluciones a sus problemas. Entonces, ¿por qué no actúa siempre así? ¿Por qué presenta comportamientos absurdos? ¿Por qué se mantiene en tensión en vez de resolver las dificultades? Pues, simplemente, porque con mucha frecuencia no es consciente de sus capacidades.

La desesperación adquirida

Para valorar el impacto de la esperanza y desesperación sobre los comportamientos, se ha realizado un experimento (cruel) con ratones. Si se colocan varios ratones blancos de laboratorio en un recipiente con agua, estos resisten varios días y acaban muriendo de «desesperación». Si se colocan ratones marrones, salvajes, en el mismo recipiente, estos mueren en varios minutos por la conmoción.

Los ratones de laboratorio están acostumbrados a los experimentos realizados por los hombres que los enfrentan a situaciones ilógicas para observar sus comportamientos y enseñarles a encontrar una salida, a apoyarse en una palanca, etc. Han aprendido que debe haber una salida, que siempre se puede hacer algo para salir de esa situación incómoda. Piensan en lo que pueden hacer y resisten mucho más tiempo que los ratones marrones, que no tienen experiencias de ese tipo. Los ratones salvajes se encuentran en una situación totalmente nueva, no saben que existe un poco de esperanza, no saben que pueden tener algún tipo de control sobre la situación. Si, justo antes de morir, se retiran del agua los ratones, estos se restablecen rápidamente y aprenden que la situación no era tan desesperada. Cuando vuelvan a ser sumergidos en agua, nadarán durante mucho más tiempo que la primera vez.

Entre las reacciones de los ratones y las del hombre hay una cierta diferencia, aunque no demasiado grande. Si sabemos que podemos salir de una situación, lucharemos más que si pensamos que «todo está perdido». Nuestra capacidad para no desesperarnos, para no abandonar en la búsqueda de una solución, depende del sentimiento de potencia o impotencia personal, influenciado por los acontecimientos. Este sentimiento no suele estar relacionado con las características reales de la situación, sino que, en realidad, deriva de nuestras experiencias anteriores y, en definitiva, de las infantiles.

¿Recordamos haber conseguido influir en nuestro entorno o vivimos como objetos, como víctimas de situaciones? Nuestras reacciones de adultos son la consecuencia de lo que aprendimos de las relaciones con nuestros padres. El sentimiento de tener poder sobre las situaciones y las relaciones con el resto se arraiga en las experiencias bastante remotas de la edad infantil. ¿Estamos seguros de tener derecho al respeto, a la palabra, a la justicia, a las emociones y, en definitiva, a ser sujetos y no objetos? Al sonreír, ¿provocábamos una sonrisa en las caras que teníamos ante nosotros o quizá nuestros padres permanecían indiferentes a nuestras muecas, a nuestros sentimientos y a nuestra voluntad?

Si los padres prestan atención a los gestos de su hijo, si reaccionan ante sus muecas respondiéndole, si sus manifestaciones emocionales poseen un impacto sobre su comportamiento y, en definitiva, si le escuchan considerándolo un individuo total, el hijo podrá interiorizar la idea de que puede opinar en situaciones que surjan, de que su actitud y expresión pueden influir en su entorno. Así, en la edad adulta, frente a un problema, buscará una solución porque estará convencido de la existencia de esta y de que se encuentra a su alcance.

Si, por el contrario, las demandas, las actitudes del hijo no influyen, o lo hacen en poca medida o de forma demasiado aleatoria, sobre el comportamiento o las decisiones de sus padres, si estos no reaccionan ante los intentos de establecer el contacto, si la sonrisa del hijo no suscita la sonrisa de la madre, si los llantos no suscitan comportamientos de maternidad, el hijo se sentirá impotente, no será más que un objeto y se dará cuenta de que no tiene poder sobre lo que le ocurre. Así es como se arraiga el sentimiento de impotencia que, posteriormente, cuando el hijo sea adulto, le hará sentir que es un objeto en manos del destino, del resto, de la sociedad, e incluso de sus propias emociones, y que se encuentra desguarnecido frente a las adversidades con las que se enfrenta.

Este concepto que los investigadores han denominado «desesperación adquirida» comprende las consecuencias negativas de una o varias experiencias vividas por el individuo, derivadas de la ausencia de control de su entorno.

Ante una dificultad, un problema planteado por la vida, un «agente estresante», la desesperación adquirida se manifiesta a través de falta de motivación para controlar la situación e incapacidad para establecer un vínculo entre las acciones y sus resultados, y, en el plano emocional, a través de un sentimiento de desesperación o depresión.

La acción imposible

La desesperación adquirida deja al individuo ante la imposibilidad de encontrar una salida particular a un problema nuevo. La vida nos enfrenta permanentemente a situaciones nuevas. A priori, somos más bien conservadores y utilizamos las mismas estratagemas siempre que podemos. Mostramos las mismas actitudes ante lo que consideramos el mismo tipo de circunstancias. Mientras todo funcione y vaya bien, no necesitamos «cuestionarnos». Sin embargo, a veces la cosa no funciona, bien porque tenemos que enfrentarnos a dificultades frente a las que no disponemos de comportamientos previstos, bien porque sentimos deseos prohibidos e incluso sentimientos o anhelos contradictorios.

Relájese un momento y realice este ejercicio simple.

Una estos nueve puntos mediante cuatro líneas sin levantar el lápiz.
¿Qué ocurre?

«Es imposible» es lo que suele decirse, exactamente el reflejo de lo que vivimos cuando nos encontramos con algún problema aparentemente irresoluble.

A continuación surgen las manifestaciones de desaliento: «No puedo hacerlo», «De todos modos, no se me dan bien los rompecabezas», «Esto me aburre, esperaré a que den la solución», etc. Estas son las frases que se nos pasan por la cabeza cuando nos encontramos ante una dificultad.

¿Un problema irresoluble? Tan sólo lo será si permanecemos encerrados en el espacio limitado de nuestro marco de referencia.

Consulte la solución en la página 63.

Los nueve puntos están colocados de forma que representan la imagen de un cuadrado, por lo que intentamos resolver el problema dentro del contexto del cuadrado. Evidentemente, por la parte interior es imposible. Sin embargo, en cuanto salimos del cuadrado, la solución es evidente.

Del mismo modo, en nuestras vidas permanecemos con frecuencia encerrados en la cortapisa de nuestras creencias, damos vueltas en redondo, o más bien en cuadrado, alrededor del problema, que sigue sin resolverse porque intentamos resolverlo dentro del contexto de nuestras ideas, que cada vez es más pequeño. Al ser incapaces de cuestionarnos las cosas con nuestros propios fundamentos, acabamos prisioneros de lo que creemos que es nuestra identidad, de lo que denominamos nuestro carácter, nuestra personalidad, prisioneros en realidad de nuestra imagen, de nuestro marco de referencia, de nuestro conformismo social, de nuestra sumisión a los mensajes de nuestros padres. No nos atrevemos a aventurarnos fuera de los límites marcados por nuestras ideas y nos bloqueamos.

La elección prohibida

A veces, ante la presencia de un problema, por miedo a cuestionarnos a nosotros mismos, tan sólo percibimos una alternativa y, frente a la incapacidad de elegir entre esas dos opciones imposibles, nos mostramos en tensión.

Matilde se siente mal en su casa, no le gusta, no se implica en ella. La solución podría ser la mudanza, pero fue ella la que diseñó los planos de la casa y su marido quien la construyó... ¿Cómo va a decírselo? ¡Le han dedicado tantos esfuerzos! Matilde se muestra tensa, las relaciones con su marido van degradándose. Se percibe una solución desagradable: el divorcio. Sin embargo, en el contexto de referencia de Matilde, resulta más fácil divorciarse que decirle a Juan: «No me gusta la casa que hemos construido» y enfrentarse a los sentimientos asociados a esta declaración.

Gema vacila al aceptar un puesto interesante fuera de la capital: ¿qué va a hacer con su madre? Por una parte, se trata de su carrera y la culpabilidad, y, por otra, del sentimiento de haber cumplido con su deber y la frustración. Independientemente de cuál sea la solución, la tensión y el estrés estarán presentes.

Daniel trabaja en un puesto administrativo, no soporta a su jefe, una persona puntillosa e incoherente, que le obliga a repetir informes hasta un límite que roza el absurdo. No le gusta su trabajo, pero ¿qué puede hacer? ¿Irse? Demasiado arriesgado. Daniel tiene hijos pequeños. ¿Cómo pueden conciliarse ira y sumisión?

A Julia le gustaría expresarse algo más, cultivarse, participar, etc. En una palabra: existir. Sin embargo, percibe que Marcos aprecia su fragilidad, a él le gusta cuidarla, encargarse de ella. Si llegase el día en que ella ya no lo necesitase, a ella le asustaría la idea de que él la abandonara, ¿qué haría entonces?

Juan está casado, pero quiere a otra mujer. Se ven a escondidas y miente a su esposa. Está demasiado necesitado de la comodidad que le ofrece su matrimonio como para atreverse a cuestionarlo.

A Lorenzo le gustaría ser médico; sin embargo, debe hacerse cargo de la empresa de su padre, ya que a sus padres les hace especial ilusión. Si elige la medicina (u otra opción), la culpabilidad lo consumirá, pero si opta por la empresa, la frustración le perseguirá toda su vida.

A Matilde, Gema, Daniel, Julia, Juan y Lorenzo les asusta ser ellos mismos, expresar sus sentimientos, sus necesidades, en definitiva les asusta reafirmarse. Tienen miedo de las emociones del resto, miedo de los conflictos. Prefieren prescindir de su interior y conservar una seguridad ilusoria. Hacen que la situación perdure, no se atreven a decir que no a lo que se imaginan que se espera de ellos.

Los conflictos que debemos resolver en nuestras vidas son complejos. Normalmente, caemos en la trampa de que hay que elegir entre una opción u otra. Estamos divididos en dos partes que muestran necesidades contradictorias. Satisfacer a una en detrimento de la otra no suele ser la solución, y el compromiso tampoco es satisfactorio.

Cuando la acción no es eficaz o está prohibida, cuando la huída o la lucha son imposibles, cuando un conflicto interior sigue sin resolverse, las tensiones aparecen y el sentimiento de impotencia aumenta. El «Sistema Inhibidor de la Acción», descrito por el doctor Henri Laborit, entra en acción: el hipotálamo, la hipófisis (la glándula endocrina responsable directa o indirectamente de casi todo el sistema hormonal) y las glándulas suprarrenales toman la decisión, ya que segregan las hormonas del pesimismo.

El estrés más temible es el estrés interior, el resultante de un conflicto entre varias partes de uno mismo. Se desarrolla relativamente al margen de la conciencia. ¿Cómo podemos enfrentarnos a un problema que no aflora? Así surgen la resistencia y la tensión, hasta llevarnos al agotamiento.

Alarma, resistencia... y agotamiento

Cuando a un animal se le somete de forma continua a la acción de un elemento estresante, lo primero que se comprueba es que el córtex suprarrenal pierde la totalidad de los microscópicos glóbulos de grasa que contienen las hormonas corticoesteroides. Nos encontramos en la fase de alarma. Seguidamente, en un segundo periodo, el mismo córtex suprarrenal se recarga con un número considerable de gotitas grasosas, y entonces nos encontramos en la fase de resistencia. Finalmente, transcurrido un cierto tiempo, se vuelven a perder y entonces nos adentramos en la fase de agotamiento.

Nuestras capacidades de adaptación no son ilimitadas. En la fase de alarma, el estrés nos aporta energía, nos permite «mover montañas», como la joven que pudo levantar un tractor para liberar a su hijo. En ese momento, somos capaces de realizar proezas y actos que superan con creces nuestras capacidades en reposo.

Sin embargo, en la fase de resistencia, nuestra energía se agota.

El tarzán que hay dentro de nosotros tiende a imponerse, puesto que es fuerte. Se mueve en esta sociedad como el jefe. Es un auténtico mulo de carga, está lleno de energía y se enfrenta a todo lo que se le exige. Se come rápidamente un bocadillo a mediodía y aguanta bastante bien, para desgracia de los nutricionistas. Desconoce sus necesidades, sus dificultades para vivir, sus emociones, hasta que...

Los neurofisiólogos han recurrido a los ratones de laboratorio para comprobar lo que todos conocemos acerca de nuestras vidas cotidianas, pero que a menudo no sabemos reconocer, ya que tarzán quiere salvaguardar su papel hasta el final. Tarzán debe ser capaz de soportar las peores condiciones y no deberá estar nunca cansado.

Cuando se acostumbra a un ratón a vivir en una habitación fría, tras la reacción de alarma durante la cual se debilita su resistencia, este se adapta, es decir, desarrolla una nueva capacidad de tolerancia al frío. Al proceder de forma gradual, se podría hacer que sobreviviese a temperaturas a las que un animal sin preparación no sobreviviría. Aparentemente, se ha obtenido una buena adaptación, aunque, transcurrido algún tiempo de vida en el medio frío, la resistencia adquirida desaparece y el ratón es entonces incapaz de sobrevivir, ni siquiera en la habitación con frío moderado donde, no obstante, ha vivido durante mucho tiempo al principio del experimento.

Los ratones han sido sometidos a muchas situaciones desagradables: han sido expuestos a sustancias tóxicas, se les ha colocado sustancias irritantes en la piel, se les ha sometido a un ejercicio muscular intenso y en todo momento se han desarrollado las mismas etapas. Transcurrido un determinado tiempo de resistencia y tras una aparente buena adaptación, con unas capacidades mejoradas, se registran síntomas de agotamiento.

Las vicisitudes de estos animales de laboratorio nos enseñan que podemos menospreciar el impacto de los factores estresantes sobre nuestro organismo, aun cuando «nos acostumbremos a ellos». Naturalmente, nos acostumbramos al ruido del tren o del avión que pasa regularmente cerca de nuestra casa, incluso acabamos omitiéndolo. Nos acostumbramos a los ritmos impuestos por los horarios de trabajo y de transporte, al aire contaminado de las ciudades. Ya no percibimos los olores que sacuden nuestro olfato tras pasar unos días en el campo. Nos acostumbramos al jefe ciclotímico o a los compañeros distantes. Podemos incluso acostumbrarnos a una relación conyugal no satisfactoria, podemos vivir años al lado de un ser al que no amamos, que ya no deseamos. Nos «dejamos llevar».

Nos adaptamos a todo... Corremos un tupido velo sobre la situación con la ilusión de que el problema se solucionará por sí solo. Los perjuicios del desgaste no se producen de forma instantánea, sino que van acomodándose insidiosamente con el transcurso del tiempo. El organismo resiste y resiste y, a más o menos largo plazo, acaba agotándose.

No podemos evitar el estrés, es inherente a la vida. Encontramos constantemente agentes estresantes de todo tipo, aunque no podemos evitar mantener nuestro organismo en un estado de tensión permanente. La vida está en movimiento, la vida es cambio.

En su obra *Comment vaincre sa fatigue* (Cómo vencer el cansancio), a pesar de estar repleta de buenas ideas y sabios consejos, el doctor J. P. Lablanchy insiste en lo siguiente: «Siempre que tenga ocasión, dé preferencia a la conservación del estado anterior». Menos mal que nuestros antepasados no lo escucharon y que pocos hombres tienen esta filosofía, ya que esta es la condena de la innovación, la evolución y la especie.

No cabe duda de que el estrés está vinculado al cambio. Sin embargo, también es cierto que la resistencia al cambio conlleva una tensión emocional que conducirá tarde o temprano al agotamiento o a la crisis. Debemos aprender a prestar atención a las señales que nuestro cuerpo nos envía, a resolver nuestros problemas a fin de superar las pruebas y enfrentarnos a la realidad de la vida.

Para ello, debemos cultivar nuestra capacidad para salir del contexto, para cuestionar las premisas e incluso los problemas, debemos cuestionarnos a nosotros mismos, es decir, revisar los aspectos de nuestra educación, nuestro pasado y nuestra personalidad (recordemos que esta palabra procede del griego *persona*, «máscara de teatro»). La personalidad está formada de adaptaciones sucesivas, como veremos más adelante con mayor detalle.

Y todo ello con el objetivo de estar más en contacto con la realidad, con nuestras necesidades más profundas, con nosotros mismos.

¿Podría Matilde encontrar algún medio para hablarle a su marido sin sentirse culpable? ¿Podría aceptar la ira de este y analizar la cuestión con él?

¿Podría Lorenzo confesarles a sus padres que puede seguir siendo su hijo sin sentirse obligado a hacerse cargo de la empresa familiar?

Para ello, en primer lugar, tendremos que saber reconocer que estamos estresados.

¿Está estresado?

Nuestro organismo envía señales a las que podemos prestar atención a fin de interrumpir el proceso de agotamiento.

¿Le gustaría evaluar su nivel de estrés?

Rellene este cuestionario evaluando la frecuencia actual de cada elemento de su vida.

0: nunca / 1: a veces / 2: con bastante frecuencia / 3: con mucha frecuencia / 4: siempre

1. Suelo padecer dolores de cabeza, migrañas	–
2. Me duele la espalda	–

3. Me siento tenso —
4. Padezco trastornos del sueño (me despierto, tengo insomnio, hipersomnia, etc.) —
5. Me resfrío o padezco gripes con frecuencia —
6. Tengo la impresión de que nunca tengo tiempo para hacer las cosas
7. Me siento cansado —
8. El resto de personas me pone nervioso —
9. Suelo olvidarme de las citas —
10. Me siento angustiado —
11. Me cuesta tomar decisiones —
12. Me siento utilizado por otros —
13. Tengo la impresión de que debo controlar muchas cosas al mismo tiempo —
14. Me irrito con facilidad —
15. No me siento respaldado, apoyado —
16. No estoy a gusto conmigo mismo —
17. Ya no me apetece hacer nada —
18. Tengo acné, problemas cutáneos, espinillas, etc. —
19. Tengo la tensión demasiado alta o demasiado baja —
20. El nivel de colesterol es superior al normal —
21. Tengo palpitaciones cardiacas —
22. Tengo trastornos digestivos —
23. Suelo mostrarme impaciente —
24. Suelo mostrarme susceptible —
25. Soy muy exigente, conmigo mismo y con el resto de personas —
26. Me asaltan muchas dudas —
27. No considero que el resto de personas me quieran realmente —
28. Siempre pospongo cosas que debo hacer —
29. Pierdo llaves, documentos, etc. —
30. Tengo dificultades para concentrarme —
31. En la cocina se me queman los platos —
32. Suelo estar distraído —
33. Me siento solo —
34. Cometo errores —
35. Lloro —

36. Me siento diferente al resto	–
37. Tiendo a sentir pánico	–
38. Pienso que mi vida no tiene sentido	–
39. Ya no creo en nada	–
40. Como y engordo	–
41. No como y adelgazo	–
TOTAL	

Cada uno de estos ítems es un síntoma de estrés. Realice el test y compruebe cuál es su puntuación general:

• *Menos de 20:* ¡estupendo! No tiene por qué seguir adelante con este libro, regáleselo a un amigo estresado. En este momento todo le va bien en la vida, muestra una actitud maravillosa para controlar el estrés, o quizás haya hecho trampa...

• *Entre 20 y 50:* su nivel de estrés es aceptable. Vigile las señales de alarma que debe detectar a fin de no llegar más lejos.

• *Entre 50 y 70:* cuidado, está excesivamente tenso, probablemente en fase de resistencia. Compruebe lo que ocurre en este momento en su vida y retome rápidamente esta lectura.

• *Entre 70 y 100:* su resultado es alarmante, debe comenzar a ocuparse inmediatamente de usted, debe parar y reflexionar, antes de caer en la depresión o en la enfermedad.

• *Más de 100:* PELIGRO. La salud es lo primero, acabe con todo, cambie de vida (o de manera de vivirla). Necesita ayuda.

Los síntomas del agotamiento

El estrés atrae al estrés. Estos síntomas son señales de angustia del organismo. El estrés es un fenómeno físico y psicológico que afecta progresivamente a todas las áreas de la personalidad. En función de la fuerza o la debilidad de cada uno, el estrés va a afectar de forma particular a un ámbito u otro.

Para unos, las primeras manifestaciones de un índice de estrés elevado serán físicas: dolores de cabeza, fatiga muscular, dolor de espalda, trastornos digestivos, estreñimiento o diarrea.

Para otros, las primeras señales se situarán en el plano emocional: crisis con llantos, nerviosismo, susceptibilidad excesiva, etc.

Y para unos terceros, los indicios serán, además, las perturbaciones en el ámbito de lo intelectual, las dificultades para concentrarse, los olvidos, la falta de atención. El estrés surge también en las relaciones con el entorno: retraimiento, distancia, desconfianza excesiva, etc. A veces puede incluso afectarnos espiritualmente, llegando hasta nuestro propio corazón. Podemos llegar a perder el interés, la voluntad e incluso las ganas por las cosas de la vida.

Señale dentro de esta lista los síntomas que usted percibe con más frecuencia, con el propósito de identificar sus áreas de fragilidad.

Síntomas físicos
Taquicardia, palpitaciones, dolores en el pecho, síncopes, sensación de asfixia, peso en el pecho, digestiones difíciles, gases, cólicos, diarreas, estreñimiento, ardores, cefaleas, migrañas, neuralgias faciales, dolores en la nuca, dolores de espalda, neuralgias intercostales, ciáticas, vértigos, aumento o disminución del apetito, disminución del apetito sexual y aumento del consumo de medicamentos.

Síntomas emocionales
Cansancio sin motivo, apatía, no percibir el sufrimiento del resto, encontrarse falsamente alegre, nerviosismo, tristeza, llanto fácil, irritabilidad, pérdida del interés por lo que antes provocaba alegría y placer, sentirse mejor o peor que el resto, dudar de sí mismo, resentimiento, sentimiento de culpabilidad, sentimiento de fracaso, crítica excesiva, preocupación constante y miedos (a las multitudes, a los aviones, etc.).

Síntomas relacionales
Pensar que el resto de personas le utilizan, sentirse como un chivo expiatorio, hastío, indiferencia, pesimismo, aislamiento, retraimiento, conflictos familiares, las tareas son más importantes que las personas, cinismo, sarcasmo, apatía, falta de compasión y dificultad para escuchar.

Síntomas espirituales
Lograr los objetivos sin sentirse satisfecho, sentirse atrapado, vacío, resistencia a la hora de levantarse por las mañanas para ir a trabajar, control del reloj, resistencia al cambio, pérdida de la motivación, dudas, ganas de cambiar de empleo, falta de ganas para todo, pérdida de la esperanza, indiferencia y ganas de morir.

¿Está harto «del resto del mundo»?, ¿se ha vuelto una persona crítica? El problema no es de los demás, es usted el que está estresado, necesita cuidarse.

¿Le duele la cabeza?, ¿está estreñido? Los medicamentos no solucionarán nada; si está estresado necesita cuidarse.

Está harto de todo, pero no debe dejarlo todo de lado, necesita cuidarse. Ahora que conoce cuáles son las señales de alarma, escúchelas y actúe.

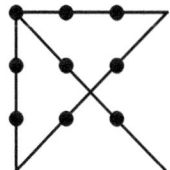

3
EL CUERPO SE EXPRESA

¿Existe un estado de enfermedad? Es decir, ¿podemos determinar un conjunto de síntomas, un síndrome que no estuviese asociado a una enfermedad específica, sino que fuese común a todas las enfermedades? ¿Un síndrome del simple estado de enfermedad? Esta es la pregunta que propició el descubrimiento del estrés.

Escuchemos a un joven estudiante de medicina de los años treinta: «Era evidente que los síntomas visibles no dejaban al profesor indiferente porque "no eran específicos" y, en consecuencia, "inservibles para el médico". […] Sabía que nuestro profesor debía encontrar por todos los medios los indicios de una enfermedad específica para descubrir la causa de la afección que sufría cada uno de sus pacientes. Yo lo sabía perfectamente, pero lo que más impresionaba a mi ciencia incipiente era el hecho de comprobar la poca cantidad de síntomas realmente característicos, mientras que la mayoría pueden aplicarse a un gran número, e incluso a todas las enfermedades. […] Siguiendo con mi razonamiento, pensé que, aunque descubrir los remedios eficaces para una enfermedad u otra era importante, lo era más descubrir cómo se puede caer en la enfermedad y cuáles son los medios para tratar ese "síntoma general de enfermedad" que parecía acompañar a las personas que sufrían una u otra enfermedad».

Como muchas de las personas que se formulan preguntas incongruentes y que cuestionan lo que sus profesores les explican (se ha llegado a calificar a este médico como el «Einstein de la medicina»), así fue como Hans Selye realizó su descubrimiento. Con el Síndrome General de Adaptación (SGA), que ya hemos mencionado, encontró la piedra fundamental para el edificio de la medicina y la neuroendocrinología. Las investigaciones de este médico joven y curioso, al que le gustaba investigar más allá de las apariencias, le condujeron a convertirse en el padre del estrés.

Mal por digerir

Las primeras comprobaciones de Selye sobre los animales sometidos al estrés se basaban en la úlcera gastrointestinal, que es la enfermedad de alarma común. Los bombardeos de la última guerra provocaron un claro aumento del número de úlceras en la población. Los heridos por quemaduras graves, que sufrieron un *shock* terrible, fueron testigos de cómo les aparecían úlceras en carne viva en el duodeno, uno o dos días después del accidente.

La úlcera es una enfermedad típica del SGA y aparece cuando nos sentimos en una situación de tensión.

El aparato digestivo está directamente vinculado a nuestras emociones. Estas repercuten sobre la motricidad del intestino y del estómago, sobre la irrigación y la secreción de mucosas. La aerofagia, las digestiones difíciles, el estreñimiento, las diarreas, las colopatías, las proctocolitis hemorrágicas (y aún dejo atrás otras afecciones) son algunos de los tributos clásicos del estrés.

Urgencia, ¡al ataque!

La mayoría de las enfermedades inflamatorias están relacionadas directamente con la primera fase del SGA: alergias, erupciones cutáneas, psoriasis, acné, artritis, asma, etc. La lista es larga.

Todas estas «pequeñas» afecciones pueden llegar a incapacitar bastante y están provocadas por los corticoides. Las glándulas suprarrenales liberan de forma indiscriminada estas hormonas que advierten del estrés a fin de garantizar la defensa del organismo contra un agente agresor (ilusorio).

Las reacciones alérgicas son una gran ilustración del fervor, a veces exagerado, que manifiesta nuestro sistema de defensa. El cerebro, por una razón que sólo él conoce, alerta a las defensas del organismo del inofensivo polen primaveral, envía a las histaminas a que asalten a inocentes moléculas de fresa o provoca la hinchazón de ojos, señales infalibles de la presencia cercana de pelos de gato.

Las crisis alérgicas, prueba de las buenas y malas pasadas que puede jugarnos nuestro neocórtex, pueden desencadenarse con la simple presentación de una foto.

¿De dónde proceden estos fenómenos, auténticas anomalías fisiológicas? De forma manifiesta, nuestro cuerpo «se enfada y se pone colorado». ¿Será acaso porque nos prohibimos sentir o expresar nuestra ira? Nuestras defensas virulentas atacan al invasor con fervor..., aunque, quizás, el agresor se encuentre en otra parte.

Rabia silenciosa

Puede llegar a ocurrir que nuestras defensas sean cada vez más bloqueadoras y arremetan contra nuestras propias articulaciones, como si su objetivo fuese impedirnos que nunca levantemos la mano al otro ni le demos una patada, o que ni siquiera le «hagamos frente».

¿Es necesario que la ira que intentamos reprimir en la profundidad de nuestro inconsciente llegue a ser tan grande, hasta el punto de que nuestro cuerpo aplique dicha «protección» para impedirle que surja? La palabra *reumatismo* deriva de la palabra griega que significa «flujo de los humores». No se hubiese podido definir mejor.[5]

---

5. Véase también el artículo de Boucharlat, Jacquot y Chabaud, «Psychologie des rhumatisants chroniques à travers le test de Rorschach» (Psicología de los reumáticos crónicos a través del Test de Rorschach), en *Annales Médicopsychologiques*, n.º 141, 1983.

Las artrosis reumáticas se deben a una desarmonía de la acción de las hormonas anti y preinflamatorias, las secretadas durante el estrés crónico, es decir, en la fase de resistencia del SGA.

Corazón roto

Cuando estamos sometidos de forma constante a un estrés elevado, el organismo se adapta a un estado de alarma permanente, que provoca hipertensión, presión vascular y taquicardia. Al corazón le cuesta seguir el ritmo, el riesgo de infarto y fibrilación cardiaca aumenta, etc.

El colesterol y la alta concentración de glucosa en la sangre favorecen la formación de placas de ateromas (depósitos grasosos que se instalan en las paredes arteriales y las deforman, provocando la aterosclerosis), la circulación sanguínea se complica hasta la ruptura del aneurisma. Se forma un coágulo y se produce la trombosis.

El espesamiento de la sangre puede provocar accidentes cardiacos y embolias.

¡Estoy harto, abandono!

Cuando las tensiones permanecen, cuando el estrés se instala a largo plazo en el organismo, el cuerpo sufre y flaquea. Nuestro sistema inmunitario sigue la senda de nuestros sentimientos. El miedo lo inhibe, la ira lo enciende y la angustia lo agota.

Para demostrarlo, los estudiantes de medicina han sido las cobayas particulares de sus profesores-investigadores, que se han divertido midiendo los niveles de anticuerpos en diferentes momentos de los estudios. Los resultados hablan por sí solos: el nivel de anticuerpos de la clase IgA (encargados de luchar contra las afecciones respiratorias) desciende notablemente en los momentos percibidos como los más difíciles. Este efecto es más marcado en los estudiantes solitarios,[6] que reciben menos apoyo afectivo. Los índices de células NK (que acaban de forma espontánea con las células cancerígenas) son los más bajos en la víspera de los exámenes, aunque mejoran inmediatamente cuando los estudiantes practican la relajación.[7]

Otras observaciones en la población general han demostrado una importante disminución de la respuesta inmunitaria en las semanas que siguen a una pérdida.[8] Aunque la experimentación en humanos es reducida, la experimentación animal, evidentemente, es abundante y ha ofrecido resultados espectaculares. El vínculo entre el estrés y la inmunidad ya no ofrece dudas. Se sigue investigando para reconocer los mecanismos fisiológicos y bioquímicos.

Gonzalo tiene 22 años, está a punto de morir de cáncer, un osteosarcoma en la cadera que se ha propagado hasta el cerebro. Su enfermedad apareció al instalarse en un estudio, cuando encontró un trabajo que le garantizaba la independencia económica. Aparentemente todo iba bien, pero... Gonzalo se sentía bastante desprotegido ante la vida, no se imaginaba un futuro profesional, su horizonte estaba bloqueado, se encontraba solo. Nunca se le había demostrado demasiado afecto. El mundo de los adultos le intimidaba y la joven de la que estaba enamorado le había abandonado. Gonzalo no ocultaba que prefería estar en el hospital que en su estudio, ya que allí encontraba un ambiente afectivo del que nunca había disfrutado. Incluso llegó a decir que estaba viviendo el momento más bonito de su vida, a pesar de la enfermedad. Tenía recaídas periódicas. Solía encontrar refugio en sus padres, que acabaron entendiendo que les necesitaba. Sin embargo, en cuanto mejoraba, se enfrentaba a sí

---

6. Véase también el artículo de Boucharlat, Jacquot y Chabaud, «Psychologie des rhumatisants chroniques à travers le test de Rorschach» (Psicología de los reumáticos crónicos a través del Test de Rorschach), en *Annales Médicopsychologiques*, n.º 141, 1983.
7. Revista *Lancet*.
8. J. B. Jemmott, Trufs University, 1983.

mismo y tenía que volver a asumirse, algo demasiado difícil, sobre todo cuando todos eran tan amables en el hospital. Finalmente murió.

La angustia afectiva, el sentimiento de impotencia ante una situación de bloqueo, el sentimiento psicológico de «estar harto», afloren o no al estado consciente, van acompañados de la secreción de cortisol, la hormona principal de la desesperación. El cortisol posee un abultado palmarés: está presente en trastornos tan diversos como la diabetes, la obesidad, la hipertensión, las úlceras, la friabilidad ósea, la osteoporosis, la colitis, los desórdenes inmunitarios, etc.

¿Cómo? ¿La diabetes y la osteoporosis están relacionadas con el estrés? Pues sí, algunos tipos de diabetes en muchos casos, ya que el estrés somete al páncreas a una demanda excesiva de insulina que engendra trastornos del metabolismo de los azúcares; por ello no habrá que abusar de los dulces en periodos de nerviosismo.

La osteoporosis, el cáncer, el glaucoma y todas las enfermedades tienen en común el estrés, ya que, por definición, el estrés es el estado común a cualquier enfermedad, la manifestación del Síndrome General de Adaptación.

La depresión

¿Los sentimientos de abandono y desesperación son la causa de la depresión? ¿Constituyen su expresión? Esta es la gran pregunta que preocupa a los neurofisiólogos y a los psiquiatras en este preciso momento.

Si hay algo cierto es que la depresión suele ir acompañada de trastornos hormonales. En particular, se ha registrado un importante aumento de la concentración de cortisol (nuevamente) en las personas deprimidas. Sin embargo, ¿el cortisol es el causante de los sentimientos de depresión o dichos sentimientos engendran cortisol? ¿Qué fue antes, el huevo o la gallina?

En todo caso, se sabe que el cortisol es secretado de forma abundante por las corticosuprarrenales durante la fase de resistencia, cuando el organismo se encuentra «inhibiendo la acción», porque no sabemos cómo actuar ni qué hacer ante el problema que la vida nos plantea.

No se trata de realizar una amalgama rápida entre estrés y enfermedad. Los factores que condicionan nuestra salud son múltiples. Es cierto que existen predisposiciones hereditarias, una «base» más o menos favorable a la aparición de una u otra afección. Algunas enfermedades presentan causas externas específicas, no se puede negar la acción directa de agentes particulares, como los venenos, las sustancias tóxicas, los microbios, los virus, etc. Sin embargo, además del hecho de que podamos resistir de forma más o menos eficaz según el estado de nuestras defensas, son mucho más numerosas las afecciones que no muestran causas particulares. Se trata de reacciones del organismo que intenta enfrentarse sin éxito a una situación poco habitual.

Reconocer la incidencia del estrés en el origen de nuestras enfermedades no siempre es fácil. Si permanecemos el tiempo suficiente en fase de resistencia como para caer enfermos, esto significará que el problema que nos ocupa no es tan fácil de resolver. Quizá, por miedo a quebrantar el sistema en el que vivimos, no reconozcamos el derecho a sentir los sentimientos que despierta. Con la ayuda de los tabúes, nuestras emociones contradictorias suelen enterrarse en las profundidades del inconsciente y obran en secreto, debilitando nuestro organismo.

Tenemos nuestros límites. Por permanecer demasiado tiempo en tensión, nos agotamos física y psicológicamente. Un «buen» día decidimos que es demasiado, que el paisaje ya está demasiado estancado, seguimos sin divisar una salida en el horizonte: en definitiva, o estamos enfermos, o estamos deprimidos. ¿Por qué unos «eligen» la enfermedad y otros la depresión? Esto sigue siendo un misterio. Los componentes históricos, personales y familiares permiten formular algunas hipótesis, aunque estos datos no bastan para realizar generalizaciones. El campo de investigación sigue abierto.

4
LOS ADICTOS AL ESTÍMULO

En el cine, las películas que atraen a más espectadores son las fantásticas, las de policías, los *thrillers*, las «de suspense», aquellas en las que «pasa algo» o las que dan «miedo». Nos gustan las cosas espectaculares. El punto en común de estas películas es la excitación que producen. El ocio, los espectáculos, las ocasiones de «emocionarse» no nos faltan. Nos gustan las pequeñas descargas de adrenalina del estrés y, a menudo, al no llevar vidas demasiado estimulantes, nos permitimos vibrar a través de otros medios. Al estar limitada nuestra vida por la coraza emocional, necesitamos excitantes y «distracciones» para enfrentarnos al vacío interior.

Durante estos últimos años, se han realizado muchas experiencias de aislamiento sensorial. Transcurridas unas horas, los individuos presentan alucinaciones, un descenso notable de sus capacidades intelectuales y motrices, así como perturbaciones emocionales. El buen funcionamiento del cerebro depende de una estimulación continua del córtex mediante señales cerebrales. Los órganos sensoriales le envían constantemente la información que reciben. Si estas señales son demasiado monótonas o cesan completamente, el córtex presenta indicios de desorden y el cerebro comienza a adoptar un comportamiento anormal. La capacidad de reflexión se perturba, la percepción se altera, pueden aparecer alucinaciones y la personalidad puede modificarse.

La conducción de un vehículo por una carretera demasiado recta durante muchas horas puede inducir a los conductores a la visión de enormes arañas u otras cosas extrañas y raras que se desplazan por el parabrisas. Los pilotos comerciales, ante la monotonía del paisaje celeste, suelen tener visiones místicas de ángeles voladores. Los prisioneros confinados pueden desarrollar manifestaciones paranoicas agudas. El cerebro no sabe cómo permanecer en reposo y si no recibe suficientes estímulos se autoestimula.

De este modo, durante un periodo de relajación o cuando nuestra vida no es demasiado intensa, nuestro cerebro puede encontrar por sí mismo todas las fuentes de estrés. Hay mil y una razones para verse sometido al estrés y ponerle un poco de sal a la vida con el fin de no dormirse en el ronroneo de lo cotidiano. Algunas personas pasan a depender de las estimulaciones externas: el tabaco, el café, el alcohol, la comida (en particular), aunque también las discotecas, los videojuegos, los conciertos y la televisión. Otros utilizan con frecuencia los poderes de la imaginación, la preocupación y las reflexiones mentales. Los excitantes externos no excluyen los internos.

Todos estos tipos de excitaciones tienen al mismo tiempo la propiedad de ser excelentes elementos anestésicos. Protegen el vacío y ahogan los afectos que podrían hacer tambalear la máscara. Los adictos al estímulo son aquellas personas que, anestesiadas de sus emociones profundas, se autoestimulan con su imaginación o necesitan sentir la excitación externa para sentirse vivas.

Vacío existencial y estrés de refugio

Los horarios demasiado cargados, las eternas prisas, la acumulación de responsabilidades...: existen personas estresadas que generan constantemente problemas de úlceras, cánceres o infartos. A pesar de sus reproches («Pero es que no puedo hacerlo de otra manera, ¡si me pudiese tomar unas vacaciones!»), siguen estresándose y sufriendo, aunque necesitan todas las estimulaciones que su trabajo les aporta. Además, no podemos reprochar nada. El epitafio «Murió trabajando» o «Ha dado tanto» son, con todo, más gratificantes que el de «Llevó una vida armoniosa, se lo llevó la vejez».

Cuando no se está seguro de que la vida tenga un sentido, cuando no se ve demasiado claro en qué se puede ser útil, cuando uno no sabe quién es y, en consecuencia, no sabe cómo sentirse realizado plenamente, la búsqueda de un sentido a la vida y la realización de uno mismo se reemplaza por una búsqueda eterna de excitaciones, mediante la carrera por el poder, el deseo de ganar más dinero, de poseer más, etc.

Cuando un tarzán o un zorro se sienten vacíos, irán a meterse en nuevos líos simplemente para seguir sintiendo que existen. En caso de no encontrar situaciones desesperadas que deban solucionarse, grandes misterios por desvelar, grandes hazañas por realizar, etc., se corre el riesgo de poner en peligro la energía, es decir, de que esta se transforme en ansiedad, angustia o desamparo.

Para evitar el vacío existencial y la depresión, se puede recurrir a alguna artimaña: «Si no jugase, estaría fastidiado. ¿Qué sería de la vida si no existiese el juego?», me confió un día un joven comercial, jugador empedernido, adepto a la Bolsa y al casino, que aguantaba bien el alcohol, fumaba mucho y conjugaba el éxito con las mujeres y las proezas sexuales... O al menos eso decía. Era el prototipo de persona con estrés crónico. Sin embargo, debido a su completa intoxicación, al preguntarle, respondía: «¿Estresado yo? ¡Nunca!».

Vamos a la búsqueda de placeres porque no sabemos encontrar el placer. Los placeres sensuales y sexuales, los excesos en la mesa y los cambios amorosos, el dinero y las posesiones materiales dejan siempre un sabor de profunda insatisfacción.

Encontramos motivaciones en la realización personal en el trabajo, el amor, la competitividad, los deportes, en nuestras pasiones. Pero si nos falta la confianza en nosotros mismos o en la posibilidad de ser felices en estos ámbitos, si por una u otra razón nos encontramos bloqueados, impedidos (no a la hora de recibir, sino a la de dar), nos costará entonces evitar la tentación de ir a buscar los estímulos que nos faltan en las drogas, el alcohol, el sexo, los videojuegos, los juegos de azar, la violencia (el crimen, la delincuencia) o los movimientos de masas. Para someterse a la tensión, para sentir la excitación, para sentirse vibrar, existir, y, en definitiva, para vivir, hay muchos medios.

Hubert Auriol, motorista y piloto de automóviles, vencedor en varias ocasiones del rally París-Dakar, afirmó: «Esto ofrece sensaciones que no se pueden sentir de ninguna otra manera, eso es lo excitante. Quizá sea un poco masoquista, quizá me divierta sintiendo miedo, pero estoy dispuesto a todo por unos segundos de felicidad».

Algunas personas excitadas por el estímulo y «adictos» al estrés se sienten atraídas por el riesgo. Buscan situaciones peligrosas, como las que ofrecen el alpinismo, el ala delta o el paracaidismo. En un parque de atracciones no se van sin subir a la montaña rusa o no dejan pasar la ocasión de practicar *puenting*, el deporte aparecido en 1988 que consiste en saltar al vacío, desde lo alto de un puente o de un pórtico, atado a una cuerda elástica que amortiza la llegada al suelo a sólo una decena de centímetros. «Uno no puede imaginarse lo que se disfruta ni lo que dura. Te lanzas y sientes a la vez que el corazón se encoge y que sube. Al mismo tiempo lo ves todo de forma muy distinta. Todos los detalles del paisaje, aquellos que ni siquiera se perciben cuando te encuentras en el puente, se graban de forma muy precisa en la memoria. Puedes repasar toda la película mentalmente y es tan emocionante que quieres repetir. Aunque sólo con pensarlo, el corazón se encoge».[9]

Los «adictos al estímulo» se dopan con hormonas del estrés, ya que la asociación de adrenalina y corticoides da la impresión de sentir una ligera euforia y excitación. Las endorfinas, sustancias similares a la morfina secretadas por el cerebro, refuerzan esta sensación. El doctor Andrew Weil distingue entre dos tipos de adictos: los corredores de maratón, que juguetean con las endorfinas y pasan a ser dependientes, y los atletas, que se arriesgan bastante y buscan sobre todo la descarga de adrenalina.

---

9. Declaraciones recogidas en *La Comète,* octubre de 1988.

Delirio en el estadio y celebraciones en masa

Alrededor del terreno en el que unos cuantos se pelean por un balón, también existe un gran número de personas que los observan. Los partidos de fútbol llenan los estadios y los espectadores consumen casi tanta energía como los jugadores. Estas celebraciones en masa suelen ser tan potentes que el frenesí de los espectadores puede convertirse en violencia.

La elevación de la excitación no puede encontrar un canal de salida suficiente en las gradas. Los espectadores no pueden liberar su energía golpeando el balón, sino que gritan y gesticulan... y acaban por tomarla con su vecino de grada, «aficionado» del equipo contrario. La violencia que aparece esporádicamente en estas manifestaciones tan sólo es el resultado del sistema. Cuanto más numeroso y motivado (implicado) esté el público, mayores serán los riesgos. En situaciones con grandes multitudes, las inhibiciones morales ya no constituyen barreras suficientes para contener la excitación, que, por otra parte, intentamos estimular por cualquier medio.

La música también puede ser materia de estímulo para los adictos. Exploremos un lugar privilegiado del estrés musical: la discoteca. Las vibraciones sonoras son intensas, hasta el punto de que nuestros oídos zumban aún al salir de la discoteca: aglomeración en un pequeño espacio, aire enrarecido, luces estroboscópicas, etc. Más de un ratón de laboratorio cedería ante un tratamiento de este tipo. Para soportar estas agresiones se puede recurrir a algunas de las sustancias anestésicas de la barra, como los combinados, los cócteles, las cervezas o el cava.

¿Prefiere los conciertos? El sonido que sale de su equipo de música es, sin duda alguna, mejor que el de las gigantescas salas que retransmiten la voz de ese pequeño punto que se observa en el horizonte. La cara de ese pequeño punto se retransmite por una pantalla gigante ante la cual aparecen apretadas miles de personas. Lo que atrae a las masas a los conciertos no es únicamente la pasión por la música, ni siquiera por el cantante o el músico, ya que este es únicamente el catalizador necesario. Lo que realmente atrae es la propia multitud, la embriaguez de la masa delirante que se comunica al sincronizarse, gracias a la música, con un mismo ritmo. Las personas se sienten menos solas por ser tantas sintiendo lo mismo, animadas por un mismo deseo, un mismo placer, vibrando «juntas». Al volver a casa se sienten colmadas de una deliciosa excitación.

Los héroes

El tarzán con el que a veces nos sentimos identificados manifiesta mucha necesidad de sentirse potente y no quiere aceptar ni su pequeñez ni sus limitaciones. Para conferirse la existencia, para darse importancia, debe ser el mejor, el más fuerte, sin importar el ámbito.

Rob Schultheis denomina «síndrome del libro de récords» a esa «voluntad idiota de ser el primero, de ser el que salta más alto, el que llega lo más lejos posible, el que más sufre».

Es cierto que el Libro Guiness de los Récords puede llegar a ser abrumador: desde la persona que ha intentado saltar en moto por encima de 23 coches delante de un hotel en Las Vegas hasta la que ha conseguido comerse 27 pollos de un kilo en una única comida. La locura por superarse a sí mismo, por superar los límites, no tiene fin; incluso el propio Schultheis lo afirma: «Mi investigación continúa hasta el infinito, hasta la enfermedad. Es la locura por la búsqueda de lo incomprensible, hasta sus límites e incluso más allá».

Sin llegar al delirio de algunos kamikazes, que cuentan la velocidad que alcanzan en una autopista a la que acceden en sentido contrario, inventándose así un nuevo juego de azar adaptado a estas nuevas armas que son los coches, ha surgido una nueva moda que consiste en cronometrar el tiempo que se tarda en realizar un trayecto. Nos gusta la velocidad por la embriaguez que nos confiere, por las sensaciones de control sobre nosotros mismos, de rapidez de reflejos, de percepción afinada. Pensamos que conducimos mejor cuando conducimos más rápido y, en parte, tenemos razón, ya que con la presión que produce el peligro nuestra atención se estimula más, con los riesgos y peligros que ello conlleva.

«La cultura estadounidense está repleta de ambigüedades. Por un lado, incitamos a la gente a que se conviertan en héroes, con el riesgo de que cierren los ojos frente a las consecuencias nefastas que pueden producirse, y, por otro lado, estamos muy preocupados por los problemas medioambientales y de sanidad pública», afirma Leonard Zegans, psiquiatra de la Universidad de San Francisco, que explica que «los programas de televisión impregnados de violencia se emiten junto con mensajes del tipo "No se arriesgue"».

«Como no todos los estadounidenses son lo suficientemente inteligentes para escapar de esta contradicción practicando la escalada, esto da como resultado un índice de homicidios que se ha multiplicado por dos en 20 años, alcanzando la cifra de más de 20 asesinatos por cada 100.000 personas al año, es decir, diez veces más que la media de homicidios de los 19 países más desarrollados».

La cultura europea no tiene nada que envidiar a la estadounidense. El mito del héroe no ha muerto y de ello da fe el éxito de las películas violentas, fantásticas y sanguinarias, tanto en la televisión como en el cine, que animan a los héroes inmaduros y alimentan a los héroes indirectos.

La sal del dramatismo

Tarzán «reconforta», es fuerte, no tiene emociones, provoca admiración. Sin embargo, únicamente es tarzán porque vive en un bosque plagado de peligros. Sus compañeros son animales que a la mayoría de nosotros nos aterrorizarían y su existencia es una serie de aventuras peligrosas que no le dejan ni un momento de descanso. Imagínese al mismo hombre, tranquilamente instalado al borde de una piscina, dándole sorbos a un zumo de frutas y conversando alegremente con Jane acerca del último libro que han leído o de la telenovela que dan por la tarde en televisión. Este tarzán ya no suscita tanto interés, a menos que percibamos cómo repta por la tumbona una pérfida serpiente, lanzada por una mano enemiga. La idea de la intriga que se trama nos impide, en última instancia, cambiar de canal.

En la película de nuestra vida más o menos sucede lo mismo. Para conferirle un poco de interés a nuestra existencia, necesitamos suspense, acción. Nos tiene que «pasar algo» y, como suele ser más fácil que «se produzcan» dramas que no situaciones agradables, tendemos a coleccionar los primeros.

Sin embargo, y afortunadamente para nosotros, afrontar de forma real el peligro no es obligadamente necesario. En realidad, no tenemos tanta necesidad de riesgo, sino de la idea de riesgo. Si colocamos en el suelo una tabla resistente de treinta centímetros de ancho y dos metros de largo y caminamos por encima, ni siquiera nos viene a la mente la idea de que podríamos dar un paso en falso. Coloquemos ahora la misma tabla en lo alto de un precipicio y andemos por encima. ¿Percibimos la diferencia? Siempre encontraremos precipicios que habrían podido situarse debajo de las tablas por las que pasamos y que, posteriormente, confieren valor a nuestra travesía. Basta con deformar ligeramente la realidad destacando algunos aspectos (la profundidad del precipicio) en detrimento de otros (la anchura de la tabla) más anodinos para hacer que la percepción sea más visible. «Cogí la misma carretera que el autobús que se estrelló tres días más tarde. Cuando pienso en que estuve a 300 metros de la explosión...».

Jugar a ser tarzán nos obliga a vivir en un entorno agresivo y peligroso, de manera que así obtenemos valor y reconocimiento por nuestras arriesgadas aventuras en un lugar sembrado de trampas: «Fui a ver al jefe. Llevaba tal mal humor encima que me estresó en un momento», «¿Te das cuenta? Fulanita está en el hospital. Yo la vi la semana pasada y estaba perfectamente», «Tenía el examen oral con el profesor Menganito, estaba muerto de miedo», «En todas las calles había atascos», «No puedes imaginarte lo que es trabajar con todo ese ruido». Si las cosas son difíciles, arriesgadas o peligrosas resultan más interesantes y gratificantes.

Valoramos nuestra importancia por el número de veces que se nos cita (directa o indirectamente) en la conversación. A todos nos gusta «hacer que se hable de nosotros». No obstante, ¿quién es el que retiene con más facilidad la atención del resto, el que se ve afectado por situaciones desagradables o el que nada en el bienestar de la felicidad más simple?

La respuesta a esta pregunta constituye el origen de muchos comportamientos anómalos y destructores, como el del hijo que no deja de hacer tonterías para llamar la atención de los padres, que están ocupados hablando acaloradamente con sus invitados. Ante la necesidad básica de sentirnos importantes ante los demás, tendemos a dramatizar nuestras vidas a fin de añadirles un poco de sal y hacerlas más apasionantes. Si no tenemos dotes de narrador, si nuestras aventuras cotidianas nos parecen poco dignas para despertar algo de interés, nos vemos arrastrados, como niños, a explotar algunas técnicas comprobadas, como tirar el cenicero en la alfombra, llegar tarde, cometer meteduras de pata, ponernos enfermos, seguir una dieta especial, exteriorizar un «humor de perros», etc.

Podemos elegir entre ser irritantes, charlatanes, insoportables, miedosos, quejicas... o sonrientes, inocentes hasta lo desconcertante y buenos como el pan. Es evidente que hay varias maneras de ser el héroe de la historia. Supermán no es la única opción y tarzán podría tener el mismo éxito disfrazado de Tomás el Gafe,[10] Calimero[11] o Caperucita Roja.

Al margen del personaje que elijamos, lo importante es dar un toque de color a los acontecimientos diarios con el fin de conferir un poco de sabor a la vida, sin el cual, esta nos parecería probablemente demasiado apagada e insípida. Nos enfundamos el disfraz de un personaje que parece ser

---

10. Personaje de cómic creado por André Franquin que se caracteriza por una inagotable capacidad para provocar desastres.
11. Un pequeño polluelo de color negro, no tan conocido como otros personajes de cómic, cuya exclamación preferida es «Esto es una injusticia».

interesante (generalmente, lo elegimos de forma precoz en la infancia, según lo que «funcione» con nuestros padres) y que nos confiere una identidad reconfortante.

El poder de la imaginación

Imagínese un limón. Al leer esto, visualice un limón amarillo, observe su forma, sienta su olor. Cójalo mentalmente con la mano y acarícielo. Sienta la piel en sus dedos. Continúe trabajando con la mente y coja un cuchillo y parta el limón en dos. Observe ahora el interior del limón, con las semillas, un poco de jugo que resbala por sus dedos. Acerque el limón a su boca y... muérdalo.

Sí, es ácido y usted está salivando, aunque no haya un limón real. El limón mental es el que le ha hecho salivar.

La evocación mental del recuerdo desagradable tiene un impacto inmediato en su fisiología. Sentirá cómo las tensiones aparecen en su cara y quizás en el resto de su cuerpo. Su respiración será cada vez más débil y entrecortada.

Piense ahora en un recuerdo feliz. Reviva la situación, sienta nuevamente las sensaciones y los sentimientos de felicidad. ¿Percibe la diferencia?

Ahora estará respirando de forma más tranquila y profunda, su cara estará relajada, como el resto de su cuerpo, y puede que incluso deje entrever una sonrisa en sus labios.

El hipotálamo activa las adaptaciones fisiológicas suscitadas por las imágenes.

Imagínese en la montaña en invierno. Todo está blanco, el frío es glacial y usted se encuentra en el exterior, en camiseta.

Difícil evitar el escalofrío. Trasládese a una de esas playas de ensueño a pleno sol e inmediatamente estará totalmente relajado.

Una imagen, un pensamiento, una idea y una evocación mental conllevan automáticamente un desfile de reacciones fisiológicas de adaptación y una avalancha de hormonas del estado emocional correspondiente.

El ser humano detesta el vacío, tiene miedo de lo que pueda encontrarse, de sí mismo, y por ello puebla las zonas de silencio con pensamientos e imágenes que condicionan su vida.

La anticipación

La anticipación consiste en pensar en un acontecimiento estresante y experimentar con antelación las sensaciones que imaginamos que podemos sentir. Esto puede ser útil, como veremos en el capítulo de las emociones, para «controlar el miedo», aunque a veces también puede llegar a ser problemático.

Antes de un examen observamos de forma habitual en los estudiantes angustia, ataques de asma, alergias, erupciones cutáneas diversas, diarreas, náuseas, dolores de estómago, etc. Todas estas reacciones somáticas no se asocian con el examen, sino con la idea del examen, y no podemos pensar que sean reacciones de adaptación, ya que no facilitan las cosas a los pobres estudiantes.

La Facultad de Medicina del ejército del aire estadounidense llevó a cabo un experimento original relacionado con la previsión del dolor. Midieron el ritmo del pulso y las secreciones hormonales de los soldados antes de ponerles una inyección. Todos los síntomas de dolor estaban presentes, a pesar de que la aguja nunca tocaba la piel.

En una universidad de California anunciaron a los estudiantes que iba a proyectarse una película sobre la seguridad laboral en la que se simulaban accidentes. Pues bien, el simple hecho de saber que iban a ver en la pantalla a un obrero que perdía un dedo provocó un aumento rápido del ritmo cardiaco de los estudiantes.

Evidentemente, un acontecimiento inesperado desencadena un impacto más violento, lo cual apoya relativamente a los que afirman «Prefiero imaginar siempre lo peor y así lo que venga no me sorprenderá».

La anticipación es útil y protectora sólo cuando conduce a preparar el acontecimiento, pero se vuelve tóxica cuando, en vez de anticipar la realidad para prepararnos para ella, la moldea antes en función de nuestras creencias.

Al no poder soportar la incertidumbre, nos creamos falsas certezas, evidentemente negativas. En general, resulta más fácil fracasar que tener éxito. Por lo tanto, no anticipamos la situación, sino su resultado.

Los males de los estudiantes no son consecuencia de la anticipación de la situación del examen, sino de la anticipación de la certeza de obtener malos resultados, una certeza que está asociada a la poca confianza que tienen en sus capacidades.

Los aderezos mentales

Para estresarnos, también podemos inventar, deformar la información que recibimos o el sentido que esta pueda tener.

«Te quiero», nos dice él o ella. Nuestra reacción es inmediata: «¡Vaya! Si lo dice es porque no lo piensa, simplemente intenta apaciguar mis sospechas, mi desconfianza».

Cuando no disponemos de todos los elementos para interpretar una situación, usamos y abusamos de una enojosa tendencia a «llenar los vacíos», ya que inventar y fantasear resulta muy fácil. ¡Cuántas veces hemos imaginado cualquier cosa inverosímil para explicarnos que el teléfono no ha sonado en el momento en el que debería haberlo hecho! Simplemente esperar resulta difícil y no saber lo que ocurre puede llegar a ser insoportable. Por ello, nos encargamos de «aderezar» la poca información de la que disponemos.

«Ya está, lo sé. Se ha ido con el tipo ese que la rondaba. Se habrá ido a cenar con él y ahora no se atreve a llamarme porque se siente culpable», o cualquier otra invención estresante.

Se encuentra en una antigua casa de campo para pasar la noche. Se despierta a medianoche y escucha ruidos. No le cabe duda de que hay alguien que está andando por la casa, aunque está seguro de que nadie más puede encontrarse allí arriba, al menos nadie humano, pero... Ya tiene todos los ingredientes para pasar una noche de angustia en esa bonita casa antigua, cuyo entarimado de madera juega una mala pasada a sus nervios.

Cuando no disponemos de toda la información, pero desgraciadamente pensamos que sí, a pesar de que no haya nada más lejos de la realidad, nos «montamos una película», que, a su vez, es una fuente de estrés.

Naturalmente, el proceso podría funcionar perfectamente a la inversa para poder producir nosotros mismos ideas reconfortantes. Sin embargo, estamos hechos de tal manera que, frente a un estímulo preocupante, tendemos a pensar en causas aún más preocupantes.

Para asegurarnos de que estamos estresados permanentemente, somos capaces de conservar en nuestra mente una espada de Damocles en lo alto de nuestras cabezas y preocuparnos por lo que nos «podría ocurrir» o lo que «podría habernos ocurrido». Somos capaces de estresarnos imaginándonos el futuro, rememorando el pasado o incluso deformando el presente. Además de nuestros aderezos, podemos interpretar la realidad y «redefinirla» para extraer alguna ocasión de estrés doloroso...

Recuerdos y reflexiones

Si no hay nada que nos ocupe ni nos preocupe en el presente ni en el futuro, siempre podremos sumergirnos en el pasado. Al igual que la vaca que rumia los alimentos varias veces, nosotros recuperamos para la conciencia acontecimientos del pasado. No obstante, a diferencia de la vaca que rumia para realizar una mejor digestión, nosotros, los humanos, rumiamos porque no queremos «digerir» algo o simplemente por rumiar, ya que al menos esto nos mantiene ocupados.

En los momentos de vacío o cuando vamos andando por la calle, reaparecen sin razón aparente imágenes del pasado, tanto bonitas como desagradables. En función de nuestro estado interior en ese momento, evocamos sobre todo buenos recuerdos, que pueden provocar sentimientos de felicidad, poder, amor, etc. o recuerdos negativos, que nos sumen en la tristeza, la angustia, la ira o la depresión. En nuestra memoria tan sólo seleccionamos lo que puede ir en un mismo sentido, buscando en todo momento la sempiterna necesidad de coherencia. Además, pensar en acontecimientos alegres cuando estamos tristes nos podría hacer salir de nuestro estado de depresión y eso sería demasiado fácil, ya que apreciamos los momentos de desesperación.

Tenemos a nuestra disposición reservas de emociones en conserva. No podemos abrir o cerrar estas cajas a nuestro antojo, sino que, con frecuencia, preferimos pensar que se abren «ellas solas» y que los recuerdos reaparecen sin haberlos provocado.

Para pasar el tiempo, resucitamos de la memoria experiencias pasadas, para sentir que existimos, para sentirnos vibrar y sentirnos importantes. A través de los sufrimientos «sentimos que vivimos» («Pellízcame para comprobar que no estoy soñando»). Sufro, luego existo.

Los momentos de soledad pasan a ser ocasiones para sumergirse en la rememoración de alguna aventura amorosa que «podría haber llegado a algo» o que nunca fue. No hay nada mejor para la depresión que volver a pensar en el sufrimiento que se ha vivido, en la decepción de una ilusión. Pero ¿por qué? Mejor el hastío que el vacío. No sabemos enfrentarnos al silencio.

¿Cuál es el truco para no aburrirse en una relación de pareja? Cuando todo está tranquilo en la vida y en la relación, surge la duda. «¿Sigo siendo lo más importante para el otro?». Para saberlo, para volver a conquistar toda su atención se monta todo un espectáculo. Resulta bastante simple, basta con abrir antiguas heridas, volver a sacar a la luz algunos rencores que se hayan reservado cuidadosamente para la ocasión. Una buena crisis, nada mejor para reavivar los sentimientos, pasar el tiempo y sentirse importante.

Nuestros recuerdos nos ofrecen realidad. Sobre ellos construimos la percepción de nuestra identidad. Sin embargo, en periodos de depresión o simplemente de vacío los utilizamos de manera abusiva e inútilmente estresante.

Hipercontrol

Edward Hall cuenta la aventura del «rey de Ruffle Bar», un perro que se descubrió en una isla desierta relativamente cercana a Nueva York. Transcurridos dos años de su descubrimiento, la policía neoyorquina no consideró que fuese necesaria una intervención. Ese perro parecía satisfacer sus necesidades y aparentemente gozaba de un buen estado de salud. Todo era normal, hasta que un alma bienpensante alertó a la Sociedad Protectora de Animales (SPA). A partir de ahí, se utilizaron grandes medios para «salvar» al perro que vivía su vida, para que encontrase a unos «buenos amos». Cada día, una lancha motora de la policía de Sheepbead Bay salía hacia Ruffle Bar, la isla desierta y pantanosa donde se encontraba el perro. Cada día, un helicóptero de la policía sobrevolaba la isla durante más de media hora, según información del *Times*. El helicóptero acechaba al perro, que no se dejaba atrapar. La SPA acabó obsesionándose con la captura del perro y hostigaba a la policía. ¡Cuánto estrés y cuánta energía malgastada! Varios millones de dólares por el helicóptero, la gasolina y las horas de trabajo y, sobre todo, toda la energía humana malgastada con el único objetivo de «preservar la imagen de marca de la burocracia de la SPA». Todo esto «es testimonio de la locura o al menos de nuestra incapacidad evidente para establecer con un mínimo de sentido común un orden de prioridades», concluye Hall.

Esta historia absurda tiene como conclusión la necesidad de controlarlo todo y mantener una buena imagen. La SPA no podía permitirse el lujo de dejar de lado a ese perro que definía como «abandonado», a pesar de que vivía muy bien de ese modo.

Nosotros mismos gastamos mucha energía inútil en una dinámica adquirida de hipercontrol para proteger nuestra imagen. En el apartado «hipercontrol» se mezclan desordenadamente el estrés de la pareja y la persecución sin descanso de la mínima mota de polvo, el estrés del desgarrón mal situado en el pantalón o de la media con una carrera. Se mezcla también la angustia inútil de cuando llegamos tarde a la panadería: esa noche no habrá pan, ¿y qué? En definitiva, todas las pequeñas preocupaciones o ansiedades que acompañan a las molestias de la vida.

Nos estresamos inútilmente al conferir una importancia exagerada a los detalles que, si reflexionamos un poco, no suelen valer la pena. Pero ¿por qué lo hacemos? «¿Qué va a pensar la gente?», es la respuesta de este sistema, incluso cuando disimulamos detrás de un «Lo hago por mí, quiero que todo esté impecable». Como si tuviésemos un padre policía en nuestra cabeza que nos vigila atentamente y nos prohíbe dar un paso en falso. No estamos seguros de poder ser aceptados por el resto por lo que somos y, por ello, intentamos «hacerlo bien», ofrecer una buena imagen a fin de gustar o, como mínimo, no disgustar.

5
CUESTIÓN DE TEMPERAMENTO

La felicidad no siempre está relacionada con lo que nos ocurre o deja de ocurrirnos, depende más de nuestra actitud frente a las circunstancias que la vida nos plantea que de las propias circunstancias. Cuestión de temperamento, pero ¿de dónde procede este temperamento?, ¿qué motiva nuestras actitudes?, ¿tenemos poder sobre nuestra personalidad?

Angustia o éxtasis

Estar colgado de un abrupto acantilado, circular a 250 km/h por una autopista, navegar en un velero un día de niebla en un mar embravecido, estar suspendido por los aires desde un frágil paracaídas, ¿es aterrador o excitante?

En los parques de atracciones, algunos adictos al estrés disfrutan de lo lindo en las montañas rusas, otros gritan aterrorizados cuando el pequeño vagón en el que se han instalado inicia la bajada de la montaña rusa. Después juran y perjuran que nunca volverán a subir en uno de estos aparatos de Satán. Para unos es sinónimo de placer y para otros de pánico.

«¿Resulta realmente placentero jugar un Gran Slam? ¿Disfruta la prueba cuando el reto es tan importante y cuando está sometido a tanta presión?». A esta pregunta de *Tennis de France* (n.º 427, noviembre de 1988), Mats Wilander respondió: «Eso es lo que me gusta: la presión. Los partidos duros, igualados, los grandes momentos. No hay nada que sea más excitante [...]. En las pruebas pequeñas suelo tener dificultad para motivarme».

Es un hecho comprobado que el estrés de la competición estimula a unos, que se motivan más cuanto más importantes son los retos. Sin embargo, a otros les inhibe de tal manera que pierden todos sus recursos, por la falta de confianza en sí mismos, la incertidumbre, una cierta ambivalencia relativa a la idea del éxito: «De todos modos, nunca lo consigo», «No le puedo hacer esto a Georges», «Mis amigos me mirarán de reojo», «Mis padres se alegrarían, no les voy a dar ese placer», «Si logro tener éxito tendré que llegar más lejos». Todas esas frases bastan para encaminarse hacia el bloqueo, la inhibición y la parálisis.

A los actores les gusta el miedo escénico. Cuando lo sienten saben que van a hacerlo bien. Su interpretación adquiere más intensidad. Los grandes oradores «estremecen» porque ellos mismos se estremecen con sus emociones, obtienen carisma de su estrés. Los atletas baten sus récords ante estadios llenos. Interpretan positivamente las reacciones de su cuerpo, reconocen la descarga de adrenalina como una señal de preparación para la acción.

Sin embargo, los que no saben que las sensaciones que el estrés procura son necesarias para sus resultados intentan por cualquier medio disimular ante los ojos de los demás lo que ocurre en su interior. A su experiencia personal la denominan «miedo escénico», «pánico» o «emotividad». Interpretan las reacciones de alarma de su cuerpo como la medida de su ansiedad, intentan controlar ese flujo de sensaciones, detienen su respiración, estrechan el plexo: se bloquean.

La fisiología del estrés es idéntica en todos los cuerpos humanos, las sensaciones son las mismas para todos. Sin embargo, según consideremos el mundo peligroso o apasionante, según seamos más tímidos que curiosos, denominaremos al mismo estremecimiento miedo o alegría, terror o placer.

¿Cuestión de temperamento? Trasladémonos a las experiencias infantiles. ¿Qué temperamento «infantil» podría resistir la angustia de una madre que mira con estupor cómo el hijo salta por la barandilla (en caso de que le deje hacerlo) porque «sabe» que se va a caer? El hijo, cuando cae, percibe la reacción de su madre y se paraliza, cambia y comprueba que su madre tenía razón. Muy pronto, aprende que no tiene equilibrio, que no está dotado, que saltar es peligroso, que hay que rodearse de miles de precauciones, a menos que «asustar a mamá» se convierta en un juego, sobre todo si contamos con papá como aliado. Quizá sea muy excitante encender la llama de la angustia en los ojos de mamá.

Por el contrario, puede que mamá se sienta muy orgullosa de su hijo, tan valiente, tan ágil, tan emprendedor. ¿Cómo resistirse a la tentación de deslumbrarla y seducirla?

También puede que a mamá le dé igual y que el hijo corra riesgos a fin de llamar la atención de alguien: «Mira, mamá, sin manos...».

Por otra parte, también están los hermanos y hermanas y las inevitables competiciones. De cada uno dependerá desarrollar la emulación o la inhibición.

Hemos aprendido los sentimientos de confianza y de miedo, y definimos nuestras sensaciones en función de este aprendizaje. Si no revisamos los juicios que emitimos sobre nosotros mismos, estaremos predispuestos a atrevernos o bloquearnos.

Alberto

Alberto sale de la oficina del director de personal con la notificación de su despido. En su interior, tarzán encaja este golpe. Una infinidad de pensamientos desordenados le asaltan. De forma sucesiva, le sobrecogen la ira, la angustia y la tristeza. Siente un gran sentimiento de injusticia: «No se me ha valorado como es debido». Un sentimiento de violencia le invade: «Estos cerdos me las pagarán...» y, repentinamente, uno de preocupación: «¿Qué les pasará a mis hijos? ¿Qué dirá mi mujer? ¿Y mis padres? Me lo volverán a echar en cara. Siempre es a mí al que le ocurren este tipo de cosas.

Definitivamente, no valgo para nada». Comienza a despertarse la revuelta: «Bueno, no voy a preocuparme. Ellos se lo pierden. ¿Qué es lo que puedo hacer ahora? ¿Qué me apetece hacer? ¿Y si aprovechara para formarme en lo que siempre he querido hacer?».

Alberto no controla el agente estresante. Ya no puede hacer nada ante dicha situación. Ya no se puede volver atrás, ya no puede borrar de la mente el despido. Al ser él mismo el agente estresante, lo que marque la diferencia será su comportamiento, la manera en que se «tome» la situación.

Si Alberto se quiere y, de manera general, tiende a querer al resto, si tiene confianza en sí mismo, si es consciente de sus capacidades y de sus lagunas, intentará comprender lo que ha ocurrido a fin de aprender el máximo posible a partir de este momento. Analizará la situación, sin culpabilizarse ni acusar al resto del mundo. Tras asimilar la pérdida de su antiguo empleo, canalizará su energía para darle una nueva dirección. Aprovechará para reorientarse, recibir una nueva formación, etc.

Sin embargo, si Alberto carece de esta base de confianza interior, si duda de sus capacidades o de los otros, se arriesgará a ser tentado por otro tipo de dinámica menos constructiva, que puede incluso llegar a ser destructiva.

Alberto 2 no se aprecia. Todo lo que hay dentro de él es un pretexto para probar que, en definitiva, no vale para nada. En todo momento piensa que el resto es mejor que él, que el resto de personas triunfa y tiene suerte. Piensa que él nunca consigue nada, que no está dotado, que no está a la altura. En cuanto le pasa algo se culpabiliza. Obligatoriamente, todo lo que le ocurre es por su culpa.

Alberto 3 evita cuestionarse. Los demás son los que se equivocan. Abierta o interiormente, fustiga a los que le han despedido, los demandará en los juzgados de lo social, les demostrará de lo que es capaz, les hará la vida imposible o, en una versión pasiva, permanecerá postrado durante horas, días e incluso meses «maldiciéndolos» porque «han arruinado su vida».

Alberto 4 mete la cabeza entre sus hombros, una lágrima se desliza por su mejilla, la tristeza le invade. La desesperación se instala. La culpa es de todos y de nadie. De todas formas, no puede hacer nada.

Estos cuatro tipos de reacciones psicológicas corresponden a cuatro tipos de reacciones fisiológicas.

Alberto 1 transforma el estrés en eustrés. Ha expresado las emociones de la fase de alarma. No ha permanecido en tensión y ha utilizado la energía de adaptación liberada en su organismo.

Alberto 2 se inclina por la versión de angustia. Se siente impotente. La ronda de cortisol se pone en marcha, las defensas inmunitarias se hunden. Se hace vulnerable a las invasiones exteriores de los microbios o virus.

Alberto 3 permanece en tensión, está «ulceroso» y su estómago capta el mensaje. El sistema simpático se activa en exceso y también pasa a formar parte de los cardiacos.

Alberto 4 se une a la desesperación. Sistema inmunitario perturbado + inflamación = enfermedades autoinmunes.

La fisiología del cerebro

Nuestros comportamientos, nuestras actitudes, nuestra comprensión de las cosas, nuestro lenguaje..., todo está determinado por el cerebro. Las neuronas reciben, estructuran, organizan y transmiten la información y emiten órdenes a nuestros músculos.

La configuración específica de sus interconexiones rige nuestras reacciones y, en consecuencia, define nuestro carácter, nuestra personalidad.

Nada más nacer, contamos con unos cien mil millones de neuronas, aunque el número de conexiones interneuronales es todavía bajo. Durante los primeros años de vida se desarrollarán a gran velocidad. Aunque posteriormente el ritmo se ralentizará, la capacidad para establecer nuevas conexiones no se detendrá nunca. Nuestro cerebro se encuentra permanentemente en autoelaboración.

Una neurona es una célula que posee un cuerpo de forma piramidal, esférica o estrellada, con un núcleo en el que se encuentra la información genética y unas prolongaciones, que se denominan dendritas y axón, que le permiten esta-blecer conexiones con otras neuronas. Las dendritas, estructuras muy finas, se ramifican de forma arborescente alrededor del cuerpo de la célula. En sus extremidades poseen innumerables «espinas» que le permiten entrar en contacto con las neuronas vecinas. El axón es mucho más largo que las dendritas, llegando a alcanzar el metro en algunos casos (como en las neuronas sensitivas y motoras; los nervios están constituidos por millones de axones yuxtapuestos). El axón se ramifica también en el extremo. Los contactos entre las neuronas se establecen por medio de las «sinapsis». En realidad, las neuronas no se tocan, sus «botones sinápticos» emiten mensajes químicos denominados neuromediadores, portadores de información en el espacio intersináptico, donde serán captados por los receptores de la neurona destinataria.

Los cuerpos celulares mueren y no se renuevan. Sin embargo, mientras el núcleo está vivo, los axones y las dendritas pueden regenerarse. Los reajustes entre las neuronas sufrirán profundas remodelaciones durante el crecimiento del niño. Un determinado número de asociaciones necesarias para el crecimiento del embrión y posteriormente del feto, al pasar a ser inútiles, desaparecerán para permitir la aparición de otras.

¿Cómo y por qué las neuronas establecen o rompen sus conexiones? Los mecanismos son muy complejos y los neurofisiólogos todavía no han encontrado todas las respuestas. Los reflejos que garantizan nuestra supervivencia están manifiestamente programados genéticamente, pero ¿qué hay más allá? Sabemos que, gracias a nuestro cerebro asociativo, tenemos la capacidad de inhibir nuestros reflejos. Y los yoguis nos han demostrado que, con un poco de entrenamiento, se puede incluso influir sobre las reacciones neurovegetativas, que normalmente se encuentran al margen del control consciente.

Para separar lo innato de lo adquirido, los científicos confían en los gemelos, a pesar de que con frecuencia en las conclusiones de este tipo de observaciones se debe actuar con prudencia, ya que pueden intervenir muchos factores. Al comparar el cerebro de auténticos gemelos, es decir, de dos seres que poseen la misma herencia genética, se debería constatar que, si las conexiones de las neuronas están genéticamente programadas, sus cerebros son parecidos. Sin embargo, se constatan diferencias flagrantes de morfología cerebral que sólo pueden explicarse si se admite el carácter adquirido de las conexiones.

En consecuencia, la programación de nuestras neuronas se inscribe, por una parte, en los genes y, por otra, se establece mediante el aprendizaje a lo largo de la evolución o del crecimiento (epigenético), y, además, queda modelada mediante el trabajo consciente e inconsciente del pensamiento y el sueño.

Efectivamente, cualquier reorganización neuronal tiene lugar por la noche. Durante el sueño, las conexiones establecidas en los aprendizajes del día se estabilizan de forma bioquímica. Las informaciones se conectan entre ellas para estructurarse en conjuntos y poder formar, finalmente, un todo coherente: nuestro «mapamundi» particular.

El influjo nervioso desencadenado por un acontecimiento exterior provoca una síntesis de proteínas que «codifican» literalmente el paso del influjo. En consecuencia, cualquier estímulo suficientemente cercano al primer acontecimiento desencadenante será asimilado a este y la información seguirá el recorrido previamente trazado.

Observemos a un bebé que se agita en su cuna. Ante sus ojos, por casualidad, pasa un pie. Todavía no sabe coordinar sus movimientos. Al estar cerca del pie, la mano lo atrapa. En el cerebro del niño, las neuronas que han recibido la información visual se conectan con las neuronas motrices activas. El bebé «asocia» el objeto «pie» con la sensación de «coger». Por lo tanto, cuando su madre agite por encima de la cuna el sonajero, la visión de este moviéndose delante de él será lo suficientemente cercana a la imagen del pie que ha conseguido atrapar, llamando a las mismas redes de neuronas. El cerebro asimila el estímulo «sonajero» al estímulo «pie» y generaliza su respuesta, estableciendo el acto de coger.

Además, detrás del sonajero se encuentra el rostro de mamá. Ese rostro ya es conocido, su visión estimula emociones, imágenes, etc. Se conectarán entonces otras redes de neuronas que enriquecerán la respuesta ante el sonajero.

Así es como aprendemos y elaboramos nuestros automatismos. Si la cara de mamá es reconfortante, el bebé asocia el hecho de coger objetos con algo bueno. Si, por el contrario, es amenazadora, el hecho de coger algo se asociará a la ansiedad. ¿Se acuerda de los perros de Pavlov? Pues es algo similar.

Aunque, nuestros comportamientos están lejos de reducirse a unos pocos condicionamientos pavlovianos, estos pueden ayudarnos a comprender el porqué de la forma de algunas de nuestras reacciones, como la de Nicolás, del que ya hemos hablado, y que ha grabado en su memoria de niño una respuesta fisiológica de pánico ante el estímulo: «Una veintena de ojos fijados en mí, se espera que hable». Debido a ello, su cerebro ha generalizado su respuesta de pánico a todos los estímulos suficientemente cercanos, en un aspecto o en otro, a la primera situación. Por consiguiente, cada nueva parálisis acentuará el problema, ya que se acentúan las conexiones.

Los condicionamientos establecen automatismos que la mayor parte del tiempo permanecen totalmente inconscientes. Una imagen, un sonido o una sensación desencadenarán una reacción fisiológica automática, sin que sepamos el porqué. Y el inconsciente siempre será más fuerte, siempre y cuando permanezca inconsciente.

Imagínese un iceberg. La pequeña parte que emerge representa la conciencia y la parte más importante, que está sumergida y fuera de nuestra vista, representa el inconsciente. ¿Qué cree que ocurrirá si el viento de la voluntad sopla hacia el norte, mientras que la corriente de las programaciones inconscientes arrastra al iceberg hacia el sur? Pues que usted se desplazará hacia el sur.

Marcelo es un orador brillante. Durante un banquete, se le pide que tome la palabra. Abre la boca para hablar y no consigue que ningún sonido salga de sus labios. Se ha quedado afónico. No obstante, en las conferencias habla con mucha facilidad, por lo que no entiende lo que le ocurre. Acaba dándose cuenta de que se queda afónico cada vez que debe tomar la palabra «en la mesa» y, entonces, recuerda que cuando era pequeño se le prohibía categóricamente «hablar en la mesa». A pesar de su voluntad consciente, aún no tiene permiso para hablar en la mesa.

Cuanto más estresados estamos, más nos encerramos en comportamientos inadaptados. Cuando estamos sometidos a estrés, intentamos buscar cosas que nos reconforten. Para obtenerlas, tendemos a usar las mismas estrategias que utilizábamos con nuestros padres, las que funcionaban con ellos y no acabamos de comprender por qué no funcionan con el resto. Así, Diana rompe a llorar delante de su jefe cuando este le hace un reproche injusto. Actúa como una niña, ya que así enternecía a sus padres.

A menudo creemos firmemente que nuestras reacciones son «normales» (este patrón es terrible) o que «simplemente somos así». Diana se define como «sensible», por lo que considera que se le debe prestar atención, protección, que se le debe tratar con delicadeza, etc. Así, se comporta de tal manera que las personas o bien la rechazan, o bien la protegen demasiado..., lo que, además, le confirma que necesita protección, que es vulnerable y sensible.

Uriel, no obstante, en cuanto tiene un problema, sale dando un portazo y se refugia en su mundo interior. De pequeño, sus deseos y necesidades nunca se tenían en cuenta. Siempre se ha sentido un incomprendido. ¿De qué sirve, pues, intentar expresarse, si de todas formas nadie le escucha? «Vete a tu habitación, ya se te pasará», era la respuesta que obtenía con frecuencia cuando intentaba transmitir cualquier tipo de emoción. Treinta años más tarde, Uriel continúa dando portazos en la puerta de su habitación y continúa encerrándose en cuanto surge el mínimo fallo en sus relaciones. Se define aún como un eterno incomprendido, por lo que ¿para qué va a intentar negociar? Mejor irse.

Muchas reacciones pueden parecernos incomprensibles, pero son «programaciones» inconscientes de nuestro cerebro, resultados de los condicionamientos de nuestra infancia.

Los condicionamientos de la infancia

Existen condicionamientos directos de la «educación», establecidos mediante recompensas y castigos, condicionamientos indirectos por sumisión al inconsciente de los padres, decisiones tomadas durante acontecimientos traumáticos... Todos estos condicionamientos son reacciones de adaptación.

Cuando un niño nace, no sabe lo que es, ni siquiera sabe distinguir entre él mismo y los demás. Poco a poco va tomando conciencia de los límites de su cuerpo a través de su contacto con los otros, con el mundo. Forja su sentimiento de existencia a través de la relación con su madre y su padre, a través de las caricias, de la atención que estos le prodigan. Si para ellos existe, significa que existe. En contacto con su entorno, poco a poco va haciéndose una idea del tipo de persona que es, de quiénes son los demás y de cómo puede satisfacer sus necesidades en este mundo.

De pequeño, el niño depende totalmente de los gigantes que le rodean. No puede permitirse imaginar que estos pueden fallar, por lo que se cree todo lo que estos le dicen e, incluso, puede llegar a comprender de forma muy rápida lo que a veces no se le dice. No puede cambiar de padres, de medio social ni de hermanos o hermanas. Para sobrevivir no tiene otra elección que adaptarse, ajustarse a lo que se espera, de forma consciente o inconsciente, de él.

Al nacer, algunos reflejos permiten sobrevivir. Poco a poco, el niño descubre nuevos gestos, nuevos movimientos. En función de los resultados obtenidos, de las sensaciones de placer o de disgusto, su cerebro memoriza las acciones eficaces y las que no lo son tanto. Las respuestas al mundo se elaboran mediante el aprendizaje, las pulsiones del instinto. La sonrisa, por ejemplo, es innata y... adquirida. Si el esbozo de sonrisa del recién nacido se refuerza inmediatamente, es decir, si recibe una respuesta positiva del entorno, el niño querrá continuar con esos gestos que le aportan placer. Sin embargo, si a cambio sólo obtiene caras enfurruñadas, el niño «abandonará» su sonrisa.

Conservamos los comportamientos que nos ofrecen placer o nos permiten evitar el dolor y abandonamos los comportamientos que no nos aportan nada, que incluso nos desagradan. De este modo vamos introduciendo automatismos.

«Sometido a la acción de una fuerte corriente eléctrica, el perro aúlla y lucha. Si se le da carne, ni siquiera presta atención. Si se repite muchas veces el experimento, siempre y cuando vaya seguido de forma periódica por una comida, la excitación eléctrica dolorosa termina provocando la salivación. El condicionamiento ha predominado sobre el instinto, se ha enseñado al perro a superar un dolor inmediato, ante la expectativa de un placer futuro. El perro ha sido adiestrado. [...] La educación consiste en adquirir reflejos condicionales capaces de inhibir los reflejos innatos», afirma Jean Delay. Este tipo de educación permite obtener niños educados, bien «adiestrados» y, posteriormente, adultos conformes, alejados de sí mismos, sometidos a la autoridad, con todas las consecuencias desastrosas que se conocen.[12]

La naturaleza es sabia. Sin embargo, los reflejos innatos, es decir, las emociones, las pulsiones y la expresión de nuestras necesidades pueden atemorizar a personas que las han asfixiado dentro de ellas mismas durante mucho tiempo. Cuando se reprimen las lágrimas, los temores y la rabia, cuesta aceptarlos en los demás. Ante las reacciones espontáneas de los hijos, algunos padres tienen «cosas mejoras que hacer» que escuchar las lamentaciones de sus hijos. Otros se sienten intimidados, e incluso paralizados, simplemente no saben cómo reaccionar. Otros incluso se muestran fríos y

---

12. O que vamos a apresurarnos a conocer. No deje de leer *Por tu propio bien: raíces de la violencia en la educación del niño* de Alice Miller.

«castigan duramente». Ya no se acuerdan, o no quieren acordarse, de lo que pudieron sentir cuando eran niños.

Por tanto, el niño, para no molestar a sus padres, actúa como el perro del experimento. Ahoga su dolor y sonríe a sus «amos». Está «adiestrado», bien educado. Ya no grita, no llora. Ni siquiera siente. Ya no puede ni confiar en sí mismo. Cuando le duele algo... «no le duele», cuando sufre... «no pasa nada», cuando está celoso... «es ridículo». Tiene la impresión de «sentirse falso». Duda de sí mismo. Pierde el contacto consigo mismo y se instala un gran vacío en su interior.

Una niña pequeña se revuelve por la calle, intenta pasarse la mano por debajo del jersey y dice «¡Me pica!», a lo que su abuela le responde severamente que «no es verdad». Sin embargo, es la abuela la que no está diciendo la verdad a su nieta y, además, habla de ella misma en tercera persona para asentar su autoridad: «La abuela sabe que no pica, sabe que el jersey es suave porque ya lo ha comprobado».

¿Qué es lo que empuja a la abuela, que indudablemente adora a su nieta, a tratarla de esta forma? No quiere sentirse cuestionada, no quiere ser una abuela que viste a su nieta con un jersey «que pica», por lo que sencillamente decide que este no pica.

Pero, entonces, ¿qué pasará por la mente de la niña? Difícilmente pueda imaginarse la importancia existencial del jersey para su abuela; en realidad, no se imagina por qué su abuela le mentiría sobre una cosa tan insignificante. ¿Qué beneficio podría obtener del hecho de que el jersey no le picase? De todos modos, no se debe cuestionar a una abuela, que tiene experiencia, que sabe mucho más. Además, ha dicho que el jersey era suave. La nieta es inducida a pensar que lo que siente es «falso», arrastrada a dudar de sus propias sensaciones. Para proteger su tranquilidad, la abuela logra instaurar la confusión en el cerebro de la niña. En consecuencia, la nieta, al crecer, no consigue confiar en sus sensaciones, en sus propios juicios, por lo que se sentirá dependiente de la opinión del resto.

Lo que denominamos educación consiste frecuentemente en someter al niño a nuestras normas, a nuestras exigencias y a nuestro egoísmo.

El poder de los padres

El refuerzo positivo más potente es la manifestación del amor de nuestros padres y el castigo más severo es la retirada de este amor o la amenaza de retirarlo. El vínculo con los padres es lo esencial para los hijos. Para protegerlo, los hijos están dispuestos a todo, a sacrificar sus percepciones, sus necesidades, su realidad. Con las expectativas de los padres y las adaptaciones del hijo, entre los padres y el hijo (y, evidentemente, entre toda la constelación familiar: hermanos, primos, tíos, abuelos, etc.) se establece un circuito de relaciones. Los comportamientos y actitudes de unos refuerzan las reacciones del otro, y también a la inversa.

Los hijos no siempre son lo que los padres quieren que sean. Sin embargo, se convierten a menudo en lo que en su día entendieron que debían ser, para tener derecho a existir en la familia.

Aunque no reaccionan demasiado ante lo que los padres les dicen verbalmente, sí que lo hacen ante su actitud, ante lo que son o lo que hacen... o no hacen. «Por mucho que le castigue lo vuelve a hacer, parece que le guste». Pues quizá sí, ya que un castigo es sinónimo de atención. Julio, con 9 años, recibía reprimendas verbales todos los días por el desorden, e incluso alguna bofetada de vez en cuando, cuando mamá estaba demasiado histérica. Dejaba la mochila, los libros y los calcetines en medio del salón. Su madre estaba saturada, llegaba de trabajar y se iba directamente a la cocina. Lo había intentado todo para hacer que el niño fuese un poco más ordenado. «No me importa que su habitación esté desordenada, pero que invada todo el piso no lo aguanto». Las relaciones entre el hijo y la madre se hicieron cada vez más tensas, hasta que le recomendé que jugase con su hijo, que hablase y estuviese con él, al menos media hora al día.

Quizá sea poco, pero suficiente para que el niño no se vea obligado a provocar reprimendas para recibir un poco de atención. Automáticamente, los calcetines volvieron a su lugar de origen.

La indiferencia excesiva de los padres tiene tres explicaciones: o verdaderamente no se interesan por el niño, o están demasiado ocupados en otras cosas (en su trabajo, su cónyuge, sus amantes, el hogar)... o, simplemente, no se imaginan que su hijo les necesite de verdad, por lo que este se ve obligado a elaborar (de forma inconsciente) estrategias para recibir un mínimo de interés.

Expectativas inconscientes

Una gran parte de nuestros comportamientos, de lo que denominamos nuestra identidad, son adaptaciones inconscientes, reacciones ante el inconsciente de nuestros padres.

Mateo es muy agresivo, un niño del que se suele decir que es «duro», difícil. No se deja pisotear. De hecho, es el amo y señor de su mundo. Su madre ya no puede con él, no consigue hacerle «obedecer». Siempre está pataleando, se echa al suelo, grita cuando no está contento, etc. El porqué no se sabe, ya que recibe afecto; su madre, Marina, se preocupa mucho de él. Sin embargo, es ella la que no sabe ni se atreve a expresar su ira. Cuando era pequeña, le asustaba bastante su madre, nunca se echó al suelo, nunca se atrevió a oponerse a ella. Además, si lo hubiera hecho, su madre quizá la habría dejado de lado y no habría satisfecho su petición. Por tanto, ¿por qué arriesgarse a ser rechazada?

Con su primer hijo, Mateo, sus frustraciones de niña pequeña se volvieron a activar. Es algo que todas las madres (y padres) experimentan. El bebé que trae al mundo hace despertar a la niña, al bebé que hay dentro de ella, lo que complica al principio los primeros contactos. ¿Cómo se va a dar lo que nunca se ha recibido? ¿Cómo se va a aceptar en ese recién nacido lo que se ha reprimido de uno mismo? ¿Cómo se le va a ayudar a metabolizar sus miedos y sus angustias cuando uno no sabe distinguir los propios?

Marina, ante ese bebé que no tiene culpa, pero que simplemente con su presencia le recuerda que ella también fue bebé, un bebé impotente, revive la rabia de las frustraciones de su infancia. Como ella a veces reprime expresar o sentir conscientemente la ira contra sus padres, Mateo le permitirá expresarla, se responsabilizará de las emociones que esta se niega a asumir.

Por su parte, en medio de una gran confusión, el hijo percibirá que su madre tiene sentimientos entremezclados, aunque él se expresará. Cuando le falte algo, lo pedirá. Si no lo obtiene, insistirá. Si sigue sin obtenerlo, insistirá aún más y utilizará todos los medios a su disposición. Rápidamente se dará cuenta de que sus rabietas tienen un impacto imprevisto sobre su madre. En consecuencia, se expresará como a su madre le hubiese gustado expresarse. Actuará, se expresará y exteriorizará la violencia que Marina siente en su interior sin poder hacer nada por ello. Así se establecerá ese sistema, ya que ella queda impresionada por las crisis de su hijo y, en secreto, le envidia, de forma que Mateo puede continuar. Así, se acaba diciendo de Mateo que «es» difícil, colérico, insoportable: una etiqueta que le marcará.

Carolina grita cada vez que su madre busca a alguien para que la cuide, a pesar de que Ana presta mucha atención a su hija. Se preocupa mucho de ella, está a su lado siempre que puede. No se «la deja a cualquiera», es decir, elige con esmero a las cuidadoras. Carolina llora mucho y llama a su madre incesantemente. ¿Acaso tiene miedo de que su madre la abandone y no vuelva nunca? No, no se trata en absoluto de eso. En realidad, la que tiene miedo es su madre. Ana siempre ha sentido miedo por su bebé, miedo de que le pase algo, de que se muera o desaparezca. Carolina reacciona ante el miedo de su madre y, mediante su comportamiento, intenta tranquilizarla. Sus lloros significan: «Te necesito, no puedo vivir sin ti, eres importante». Ana necesita todos esos mensajes porque no está demasiado segura de sentirse importante para alguien más aparte de para su bebé. Mientras tanto, Carolina sacrifica su necesidad de independencia para permanecer dependiente de su madre. Llora por cualquier motivo, se muestra arisca y miedosa, ya que Ana se sentiría muy mal si su hija se lanzase a los brazos de cualquier otra persona. Carolina ha comprendido a la perfección cómo debe comportarse para mantener la simbiosis con su madre. Ambas forman una pareja sólida donde los demás no están invitados. Carolina se muestra frágil porque su mamá la necesita. Sin embargo, ya adulta, se arriesga a seguir siendo demasiado dependiente del resto, poco independiente.

¡Nunca más!

La mayoría de los acontecimientos traumáticos también participan en la creación de nuestro carácter.

Adriana era una niña confiada, espontánea, hasta que un drama sacudió su existencia, un suceso bastante anodino para los adultos, pero que, no obstante, desmoronó el mundo de esta niña de nueve años: una operación de vegetaciones. Le preguntó al médico si le tendrían que pinchar, para ir haciéndose a la idea. El médico le respondió que no se preocupase, que no habría pinchazo. Adriana llegó a la clínica y se instaló en la habitación que le habían preparado. Llegó una enfermera con una jeringuilla en la mano y, sin rodeos, le pidió que se bajase el pijama. «¡No!», respondió Adriana, «el doctor me dijo que no me pincharían» y comenzó a forcejear, lo probó todo para escaparse, se fue al baño, huyó por los pasillos. Hicieron falta siete enfermeras para inmovilizarla y pincharle. Cuando se encontró ante el médico, la niña, con una vocecita vencida, preguntó: «¿Por qué no me dijiste que me pincharían?». El médico sonrió y dijo: «Sólo es un pequeño pinchazo de nada para la anestesia, eso no cuenta como pinchazo», y, a continuación, le pidió a Adriana que respirase profundamente en la máscara. Adriana se durmió. Sin embargo, ese día perdió la confianza. El problema no era el pinchazo, sino la mentira. Al médico no le importó mentir, para él todo aquello carecía de importancia. No se dio cuenta de que, en la vida de una niña pequeña, una operación, por muy benigna que sea a los ojos de los adultos, es todo un acontecimiento. Adriana se sintió traicionada..., ¡nunca más!

Guillermo era un niño tierno y cariñoso. Una vez, con seis años, su madre, a pesar de lo que le había prometido, le dejó durante un largo mes en casa de sus abuelos. Él se enfadó terriblemente con ella por algo que consideraba una auténtica traición. Sus sentimientos se confundían entre la venganza, el deseo de castigar a su madre («Te vas a enterar de lo que has hecho») y la angustia. Por ello, llegó a la siguiente conclusión: «Nunca más te volveré a querer, mamá». ¿Y a quién se puede querer cuando ya no se puede amar a una madre? La decisión se presenta con fatalidad: «No quiero volver a sufrir, nunca volveré a querer a nadie». Guillermo se encerró en sí mismo. Desde bien pequeño dejó de manifestar cariño. Como adulto se siente incapaz de amar. Intenta no implicarse emocionalmente en sus relaciones. Huye en cuanto vislumbra un vínculo de afecto. Evidentemente, ha olvidado las circunstancias de su decisión, su angustia de niño traicionado, su deseo de vengarse de su madre, aunque en su cabeza siempre está presente la frase «No quiero volver a sufrir, nunca volveré a querer a nadie».

Los adultos no imaginan las proporciones que adquieren las cosas en el cerebro de un niño. Una mentira, un mes de vacaciones imprevistas en casa de los abuelos, un juguete lanzado por descuido, un trozo de pastel más grande para el hermano pequeño, los juguetes prestados a sus amigos sin su consentimiento...: a pesar de que todo esto no parezca demasiado grave, desde el punto de vista del niño, estas circunstancias pueden ser, en ciertos momentos esenciales para su desarrollo, auténticos dramas que llegan a lo más profundo de su ser.

Estos acontecimientos durante los cuales el niño se siente rechazado, ridiculizado, traicionado son muy numerosos y ni siquiera cuando se presta mucha atención al niño se pueden evitar totalmente. Lo que resulta nocivo no es el acontecimiento en sí, sino lo que el niño experimenta, lo que deduce acerca de sí mismo, el valor y el lugar que ocupa entre los demás. De todo ello se desprende que lo realmente importante para los padres no es evitar las decepciones, las frustraciones ni las dificultades de sus niños, sino dejarles que manifiesten su descontento, su dolor, escucharles y respetar lo que sienten. Si se presta atención a sus emociones, si se escuchan y se respetan, si los padres se disculpan y se explican (sin justificarse), si aceptan la ira de sus hijos, no se registrará nada nocivo en la psique de estos futuros adultos. Sin embargo, si los niños se ven obligados a reprimir sus sentimientos, con independencia del motivo (porque está prohibido o porque a mamá no le gustaría, porque los demás se burlarían o porque no serviría de nada), estos adoptarán decisiones que hipotecarán sus vidas de adultos.

No esperemos que un niño sea «amable» ni que comprenda, es decir, que acepte con una sonrisa tener que comer en el comedor, apagar la televisión, renunciar a su helado de chocolate o tomarse bien la separación de sus padres, el nacimiento de una hermanita, el éxito del hermano pequeño, etc. Nosotros, los adultos, somos los que tenemos que comprender y aceptar que el niño exprese su ira, que, al fin y al cabo, es una respuesta sana a la frustración.

De este modo, aprenderá a controlarla y tolerarla. En oposición a las ideas educativas de nuestros padres, un niño al que se le frustra sin dejarle la posibilidad de expresar sus sentimientos de ira, será más sensible que otro ante cualquier amenaza de frustración.

El niño reacciona ante un entorno, ante unos mensajes que interpreta a su modo. Poco a poco va elaborando su «carácter». Sus actitudes y sus reacciones se memorizan en sus redes neuronales, que asocian sus experiencias. El proceso de autorreorganización ordena esos miles, millones de sensaciones, emociones y pensamientos para formar un conjunto coherente, en el que se asentará su sentimiento de identidad.

Verónica

Verónica no ha nacido en un buen momento. Sus padres acaban de casarse y les hubiese gustado disfrutar más juntos, «en pareja», antes de formar una familia. Además, no tienen demasiado dinero. Ambos se muestran un poco (bastante) angustiados por no saber cómo van a arreglárselas. Ni mamá ni papá están preparados. De manera relativamente consciente, sus padres la toman con Verónica, por haber llegado tan pronto, aunque no está bien visto enfadarse con su hijo y, por ello, la culpabilidad acentúa su rencor.

Mamá es ambivalente. Quiere al bebé, quiere quererlo. Sin embargo, este le plantea problemas. Cuando se ocupa de él, cuando le da de mamar, cuando lo envuelve en la manta, realiza movimientos bruscos. Se siente culpable, ser «una buena madre» pasa a ser una cuestión de honor. Hace todo lo que el pediatra le dice. Escucha al médico, pero no al bebé. Hace todo lo que «debe» hacer, aunque realmente no le gusta, y Verónica lo percibe. No puede imaginarse lo que le pasa por la cabeza a su madre, sino que simplemente percibe que esta no parece sentirse bien con ella. ¿Cómo puede comprenderse eso? La culpa no puede ser de su madre. Para un hijo, una madre es incuestionablemente infalible. Verónica no puede dudar de su madre. Para ella es fundamental confiar en ella, imaginársela ideal, porque, de lo contrario, ¿qué sería de ella, tan pequeña y dependiente?

Si mamá se encuentra por encima de cualquier sospecha, ¿de quién hay que sospechar, entonces? Verónica sospecha de ella misma. Si mamá no se siente bien al estar con ella, es que hay algo que falla en el bebé, el bebé es el culpable.

Verónica percibe sentimientos confusos, la agresividad y la inseguridad de su madre. Siente miedo y se siente culpable. No sabe identificar por qué es culpable, pero si mamá no es feliz debe ser únicamente por culpa suya.

Temerosa de las reacciones de su madre, apenas se atreve a llorar, mama muy suavemente, intenta molestarla lo menos posible y a veces duda hasta en sonreír. Con los años, crece y va anulándose cada vez más. No se atreve a entrar en contacto con su madre. Sin embargo, es buena, intenta complacer a mamá y entiende que para complacerla no tiene que quedarse «en las faldas de mamá», por lo que se aleja.

La madre observa cómo su hija le rehúye, no le sonríe, hace las cosas pausadamente, no se muestra segura en algunos de sus gestos. No se da cuenta de que lo hace por no arriesgarse a disgustarla. La toma con ella por no ser más cariñosa. Piensa que su hija tiene un carácter difícil, que no es «amable» (lo que explica que ella no pueda llegar a quererla). Su reacción será mostrarse más distante y dura con ella. Verónica entiende que, definitivamente, no sirve para nada, que haga lo que haga siempre lo hará mal y, por ello, se encierra aún más en sí misma.

Sus padres deciden tener un segundo hijo. Ahora se sienten preparados y desean mucho más a este segundo bebé que al primero, a Verónica, que no es muy agradecida. Mamá desea que el segundo sea más simpático y le demostrará que es una buena madre; desde su nacimiento, se esfuerza por este deseo y el segundo hijo le responde. El pequeño Carlos, en complicidad con una madre atenta, se desarrolla y crece mejor y más rápido que Verónica. Se «muestra» más espabilado, vivo y cariñoso que su hermana. Mamá está contenta y orgullosa de su hijo, le mima con facilidad y no desaprovecha ninguna ocasión para citárselo como ejemplo a seguir a Verónica, la cual, definitivamente, acaba dándose cuenta de que no está a la altura: su hermano es mucho más interesante que ella y, por extensión, los demás son más interesantes que ella.

En su situación, Verónica no puede pensar de otro modo. Se considera carente de interés, un estorbo. A la larga, lo mejor sería no existir. Por el contrario, los demás parecen desenvolverse bien en la vida.

Definitivamente...

A partir de aquí comienza a forjarse el «destino» de Verónica. Sus pensamientos se manifestarán en sus comportamientos, en sus actitudes. ¿Cómo iba a ser si no? Si carece de interés, ¿cómo va a dirigirse hacia los demás? ¿Cómo va a hablarles? ¿Cómo va a atreverse a hablar con ellos? Comienza a retraerse, observa a los demás niños, pero no participa en sus juegos. No hace amigos, bueno, sí, una amiga, una niña tímida que se le parece.

Unos años más tarde, Verónica es invitada a una fiesta. Se viste de forma discreta, para pasar desapercibida. Desde su llegada al lugar, intenta esconderse detrás de una planta o se precipita hacia la comida y come algo entre cigarro y cigarro, todo lo que encuentra a su alcance. No se atreve a hablar con la gente, que, por otra parte, parece pasárselo muy bien. Siente que sobra. Observa a los demás, es una «espectadora». En caso de que alguien se le acercase e iniciase una conversación, esto le produciría alivio («Alguien se interesa por mí») y a la vez miedo («En cuanto empiece a hablar se va a dar cuenta de que no soy interesante»). Alguien se acerca. El deseo y el miedo a entrar en contacto le hacen fijar una sonrisa en la cara, responder brevemente a las preguntas de su interlocutor (nada de correr riesgos por hablar de más), no devolver las preguntas por miedo a ser descubierta, etc. El interlocutor acaba por aburrirse con la conversación, en la que Verónica no se ha posicionado, y huye en cuanto ve la oportunidad. Verónica se queda sola y se da cuenta de lo siguiente: «Definitivamente, se demuestra una vez más que no intereso a la gente y que no soy interesante».

Y así sucederá durante toda su vida. Sus comportamientos, basados en creencias negativas, provocan reacciones en su entorno, que le confirman a su vez sus pensamientos. Se trata de un círculo vicioso del que ella no ve la salida. No piensa ni por un instante que ha sido ella la que ha creado su propia realidad. Tiene envidia de los demás y de su aparente soltura. Sin embargo, no contempla la idea de que puede parecerse a ellos. En su cabeza, ella es así. Su timidez es su carácter. No hay más. Se identifica tanto con su comportamiento que no puede ni siquiera imaginarse sentirse cómoda en sociedad, porque entonces «ya no sería ella». Y ella es «Verónica, la tímida». Pero ¿realmente es así?

El niño vive, percibe. Tiene emociones, sensaciones, deseos. Si estos no se ajustan a lo que se espera de él, deberá reprimirlos. Entonces tendrá que anular sus deseos, sus pulsiones e incluso sus sensaciones. Cuanto mayor sea la represión, más gruesa será la coraza que se coloque. Se verá obligado a levantar un auténtico muro de tensiones contra sus afectos y, después, adaptarse a lo que se espera de él. Verónica ha rechazado a su verdadero yo y se ha endosado la única «identidad» que le permitía adaptarse a su familia.

Las creencias elaboradas en las que se basa la «identidad» son vitales. Las decisiones que el niño debe adoptar para dar sentido a sus vivencias son decisiones de «supervivencia», que le protegen del sufrimiento y de sus emociones ocultas. Tiene que mantenerlas cueste lo que cueste y así pasará su vida, reforzándolas mediante comportamientos que le permitirán exclamar cada cierto tiempo «¡Definitivamente!».

Para Verónica, cuestionar su identidad de tímida significaría hacer aflorar a su conciencia el rechazo de su madre, la ausencia de cariño y la imperfección de esta, algo demasiado duro. Verónica prefiere continuar pensando que ella es la culpable, la hija imperfecta, a fin de no despertar las dolorosas emociones de su infancia.

Cada vez que oímos decir «definitivamente», es muy probable que estemos confirmando nuestro sistema de convicciones: definitivamente... «no se puede confiar en nadie», «no estoy a la altura», «no lo conseguiré nunca», «los hombres son...», «las mujeres son...», etc.

Para crear nuestra propia imagen y afinar nuestra imagen del mundo, también extraemos de manera más o menos consciente modelos y ejemplos de las historias que nos cuentan nuestros padres, de los libros, de los cuentos de hadas y de nuestros días delante del televisor, del cine, de las vidas de los cantantes..., en definitiva, de todo lo que alimenta nuestra imaginación. Algunas identificaciones nos ayudan a crecer, otras conllevan graves inconvenientes (de ahí la importancia de hacer hablar a los hijos de lo que ven o entienden). Todas ellas son reconfortantes, ya que nos confieren una identidad, unos modelos de comportamiento y un destino.

El peso de la máscara social

Cuando el hijo no se siente aceptado tal y como es, cuando percibe que sus padres prefieren que sea distinto, aprende a creer que no es aceptable. Puede someterse y obedecer, o negarse a ello y rebelarse, ya no es libre para ser lo que es, actúa en función de sus padres. Comienza a perder su ser y a revestirse poco a poco de una personalidad social, de una máscara social.

Detrás de esta máscara, o en ocasiones de esa armadura que se ha convertido en su segunda piel, ya no alcanza a saber quién es, ni qué es lo que desea o necesita. Entonces, comienza a avanzar en la vida sin tener ganas, simplemente porque debe hacerlo, no por placer, sino por sobrevivir. «Esta obligación no es vida, sino que es un mecanismo de defensa contra la muerte».

Greta tenía 33 años y padecía un cáncer con metástasis. «Tengo miedo de morir, no quiero morir», decía en medio de su angustia, y se daba cuenta de que nunca pronunciaba las palabras «Tengo ganas de vivir». No lo decía porque no lo creía. Los padres de Greta son muy poco cariñosos. Y ella, además, siempre ha sabido que su madre nunca la ha querido. Greta era delicada, guapa e inteligente, pero su madre, que la tomó con ella desde el momento de su nacimiento (¿qué culpa tenía ella?), le decía que estaba gorda, que era fea y tonta, y se preocupaba muy poco de ella. Los «mensajes» que Greta interiorizó fueron los siguientes: «No valgo para nada, no vale la pena existir, no soy importante, los demás son mejores que yo, son más importantes que yo, no tengo necesidades», etc. A partir de estas deducciones, se construyó un personaje, se organizó una vida que le permitiera sobrevivir y se hizo «perfecta»: se adaptó al máximo a las expectativas de sus padres. Su casa siempre estaba impecable, ella siempre iba bien vestida y maquillada, siempre sonreía, era muy activa y tenía éxito en su trabajo. También se ocupaba de su familia: su marido y dos niñas. Confundía a todo el mundo e incluso a sí misma. Ese fue el personaje que pasó a ocupar su identidad: dar la imagen más perfecta posible de ella misma a los demás, esperando que fuera aceptada, ya que, en el fondo de sí misma, seguía pensando, como le decía su madre, que carecía de valor, que era insignificante.

La imagen es perfecta, hace lo que debe. Sin embargo, en su interior, el vacío ocupa su lugar. A pesar del amor de su esposo y de sus dos hijas, el mal la consumía. Tenía problemas para sentir amor, se culpabilizaba si su marido decidía pasar el tiempo con ella, enferma. No se podía imaginar que quisiera permanecer con ella simplemente por amor. Pensaba que debía ser una carga para él. La distancia entre la imagen que había forjado para los demás y su percepción real de ella misma era demasiado grande. La imagen se quebró con el sufrimiento..., surgió el ser desesperado, pero demasiado tarde. El sentimiento de culpabilidad, profundamente anclado en ella, no le permitió volver a ser ella misma.

La pequeña Greta no tenía otro recurso que creer en sus padres, es decir, considerarse algo malo. Acabó aceptando esta definición de ella misma y se esforzó por camuflarla. Incluso en la edad adulta, incluso estando enferma, no consiguió cuestionar a sus padres, permitirse sentir la ira que le animaba, ya que los necesitaba demasiado, a ellos y a la idea de su amor. Por ello prefirió irse.

La idealización de los padres

Los hijos necesitan realmente a sus padres y no se atreven a cuestionarlos, sino que los protegen e idealizan. El personal sanitario de los servicios de pediatría es testigo desengañado de ello. Los niños llegan al hospital en un estado dramático, llenos de golpes, quemados, con las extremidades rotas, consecuencias evidentes de maltratos físicos. No obstante, todos ellos, sin excepción, defienden a sus padres. Contra toda verosimilitud, dicen que se han caído... y llaman a sus madres.

Aunque los maltratos físicos impresionan más, los mentales son más demoledores. Incluso la crueldad involuntaria hace daño. Burlas, humillaciones, abandonos o simplemente la ausencia de respeto a los sentimientos y necesidades de los niños son crueles. Con independencia de que reproduzcamos en nuestros hijos la educación que hemos recibido o de que adoptemos la postura totalmente inversa, esto no implica que escuchemos al niño que se encuentra ahí.

No existen los padres ideales, los padres perfectos, simplemente podría hablarse de padres «suficientemente buenos». El hijo no puede evitar experimentar sufrimientos, frustraciones. Descubre que no puede disponer de forma exclusiva ni permanente del amor de su madre. Se enfada por las adaptaciones que sus padres le piden. La cuestión no es evitar que sufra, protegerle excesivamente, sino simplemente aceptar sus sentimientos negativos. Un padre suficientemente bueno es un padre que sabe aceptar los sentimientos de su hijo, que no le prohíbe que llore, que sabe escuchar su ira sin sentirse culpable ni un «mal padre».

Para romper, ya de adultos, las barreras de la prisión de nuestras convicciones, la única solución que hay es dejar que afloren los recuerdos de los sufrimientos pasados y aceptar sentir la ira contra los padres. No se trata de culpabilizarlos, sino simplemente de decir la verdad, sin intentar protegerlos. Tan sólo puede hacerse justicia denunciando la injusticia. Tan sólo puede restablecerse la verdad observando la realidad.

Está prohibido. Hemos interiorizado que nuestros padres han actuado «por nuestro bien». «Han hecho lo que han podido». Se han sacrificado por nosotros, por lo que debemos respetarlos. Seguimos protegiéndoles.

Además, «de qué serviría ahora decirles nada, ahora que son mayores, les haría daño». No queremos perderlos por nada del mundo, porque, en nuestro interior, todavía seguimos siendo niños. Porque todavía no hemos interiorizado lo suficiente su amor, porque tenemos la impresión de que nuestra supervivencia depende de ellos. A pesar de ser adultos e independientes, tenemos miedo de expresar nuestra realidad, miedo de ser simplemente nosotros mismos. Tenemos miedo de que nuestros padres nos abandonen, seguimos creyendo en lo que creíamos cuando éramos niños.

Otro de los aspectos que complican aún más las cosas es pensar que, si no dejamos expresar esa ira ahora, esto quizá podría significar que podríamos haber sido de otra manera, algo que quizá sea demasiado doloroso pensar. Quizá prefiramos seguir creyendo que no se podía actuar de otra forma porque «somos así». Nos obstinamos en tratarnos durante toda nuestra vida como se nos ha tratado en nuestra infancia, guardando en lo más profundo de nosotros, no obstante, un gran vacío que intentaremos colmar de forma ineficaz de diversas formas.

La angustia de no existir

Sentir que no existimos es una fuente de angustia inexplicable. No obstante, pocos de nosotros manifestamos un sentimiento sólido de existencia.

Existir, para un ser humano, es, en primer lugar, existir para el resto. Y el resto, para un niño, son, principalmente, el padre y la madre. El auténtico sentimiento de existencia se establece en las primeras relaciones con ellos. Si existimos de forma suficiente ante ellos y si disponemos de la libertad de existir para nosotros ante ellos, más que para ellos, como una prolongación de ellos, sentiremos nuestra existencia como propia.

Disponer de una auténtica identidad significa experimentarse uno mismo como ser único. Algo imposible si los padres no nos perciben, si nos consideran partes de ellos mismos, prolongaciones de ellos, si se encargan de definir por nosotros nuestros deseos y necesidades, si intentan ser unos «buenos padres», en vez de escucharnos bien.

Cuando dudamos lo más mínimo de nosotros, utilizamos subterfugios para ilusionarnos con que somos algo. Cuanto más dudamos, más necesitamos probarnos que existimos, que somos importantes, más necesitamos «hacernos notar». En el mejor de los casos, lo haremos de forma positiva, a través de un éxito profesional que nos valorice y de la participación activa y notable en diferentes actividades. En el peor de los casos, a través de la violencia, las enfermedades, el suicidio o la dependencia.

Las estrategias que se encuentran a nuestra disposición para acallar la angustia son muy numerosas:

• Emilio es un hombre de negocios brillante. Tiene mucho éxito, aunque no se acuerda de los logros obtenidos, y siempre quiere ir más lejos, probarse que es capaz, que tiene muchos valores. El niño que se siente impotente a la hora de satisfacer las expectativas (reales o imaginarias) de sus padres debe «superar las pruebas».

• Marcos acumula muchos bienes. Gana mucho dinero. Cada vez necesita más dinero para comprar más cosas. Se refugia en la posesión. Si no puede «ser», al menos intenta «tener». El deseo por tener más cosas nuevas es cada vez mayor, se rodea de objetos bonitos, de bonitas propiedades. «Si lo que poseo es bonito, entonces soy bonito», intenta reconfortarse inconscientemente.

• Víctor colecciona coches en miniatura, Marta, soldados y figuras de plomo, Guillermo, frascos. Al ser buenos coleccionistas, se valoran según sus colecciones. Se revalorizan en función de sus adquisiciones. Sus vidas adquieren sentido, se estructuran en torno a su colección, que nunca finaliza. Tienen un objetivo. Saben de qué hablar.

• Juan es un seductor. Deja huella en la psique de sus preciosas víctimas. Como el paranoico que intenta destruir a la mujer que ama, deja huella en el cuerpo de la otra. «Si hago daño, si dejo huella, entonces existo».

• Ariadna sufre. Casi siempre está enferma y se preocupa mucho. No pasa ni una sola semana sin ir al médico.

Antes de cada comida, extiende sus pequeñas pastillas de todos los colores sobre la mesa. Padece sufrimientos físicos y psíquicos: «Me encuentro mal, entonces existo». A veces resulta difícil dejar de sufrir, olvidar una herida, perdonar. El sufrimiento se aprecia en nuestra sociedad. Atrae la mirada y el apoyo del resto, incluso incita a hacerse cargo de alguien.

• Nadia llama por teléfono cuatro veces al día al hombre que ha elegido. Aunque él la rehúye, ella es insistente: le sigue donde quiera que vaya. Consigue encontrarlo para suplicarle y amenazarle: «Sin ti no soy nada». Al dar tanta importancia al otro, ella también se da importancia. Cuanto más potente sea la intensidad de la angustia, más se sentirá la existencia de uno mismo.

• Álvaro es violento, pega a su mujer y a veces también a sus hijos. El acto violento le proporciona la excitación que necesita para sentirse poderoso, para escapar del vacío y de la inconsistencia de su vida. Su violencia es una lucha contra la soledad.

• Diego está en la cárcel por homicidio. Quiso afirmar su poder sobre el otro, escapar de la impotencia. Esa fue su forma de decir «existo». Mediante el acto criminal, acaparó la atención de la autoridad, sustituta de la figura paternal. Una atención negativa es más reconfortante que la indiferencia. Su violencia es un grito, un comportamiento de petición, una tentativa desesperada de existir.

El Hombre, al mostrar su máscara social, justifica sin tregua su existencia. Cuanto más débil es el sentimiento interior de existencia, más debe reafirmarse la «personalidad», el falso yo.

Cada uno tiene su estilo

Para asegurarnos el interés de los demás, es mejor mostrarnos conforme a sus expectativas. Modelamos nuestro personaje para obtener la mayor cantidad de gratificaciones. Mujer perfecta u hombre duro, muñeca o *play-boy*, mujer débil incapaz de arreglárselas por sí sola u hombre protector, madre defensora o padre perseguidor, pobre víctima de la sociedad o chivo expiatorio al que nadie quiere y para el que todo es demasiado injusto..., asignamos el papel que definirá nuestras actitudes, emociones y pensamientos.

Existen inconvenientes y ventajas al interpretar un personaje. Aunque nuestra libertad se sacrifica, encontramos en él la seguridad de un guión sin sorpresas. Las réplicas ya se han escrito. Apenas corremos riesgos, nuestros comportamientos son previsibles. Es mucho más cómodo que la libertad, que, por definición, es imprevisible. Además, ¿acaso nos acordamos de lo que es la libertad de ser uno mismo? Dicha libertad la perdimos de niños, hace ya mucho tiempo.

La mayoría de nosotros nos hemos acostumbrado tanto a las rejas de nuestras cárceles que ya apenas las vemos, nos sentimos tan identificados con nuestra «personalidad» que no somos conscientes de que quizás esta no sea toda nuestra realidad y nos decimos a nosotros mismos «¡Pero yo soy yo!».

En mayor o menor grado, todos nos reconocemos en algunos modelos de adaptación a los siguientes mensajes paternales, según el orden de aparición (algunos mensajes se interiorizan antes que otros): «Sé fuerte», «Intenta agradar», «Haz el esfuerzo», «Date prisa» y «Sé perfecto».

Tintín o profesor Tornasol

«Sé fuerte» es uno de los mensajes que los niños reciben permanentemente de sus padres. Suele transmitirse de forma inconsciente por la madre que no desea ser molestada con llantos o que siente miedo de sus emociones. El hijo comprende rápidamente que no debe expresar sus sentimientos, ni el dolor, ni el hambre, ni el miedo, etc. Paradójicamente, para satisfacer sus necesidades y sobrevivir, debe acallarlas. Descubre que cuanto más llora y más grita, menos obtiene; por tanto, decide callarse. Más tarde, este mensaje se reforzará: «Los hombres no lloran». *Sé fuerte* puede llegar a encajar duros golpes sin rechistar. En función de que interprete el mensaje de forma pasiva o activa, optará por refugiarse en su mundo interior, en el sueño y la ilusión y se convertirá en una especie de profesor Tornasol, o bien vivirá la vida al máximo, dando muestras de una extremada resistencia, sin sentirse nunca cansado, corriendo riesgos, siendo frío y dueño de sí mismo, como Tintín. Necesitará estímulos muy enérgicos, le gustarán las sensaciones fuertes, pues las necesitará para sentirse existir por encima de la chapa de plomo que ahoga sus sentimientos. Posiblemente, llegará a practicar deportes de riesgo o caerá en el alcohol o la droga, a fin de adormecer aún más las emociones que pudieran surgir.

Marilyn Monroe, Calimero o la madre naturaleza

El segundo mensaje es el de «Compláceme». «Una cucharadita para mamá y otra para papá». El hijo aprende que tiene que comer, dormir, jugar, trabajar y vivir por el resto de personas y no por él mismo. Cuando la cosa no funciona, «te portas mal con mamá». El hijo tan sólo existe como prolongación del deseo de la madre. Hace las cosas por «complacer», por lo que olvida rápidamente lo que tiene ganas de hacer. Marilyn Monroe sentía la necesidad de amor. Se maquillaba, se vestía y se disfrazaba para encarnar su personaje. Buscaba por todos los medios adaptarse a las expectativas del resto y, de forma paralela, sentía rencor hacia ellos porque no la querían por ser ella misma. Complacer también suele ser uno de los mensajes habituales de la víctima. «Esto es una injusticia», dice Calimero, el polluelo negro con el cascarón en la cabeza. Hace todo lo posible por complacer, para ser útil al resto de personas, aunque sus buenas intenciones no le son reconocidas y le ocurren todo tipo de desgracias. Este mensaje también puede interpretarse desde otro prisma, el de la madre naturaleza. Ayudar a los demás, salvar a los demás, nada para uno mismo. El sacrificio permanente.

Los comportamientos de dependencia de *Compláceme* están motivados y justificados a través de un terrible miedo al abandono.

Tomás el Gafe, Einstein y Penélope

El prototipo de este mensaje se desarrolla en torno al orinal. «Venga, haz un esfuerzo, inténtalo otra vez». El objetivo no consiste en hacer o producir un resultado, sino en hacer un esfuerzo. Además, el niño es consciente de que mientras «empuje» su madre estará con él. Sin embargo, en cuanto lo haga en el orinal, su madre ya no le hará caso y se irá llevándose con ella su obra. Tomás el Gafe muestra una tendencia bastante clara (aunque normalmente no suele ser voluntaria) a hacer algo totalmente distinto a lo que se espera de él (o lo que piensa que se espera de él). Consume mucha energía en «ser diferente». La disposición de *Haz un esfuerzo* es rebelde por excelencia. Transforma las normas y las reglas, cuestiona las creencias. Siempre busca una solución, otro camino. De esta forma es como a veces se convierte en Einstein. Suele ser un creador, aunque el rechazo sistemático de «encajar en el molde» también lo limita. Le cuesta mucho hacer algo que se le ha «pedido» o lo hace con un esfuerzo desmedido. La vida no es fácil para él. Valora algo por el esfuerzo que produce y no por el resultado que obtiene. Durante su existencia «brega», complica a su antojo las situaciones. Realiza varias tareas al mismo tiempo, siempre tiene montones de informes retrasados. Suele comenzar las cosas y raramente las finaliza. Sísifo o Penélope siempre tienen trabajo, siempre tienen algo que hacer. Si se da el caso de que no finalizan su obra, se verán vencidos rápidamente por el alcohol, ya que necesitan muchas sensaciones y muchos estímulos. En general, les gusta la música a mucho volumen y el ritmo sostenido.

La Castafiore, la madrastra de Blancanieves, Narciso, Lucky Luke y James Bond

El mensaje de la madrastra de Blancanieves es el de «Sé perfecta». No le basta con ser bella, sino que tiene que ser la más bella. El hijo suele ser idealizado por sus padres, debe ser el mejor, el más guapo, el más inteligente, tiene que triunfar en todo y en cualquier lugar. Al llegar a la edad adulta es «perfecto». No se le puede reprochar nada (es intachable), siempre tiene razón. Apenas comete errores, es muy puntual, disciplinado y organizado, etc. Se viste con elegancia, sus calcetines son del mismo color que la corbata. Va peinado de forma impecable, siempre de tiros largos. Por otra parte, la mujer «perfecta» se maquilla mucho, al igual que la Castafiore: insegura de ser lo suficientemente bella al natural, se oculta bajo el maquillaje y el rímel.

Narciso está enamorado de su imagen, le presta mucha atención, se valora mucho a sí mismo. Tiene una mente con un agudo sentido crítico, un discurso racional y valores muy sólidos. Se puede confiar en él. Siempre hará lo que haya prometido, aunque tenga que pasarse las noches en vela. Lucky Luke o James Bond son garantía de seguridad. Puede llegar a ser demasiado meticuloso, obsesionado por los detalles. Siempre estará sometido a una «tensión extrema» por hacer las cosas bien. Es respetuoso con las leyes y crítico del resto de personas. Como Lucky Luke, es el mejor, aunque está solo: «Pobre vaquero solitario, nadie le comprende». Únicamente se sentirá bien consigo mismo.

Alicia y el conejito

«Date prisa», dice mamá, y el niño inicia una carrera desenfrenada. El objetivo no consiste en ser rápido ni puntual, sino en manifestar agitación. Los compañeros suelen referirse a él diciendo que «agita el viento». Se activa enormemente, siempre tiene prisa, nunca tiene tiempo. ¡Venga, rápido!

Fuera las máscaras: las autorizaciones como antídoto

Todo el mundo puede reconocer nuestra imagen, admirarla, adularla, tan sólo es una imagen. Nosotros la hemos creado para complacer, para ser reconocidos y, paradójicamente, cuanto más se nos quiere por nuestra imagen, más desvalorizado, ignorado y ridiculizado se siente nuestro interior. Nos esforzamos por nuestra imagen y, al final, nos sentimos prisioneros de la misma. El éxito de esta no llega a curar nunca la herida interior. ¡Fíjese en Marilyn Monroe!

No cabe duda de que ser uno mismo significa correr el riesgo de no ser apreciado. Sin embargo, si ese riesgo nos parece tan importante, esto significará que nos sentimos tan miserables interiormente que simplemente no pensamos que podamos ser queridos por ser sencillamente lo que somos.

Sentimos la necesidad de saber que simplemente podemos ser nosotros mismos, a pesar de no poder ser siempre fuertes, perfectos o amables. Sentimos la necesidad de autorizarnos cosas que no se nos permitieron en la infancia, es decir, la autorización de sentir y de expresarnos, la autorización de poder equivocarnos, de triunfar y de finalizar las cosas, la autorización de sentir placer..., de ser lo que en realidad somos.

Ser uno mismo significa volver a aprender a sentir y a expresarse, desprenderse de la limitación social que representa la mirada de los demás. Decir no a frases como «Hay que...», «Se debe...», etc., y aprender a ser independiente.

6
CRISIS Y CAMBIOS

Todo es efímero y tan sólo sentimos ilusión por intentar obtener la estabilidad de las cosas. Las muertes y los renacimientos marcan nuestra existencia. El cambio es inevitable. A veces nos esforzamos por intentar parar el tiempo y la transformación se lleva a cabo en nuestro interior. La Vida se abre camino a través de nuestras formas. Nuestra sensibilidad se modifica, nuestros deseos evolucionan. Algunos intentan resistir, pero es imposible resistir a la evolución. Si no cambia espontáneamente, de todos modos se verá arrastrado por acontecimientos exteriores: un despido, un accidente, la marcha de los hijos o una enfermedad.

Los seres vivos se encuentran en continuo cambio. Las imágenes, no obstante, tienden a seguir pareciéndose a ellas mismas. Cuanto más identificada se siente una persona con un papel, más dificultad encontrará a la hora de pasar de una etapa a otra, ya que partir es como morir un poco..., cambiar significa que una parte de uno mismo muere.

El grano de trigo debe morir en la tierra para que una nueva espiga se dore a la luz del sol. La oruga debe morir para convertirse en mariposa. Sin embargo, a veces es difícil desprenderse de las costumbres, abandonar la comodidad ilusoria de lo adquirido. Estrés, resistencia..., el organismo se somete a tensión e intentamos cerrar los ojos, resistir al cambio. Se avecina una crisis. Al principio tiene que destruir, su función consiste en acabar con una antigua estructura a fin de permitir la implantación de una nueva construcción.

El punto catastrófico, en el sentido matemático del término, se sitúa en el lugar en que la parte conservadora abandona y suelta la cuerda a la parte innovadora. No podemos evitar ese momento de desequilibrio, es el paso obligatorio de un equilibrio a otro. Sin embargo, que el paso sea doloroso no tiene por qué ser una obligación. Se deberá guardar un luto, el de nuestro mundo de oruga, eso es un hecho, pero ¿por qué hay que sufrir?

Si la etapa que acabamos de pasar ha sido feliz, si hemos vivido plenamente nuestra vida de oruga, en general, pasaremos con mayor facilidad a la etapa siguiente. Incluso el paso a la muerte transcurre con serenidad cuando se siente que se ha vivido plenamente la vida y se ha cumplido todo lo que se tenía que cumplir.

Los arrepentimientos, los remordimientos o los rencores, al igual que los sentimientos de frustración y culpabilidad, nos encadenan al pasado. Entonces nos convertimos en prisioneros de estos afectos que nos oprimen con el miedo a crecer, envejecer y morir.

No resulta fácil aceptar que el tiempo pasa cuando no se ha aprovechado lo suficiente, cuando dejamos tras nosotros algo por finalizar.

Solemos idealizar con facilidad el pasado, a los padres, a los compañeros fallecidos, la infancia adorada, los viejos tiempos... Sin embargo, el paraíso perdido es un mito. No es oro todo lo que reluce. Si nos asusta el futuro, basta con rascar un poco en el pasado para darnos cuenta de que lo dorado sólo es una chapa. Cuando se está plenamente satisfecho de lo vivido y realizado, se desea seguir adelante.

Edades y pasos

La adolescencia, el paso de niño a adulto, es una crisis irrevocable. El adolescente debe adaptarse a las increíbles transformaciones físicas y psicológicas de las que es objeto y que no puede controlar. No todas las edades están marcadas por modificaciones físicas y psicológicas tan visibles, aunque la

Crisis y cambios 125

vida está formada por etapas. La evolución se manifiesta a través de etapas. El paso de una edad a otra puede conducir a una crisis.

Las edades de paso de una etapa a otra y la propia naturaleza de estas varían en función de los individuos, cada uno sigue su propio camino, a su propio ritmo, aunque se pueden indicar algunas referencias:

Entre 20 y 30 años: las primeras responsabilidades, la orientación profesional, la instalación, la elección de una pareja, el inicio de la formación de una familia. Se trata del descubrimiento del mundo de los adultos. Incentivada por un ideal fuerte, se trata de una etapa orientada principalmente hacia el exterior. Se invierte energía en la construcción de la imagen social. Desde el punto de vista psicológico, se trata de una etapa de experiencias y de individuación. Si con 18 años se accede a la mayoría social, raramente se puede hablar de auténtica independencia antes de los 30 (y no me refiero a la independencia económica o financiera, sino a la psicológica e interior).

Entre 30 y 40 años: la madurez. La vida nos ha arrastrado a lamentar la pérdida de nuestros ideales irreales e intentamos levantar muros, asentar la experiencia. La energía es creadora, productiva, orientada al exterior. Nos ocupan nuestros logros profesionales, la educación de los hijos, etc.

Entre 40 y 50 años: la edad de la cosecha o la edad del cambio. Todo lo que hemos construido hasta ahora ofrece sus frutos. Se trata de una edad de plenitud personal y profesional. Sin embargo, cualquier apogeo anuncia un declive. Los hijos, tarde o temprano, se marcharán. Se trata de una etapa de preguntas. La necesidad de ser uno mismo y de expresión personal se refuerzan. Se trata de una edad que suele ver cómo se desmoronan las construcciones precedentes.

Entre 50 y 60 años: la cincuentena. Si se vive bien, será una edad de renovación, de libertad y múltiples experiencias. La época de los padres ya ha pasado, se nos concede tiempo para nosotros. Esta etapa está marcada en gran medida por las pulsiones de individualización y, en consecuencia, de cuestionamiento de los esquemas sociales. La búsqueda interior del sentido se hace exigente.

Entre 60 y 70 años: los sesenta son la edad de la balanza y de la preparación para la jubilación. La balanza de nuestras actividades sociales, nuestros éxitos y fracasos. Ahora, otra obra nos ocupa, centrada en los valores interiores. La edad de los sesenta es testigo de la desvinculación de los valores materiales. Esta edad establece una distancia que permite observar el mundo con otros ojos. Es la edad del encaminamiento hacia la sabiduría. Los nietos llegan para aprovecharse de esta. Solemos ser mejores abuelos que padres.

A partir de los 70, la misión pasa totalmente al plano de lo espiritual. Es el momento de darle sentido a todo lo que esta vida nos ha enseñado. Se trata de la edad de la transmisión de la sabiduría a las generaciones jóvenes.

Hacia *el final de la vida* llega la época del balance definitivo, el momento de ajustar las últimas cuentas, perdonar todo, comprobar que hemos hecho saber a todos nuestros seres queridos que les amamos a fin de no dejar tras nosotros asuntos pendientes.

Cuando la oruga utiliza la técnica del avestruz

¿Qué es lo que nos ha hecho dudar tanto a la hora de quitarnos nuestras corazas de oruga? En nuestra búsqueda particular de la identidad, nos identificamos con las imágenes de una época, olvidando que estas tan sólo son funciones, estados provisionales. Es cierto que nunca dejamos de ser padres o de ser fontaneros, médicos, artistas... Sin embargo, algún día, nuestros hijos ya no nos necesitarán de la misma forma y llegará el momento de nuestra jubilación. Los años pasan y lo que nos definió en una época deja de hacerlo en algún momento. La «identidad» con la que vestimos cada etapa tan sólo es un atuendo. Como cualquier tipo de ropa, sirve durante un tiempo y después envejece, pasa de moda, además de que crecemos y se queda pequeña, por lo que es necesario cambiarla.

Cuando nos sintamos demasiado vinculados a un atuendo hasta el punto de no poder aceptar que comienza a desentonar en nuestro entorno, las tensiones comenzarán a aflorar. No nos sentiremos lo suficientemente seguros para encontrar ropa que nos favorezca tanto como la actual. ¡Qué difícil que le resulta a la oruga pensar que se va a convertir en mariposa! Padecemos la misma angustia que la oruga incluso cuando, como ella, nos quitamos un abrigo estrecho, triste y oscuro y lo cambiamos por una indumentaria brillante. El ser humano está lleno de paradojas. Cuanto más incómodo y doloroso es el vestido, más vacilamos a la hora de quitárnoslo. No hay que olvidar tampoco que el cambio entre dos atuendos implica un momento de desnudez de la que solemos asustarnos. En resumen, disponemos de todo tipo de razones para rechazar los cambios. El cambio es vida, aunque nuestra falta de seguridad interior hace que aquel no sea fácil. Entonces nos frenamos y nos aferramos a las imágenes de nosotros mismos y del mundo, intentando parar el tiempo o acelerarlo. En cualquier caso, intentamos huir utilizando estrategias de pasividad.

Conservadores e innovadores

Existen dos tendencias, una orientada hacia la estabilidad y otra hacia el cambio, que se reparten de forma desigual entre la población. Por una parte, están los conservadores y, por otra, los innovadores, y, naturalmente, todos los grados intermedios. Existen los guardianes de las estructuras antiguas y los buscadores, a la caza de estructuras más elaboradas.

El conservador se mueve por el miedo, el ego, la conservación de su «identidad» y el poder (esclavizar al otro para no tener que cuestionarse). En su caso, se le da prioridad a la comodidad (con riesgo de encontrarse en una situación bastante embarazosa si continúa buscando las características de una antigua comodidad en las nuevas estructuras). Conserva los conocimientos de una civilización. Se aferra a lo «conocido». Admite como «verdaderas» las creencias en las que se basa su sociedad. «Esto ha funcionado así en el pasado, ¿por qué iba a cambiar?». Y lo demuestra con osadía, como los matemáticos que probaron la imposibilidad de construir una máquina voladora justo un año antes de que los hermanos Wright hicieran volar su primer avión. Evita el estrés al máximo, dando prioridad a la tranquilidad.

El innovador se mueve por el amor, el deseo de evolucionar y crecer. Para él, lo primero es la búsqueda. Prefiere las preguntas a las respuestas. Sacrifica en todo momento la comodidad por la libertad y el descubrimiento. No sabe «que es imposible». Está preparado para echar abajo sus estructuras de pensamiento y adecuarse a lo que ve, al contrario que el conservador, que elabora teorías para llegar a adecuar lo que ve a sus estructuras de pensamiento. En búsqueda permanente, el innovador cuestiona las ideas evidentes «admitidas de forma común» y se aparta de los esquemas de pensamiento de la mayoría. Corre riesgos, se cuestiona incesantemente. Es feliz cuando descubre un fallo, cuando se da cuenta de que ha cometido un error, ya que ello le brinda ocasiones para el aprendizaje y el progreso.

En *La psicología de la inteligencia*, Jean Piaget, psicólogo y epistemólogo, caracteriza la construcción de la inteligencia a través del juego conjugado de la presión del medio y de la actividad del sujeto. Según Piaget, en el proceso de adaptación concurren dos aspectos que son, a la vez, opuestos y complementarios: la asimilación o la integración de lo exterior en las estructuras propias del sujeto en función de los cambios del medio exterior. Estos dos mecanismos se sitúan entonces en la prolongación de la adaptación biológica.

Nuestras dos «personalidades» de conservador e innovador ilustran los dos mecanismos opuestos y complementarios descritos por Piaget. No obstante, estos dos aspectos, a mi entender, no se encuentran al servicio sólo de la adaptación, sino también de la evolución.

Los innovadores exponen a la sociedad y sus sistemas de pensamiento a un desequilibrio continuo.

Los conservadores son los responsables de la continuidad, consumen las creaciones de los demás, los «dirigen» y permiten la asimilación de los descubrimientos de los innovadores.

Ambos grupos suelen oponerse con frecuencia. No resulta fácil comprender a alguien que es tan diferente a uno mismo. Los conservadores consideran a los innovadores personas inspiradas y se enfrentan a ellos sin descanso para que su locura no contamine la población. Los innovadores piensan que los conservadores están «estancados», cubiertos de prejuicios y nostalgia. Sin embargo, en una sociedad, tanto los conservadores como los innovadores son necesarios, siempre y cuando no se caiga en los extremismos. Unos representan factores de cohesión y otros de evolución. Sin la inmensa masa de gente que conserva los conocimientos, ninguna «civilización» hubiera podido crearse, pero sin los espíritus innovadores dicha civilización ni siquiera habría existido. Debe encontrarse el equilibrio entre las dos tendencias, algo que no siempre resulta fácil.

Ambas tendencias existen en cada uno de nosotros. Una parte de nosotros tiende a aferrarse a lo conocido. Según esta parte, un equilibrio, aun siendo incómodo, es preferible a un desequilibrio. Esta parte de nosotros da preferencia a la comodidad y busca ante todo el mantenimiento del statu quo. La otra parte de nosotros necesita cambiar, evolucionar, avanzar, enfrentarse a la primera. Cuando ambas tendencias se enfrentan, nos encontramos ante una situación de crisis.

La experiencia de la felicidad y la realización de uno mismo se sitúa en el punto de equilibrio «homeodinámico» entre la pulsión de la evolución y el mantenimiento de nuestra identidad. Si nos sentimos satisfechos y seguros, podremos dar rienda suelta a nuestro deseo de exploración de nuevas áreas. Sin embargo, si nuestra integridad, o nuestra idea de integridad, se ve amenazada, la motivación para el crecimiento se interrumpe y, entonces, nos vemos empujados a retroceder para intentar recuperar el equilibrio anterior.

Los mecanismos de la pasividad

La totalidad de los mecanismos de la pasividad tienen un mismo objetivo: defender al individuo o, más específicamente, la idea de identidad que se ha forjado hasta ese momento, su imagen de sí mismo y del mundo. Cuando uno se siente atrapado por una situación, cuando el problema le asusta, puede llegar a no verlo debido a una percepción selectiva, la negación o la distorsión de la realidad.

Cuando una emoción es peligrosa, es decir, cuando puede alertarnos acerca de un problema que no queremos ver por miedo a hacer tambalear el edificio de nuestras creencias, nuestra reacción será la de negarla rotundamente, la de transformarla y darle un sentido diferente al original. Las armas de redefinición son varias y los psicoanalistas denominan «mecanismos de defensa» a la manipulación de nuestros afectos para marginarlos de nuestra conciencia.

• La negación: es el mecanismo más simple y el más radical. «No existe», «No pasa nada».

• El desplazamiento: consiste en desplazar la emoción que resulta peligrosa (la angustia, los accesos de ira, miedo o culpabilidad). Mediante una cadena de asociaciones, la emoción desvelada por el problema irresoluble se desplaza hacia otro objeto que permite focalizarla, localizarla y circunscribirla sin que el dilema aflore a la conciencia. La ira no expresada al cónyuge se desplaza hacia los hijos, el miedo de un deseo inconfesable se desplaza hacia un perro o un caballo, etc.

• La proyección: proyectar sobre otro consiste en atribuir a los demás pulsiones que no aceptamos reconocer en nosotros mismos. Por tanto, «Me odias» se traduce por «Estoy enfadado contigo», igual que «Ya lo sé, quieres dejarme» puede ocultar un deseo personal de marcharse. La persona que proyecta hacia fuera sus afectos «lee» en los pensamientos del otro de forma cada vez más clara, a fin de ignorar con más fuerza los suyos.

- El aislamiento: es la simple separación entre una idea y su contenido emocional, el aislamiento de una idea de su contexto, de lo que le vincula, de lo que evoca. Ante el pronunciamiento de una palabra que podría desencadenar una emoción muy intensa, el cerebro se vacía, se queda en blanco. A fin de no permanecer en blanco, se actúa sin ton ni son. Cambiar de tema, interrumpir el transcurso de las asociaciones permite evitar la conciencia de una emoción. La idea o el acto siempre se disociarán de lo que los rodea.

- La identificación del agresor: en vez de sentir ira contra el agresor (demasiado peligroso), tendemos a adoptar su comportamiento, incluso el que nos ha hecho sufrir, y agredimos a alguien más pequeño y débil que nosotros (mujer, hijo, subordinado, perro, etc., cualquier ser un poco dependiente sobre el que podamos mandar).

- La formación provocada por una reacción: consiste en adoptar aptitudes, en manifestar comportamientos, pensamientos, sentimientos totalmente opuestos a las pulsiones internas represibles. Nos volvemos excesivamente amables hacia alguien a quien odiamos en la profundidad de nuestro inconsciente o manejamos la esponja y el paño de manera resuelta y aplicada, ya que una extremada limpieza nos permitirá «lavar» la culpabilidad, la suciedad interior, que, por desgracia, es bastante tenaz.

Al rechazar, con la ayuda de todos estos ingeniosos mecanismos, todo lo que no se encuentre marcado por nuestras creencias, acabamos viviendo en un mundo literalmente imaginario, un mundo que nos hemos construido, donde el estrés está presente de forma permanente, ya que debemos estar preparados continuamente ante cualquier riesgo de emergencia de la realidad. Del mismo modo que una mentira conlleva siempre otras mentiras para disimular la primera, a través de nuestras estrategias de evitación nos condenamos a redefinirlo todo aún más. La redefinición es una mentira hacia los demás, aunque sobre todo una mentira hacia uno mismo. Una vez puesto en marcha el engranaje, habrá que justificar las creencias y superar las barreras cada vez más resistentes que surgen alrededor de uno mismo.

Cuatro etapas

La escalada hacia la pasividad está jalonada por cuatro etapas, cuatro escalones que subimos poco a poco con la esperanza de poder huir de un problema. Al principio, podemos contentarnos con «no hacer nada». Simplemente ignoramos el problema y esperamos. ¿El qué? Quizá que este se solucione por sí solo, que intervenga una varita mágica que nos salve. Esperamos que «pase algo» o que «alguien haga algo».

Un problema sin resolver es una fuente de tensión, una necesidad sin satisfacer. Para poder continuar ignorando dicha necesidad, se deberá acallar dicha tensión.

Soledad está enfadada con Pedro. Él es frío y distante, y ella se siente rechazada. Sin embargo, en su mente no cabe expresar su ira contra Pedro. Tiene demasiado miedo a poner en peligro la relación, por lo que oculta sus sentimientos detrás de una gran sonrisa acogedora y llega incluso a no sentir nada. Prepara platos deliciosos, todo lo que a él le gusta, a fin de complacerle, y, sobre todo, no le habla de nada de lo que no le guste su relación.

Soledad se adapta de forma excesiva. La adaptación excesiva consiste en adaptarse más de lo necesario a una situación, en someterse a las expectativas de los demás o, más concretamente, a lo que imaginamos que son las expectativas de los demás. Al dedicar toda nuestra energía a «adaptarnos», a complacer, obtenemos el doble beneficio de disponer de excusas, al tiempo que estas nos permiten no enfrentarnos al problema: lo hemos dado todo por los demás. La esperanza oculta tras este comportamiento es que la otra persona se encargue del problema. Soledad espera que Pedro, seducido por la amabilidad y los platos, la ame y comprenda lo que necesita, sin que ella tenga que decírselo.

Crisis y cambios 133

La adaptación excesiva se basa en una ilusión, y el problema no suele resolverse mediante esta estrategia.

La adaptación excesiva se transforma entonces en agitación. La agitación consiste en consumir energía (la que no se utiliza para resolver el problema) en actividades poco provechosas: ir de un lado para otro, fumar un cigarrillo tras otro, vaciar la nevera, remover cielo y tierra para encontrar un documento importante (sabiendo que se encuentra en el escritorio), perder las llaves o documentos y verse obligado a hacer trámites, ir y venir en metro..., en definitiva, todo tipo de comportamientos exasperantes que nos hacen perder el tiempo.

¿Perder el tiempo? En realidad, estos comportamientos permiten «ganar tiempo» para no ocuparse del problema. Al vernos ante tal estado de nerviosismo, alguien acabará por intervenir. La agitación es una forma de evacuar el exceso de energía acumulada por la tensión e invitar a los demás a encargarse del problema.

Otra de las manifestaciones de agitación más solicitada es la de la huída a través de la actividad. Esta estrategia cuenta, además, con la ventaja de ofrecernos excusas.

Dafne lava los platos de forma compulsiva, piensa que debe pasar urgentemente el aspirador y que no tendrá tiempo de planchar, en lugar de enfrentarse al informe que debe redactar para el día siguiente.

Dedicarnos en exceso al trabajo también puede convertirse en un modo de evitar los problemas existenciales y todos los problemas de la vida, ya que no dispondremos de tiempo para hacernos preguntas sobre nosotros mismos, sobre los demás o sobre el mundo.

René ya no siente deseo por la mujer con la que vive, se aburre con ella, por lo que se ve absorbido por su éxito profesional. Las reuniones se alargan hasta la eternidad y siempre tiene trabajo por acabar por la noche. Abrumado por el trabajo, llega a casa agotado, por lo que ni siquiera se le puede pedir hacer el amor, que escuche o esté disponible. Zapatillas y televisión, y a la cama lo más rápido posible, ya que por la mañana debe despertarse temprano. Los fines de semana empezó llevándose trabajo a casa, para acabar haciéndolo en la propia oficina, que «es más tranquila; los niños hacen mucho ruido».

¡Impecable! Sin problemas de conciencia en casa y todos los beneficios del papel de burro de carga: admiración, consideración, etc. El mismo guión se repite para las amas de casa, quienes, a pesar de que su papel está menos apreciado, pueden abstraerse del mismo modo con las tareas domésticas, encerarlo todo de arriba abajo, renovar el salón cada seis meses, etc., evitando así plantearse cuestiones vitales acerca del sentido de sus vidas.

Por desgracia (o por fortuna) para estos sutiles estrategas de la evitación, estas cuestiones no permanecerán siempre sin respuesta a lo largo de la vida, por lo que, para acallarlas, se requiere mucha energía. El estrés al que se someten de este modo, aunque más perjudicial, es más serio en cuanto a consecuencias fisiológicas y psicológicas que el estrés de la confrontación.

La tensión no tardará en llegar a su paroxismo, hasta alcanzar un día (en función de la resistencia de cada uno) una intensidad que haga aflorar el riesgo de desbordamiento. La violencia interior se exteriorizará entonces a través de una descarga brusca. Sergio dice: «Tengo ganas de golpear, de gritar, no veo otro modo de hacerlo». Aparecen la pérdida del control, de la responsabilidad, la agresión al otro, el desplazamiento del sufrimiento que se ha convertido en insoportable hacia el otro. El acto violento es un intento de restablecer el poder sobre el otro a fin de sentirse más poderoso y vencer o, como mínimo, de contrarrestar el profundo sentimiento de impotencia que surge de la imposibilidad de responder a las necesidades reales propias.

En esta etapa de pasividad, si el acto violento se inhibe, la violencia interior deberá encontrar otra salida: algunos la cristalizan en crisis de ansiedad, otros caen en la depresión y utilizan toda su energía en reprimir su rabia interior y otros enferman. Estas tres últimas estrategias proceden de la «incapacitación»: ser incapaz de... El beneficio es evidente, no se trata de que no queramos resolver el problema, sino que ya no «podemos» aguantar más.

Lo mismo ocurre con la afonía de Juan Pedro que le permite zafarse del discurso que todo el mundo espera de él, pero que él teme.

Como el herpes de Antonio, que le impide hacer el amor con Isabel y le permite no tener que asumir el hecho de decir no. En realidad, está enfadado con ella, tiene la impresión de que no le respeta, se siente invadido, pero no se atreve a decírselo. El herpes le permite mantener la distancia.

Como el cáncer óseo de Gonzalo, de 22 años, que se siente empujado fuera del nido de los padres de forma precoz, sintiéndose demasiado solo y desprotegido ante la vida. Esta enfermedad que le estaba consumiendo le permitió volver a ser mimado, en el hospital en primer lugar y, tras varias recaídas desesperadas, por sus padres, cuando estos comprendieron finalmente que se trataba de algo grave.

La violencia o la «incapacitación» son las dos vertientes de esta cuarta etapa de la pasividad. Las tensiones acumuladas se descargan sobre los demás o se vuelven contra uno mismo, aunque en ambos casos se produce una pérdida de la responsabilidad del comportamiento. Y, en la enfermedad, un intento inconsciente de satisfacción de la necesidad desconocida.

En realidad, no son los problemas lo que nos estresan, por muy cruciales que sean; los auténticos factores desencadenantes del estrés son los sentimientos y las emociones que estas dificultades despiertan en nosotros y que intentamos reprimir.

El problema de Juan Pedro no es el de tomar o no la palabra, sino el de reconocer su miedo de no estar a la altura. El problema de Antonio no es el de hacer el amor o no, sino el de reconocer su agresividad hacia Isabel y, sobre todo, su sentimiento de impotencia frente a ella, que está tan segura de sí misma, que es tan fascinante. El problema de Gonzalo no es el de introducirse en la vida laboral o no, sino el de reconocer en sí mismo la profunda inseguridad en la que se halla inmerso, el de sentir el aislamiento y la inmensa ira, la rabia contra sus padres, que le frustran su necesidad de amor y reconocimiento.

¡Acorralado!

Jaime es un hombre muy bien situado: presidente de una empresa próspera, casado, padre de familia. Tiene todo lo que podría desear: dinero, éxito, mujer, hijos... No se plantea (o, como mínimo, ha dejado de hacerlo) preguntas existenciales. Vive y hace lo que debe hacer. Interpreta su papel de jefe, marido y padre, y así pensaba seguir hasta la jubilación. Sin embargo, un buen día, conoce a una mujer y se enamora perdidamente de ella. ¡Sorpresa! Nunca antes había amado de ese modo. Ni siquiera sabía que se podía amar así. ¿El amor? Sí, había leído algo de él en los libros, aunque pensaba que todo estaba edulcorado. Nunca hubiese pensado que podía ser así de fuerte. ¿Su esposa? La eligió porque era guapa y un poco frágil. A su lado se veía bien, ella le gustaba. Sin embargo, ahora sabe que no la Amaba con una «A» mayúscula. Se casó y tuvo hijos. Su mujer no trabaja. Los hijos son mayores y se han ido de casa. Jaime se siente terriblemente culpable. No puede decirle nada a su esposa de la mujer a la que ama. Tiene un gran problema. Durante toda su vida, se ha mostrado como un hombre correcto, por lo que no soporta tener que mentir a su esposa, pero tampoco la idea de hablarle. No quiere hacerle daño, no quiere hacerla sufrir, se siente responsable de ella, ha criado a sus hijos, no tiene trabajo..., ¡es tan frágil!

Entonces, ¿qué va a hacer? ¿Dejar a su nuevo amor? No, tampoco podría soportar eso. Ante todo, la ama, no soporta hacerla sufrir. Continúa viéndola, aunque menos de lo que desearía. Es su manera de castigarse, de redimirse de su culpabilidad. Al principio, ella lo acepta, lo comprende, pero después acaba pensando que no recibe lo suficiente. Sufre y se lo dice. Jaime se aterroriza. Está totalmente acorralado, dividido entre dos mujeres, pero, sobre todo, entre dos exigencias. Ahora se siente culpable por ambos lados, inmovilizado y paralizado.

Sin embargo, además de su sufrimiento, sus creencias le mantienen prisionero. No puede hacer nada, ni abandonar a su mujer, ni abandonar a su amor, ya que en ambos casos incumpliría la norma impuesta por su madre: «No hagas sufrir a mamá», lo que quiere decir no hacer sufrir a las mujeres.

Nuestras creencias limitan nuestra capacidad para encontrar soluciones a los problemas que se nos plantean. Para no enfrentarnos al miedo, intentamos cegarnos lo suficiente como para no volver a ver el problema o para desplazarlo, quitándole importancia y significado. Proyectamos la situación para poder aguantarla durante más tiempo sin tener que cambiarla.

Las tensiones se acumulan, Jaime se pone nervioso y agresivo. Desplaza el objetivo de sus sentimientos y descarga demasiadas emociones en personas u objetos que no tienen nada que ver en el asunto. Sus empleados y el cenicero de su despacho dan fe de ello. Como esta actitud no soluciona el problema ni las tensiones, se deja absorber por su actividad profesional, para no tener que pensar, con la esperanza de que el problema se resuelva solo, como por arte de magia, algo que pocas veces ocurre y menos aún en este caso. Las tensiones acumuladas intentan buscar el camino de salida, están exacerbadas. Un momento de descuido y se produce un accidente de coche. En uno de esos días en el que uno se encuentra especialmente enfadado o impotente, ¿qué conductor no ha sentido el profundo deseo de pisar el acelerador sin reflexionar, de sentir una emoción tan fuerte que sea capaz de expulsar al resto? Afortunadamente, no dejamos que esta situación ocurra, pero si no reconocemos la pulsión, nos arriesgamos a satisfacerla de forma inconsciente, simplemente prestando menos atención que de costumbre.

La tensión se encuentra en su punto álgido. La resistencia de Jaime tiene límites, y por ello sufre un infarto. Efectivamente, cuando el corazón está dividido, suelen ocurrir estas cosas.

Tras volver del hospital, a pesar de los avisos de su cuerpo, sigue sin asumir la responsabilidad de sus conflictos pulsionales. Prefiere dejar que el destino haga su trabajo: va a dejar que le dejen. No quiere decirle a su amante que se ha acabado, pero si ella se lo dice... Sufrirá intensamente, pero dejará que se marche, resignado, aliviado. Lo habrá conseguido, habrá dejado que otra persona, y no él, acabe por decidir y encontrar una solución al problema.

Será desgraciado, pero habrá seguido siendo el niño bueno que su mamá quería, a pesar de que, en lo más profundo de su ser, no se sienta demasiado seguro. Su mapamundi permanece intacto, solamente ha incorporado un nuevo país desconocido: el amor. Un país prohibido. Siempre podrá soñar con él.

Ha ahogado su realidad a fin de no enfrentarse a dos mujeres. Está tremendamente enfadado con ellas por haberle obligado a comportarse así. Está enfadado con su amante por haberse ido, aunque al mismo tiempo piensa que no tiene derecho a enfadarse con ella. Todavía no le ha dicho nada a su mujer y está enfadado con ella por el secreto que les separa. Sin embargo, como es natural, no es capaz de tomar conciencia de su rabia, ya que se siente culpable. En seguida, su inconsciente encuentra cómo satisfacer esa rabia inconsciente, al tiempo que evita enfrentarse a su responsabilidad: se convierte en un don juan y, de este modo, se venga de las mujeres, les hace pagar las emociones que no ha sido capaz de expresar.

Un problema es una cuestión que debe resolverse, según el diccionario. Para resolver un problema debemos conocer con precisión todos los datos.

Cuando nos las arreglamos para ignorar un elemento y no tener conciencia de una emoción, de un deseo, de un conflicto pulsional que nos molesta, que molesta a nuestras ideas, a nuestra imagen, ignoramos datos esenciales de nuestras dificultades, lo que hace imposible que encontremos una solución eficaz y creativa.

Resolver los problemas

Según Henri Laborit, la conciencia surgió ante la imposibilidad de permanecer inconsciente. Mientras que podamos confiar en nuestros automatismos, no la necesitaremos, del mismo modo que podemos conducir un coche sin tener que decirnos: «Pisa el embrague, mete la marcha».

Si nada perturbase nuestro día a día, si no se sintiese ninguna tensión emocional, si todo fuera «sobre ruedas», tenderíamos frecuentemente a seguir pasivamente el transcurso de nuestro destino, a vivir sin plantearnos preguntas, inconscientes de nosotros mismos. ¿Una vida ideal, el sueño? ¿Por qué buscarse dificultades?

Pues precisamente para acceder a la conciencia. Cuando nos enfrentamos a un problema, es decir, cuando dos partes de nosotros se encuentran en conflicto, dos automatismos, dos tendencias, dos pulsiones, etc., tenemos que encontrar una solución. Para resolver una oposición es necesario encontrar una solución a un nivel de organización superior, de forma que las dos partes se vean satisfechas, y no una en detrimento de otra.

La única función de la conciencia es la de escuchar a las dos partes y dejar un espacio para la inteligencia, con el propósito de permitirnos reflexionar, comprender y decidir con discernimiento acerca de la continuación que debe tener la situación. La inteligencia del hombre se construye bajo la presión de los acontecimientos y de las contradicciones interiores que estos suscitan. Si no huimos de ellas, nuestras dificultades pasan a ser sinónimo de posibilidades de crecimiento.

El simple hecho de resolver un conflicto significa obligatoriamente cuestionar nuestro marco de referencia, ya que si el marco estuviese adaptado, el conflicto no habría surgido. Pero nos resistimos a ello, algo comprensible, ya que tan sólo disponemos de este como referencia. Hemos sido «educados», es decir, hemos tenido que renunciar a nuestros sentimientos y emociones reales con el objetivo de ajustarnos a las expectativas de nuestros padres. El mundo de creencias que hemos elaborado bajo la presión paternal para conferirle sentido al absurdo, para sobrevivir, se ha convertido en nuestra «realidad».

Para proteger la comodidad ilusoria de nuestras creencias, somos capaces de oponer nuestras emociones a una fuerza de inercia de tal envergadura que, aunque el mundo se derrumbase, permaneceríamos ciegos y sordos. Defendemos nuestra construcción de las fisuras que podría provocar la afloración a la conciencia de nuestros miedos, odios y angustias inconscientes. Para controlar nuestras pulsiones y mantener la inhibición debemos interpretar con más ahínco a nuestro personaje social: el que se encarga de los demás, el que siempre es perfecto, la eterna víctima, el fracasado, el novato, etc.

Dejemos de cerrar los ojos a nuestra realidad interior, arriesgándonos a ser solamente juguetes inconscientes de un destino que, en realidad, no es el nuestro. Nuestro cuerpo y nuestro entorno sufren las repercusiones de las tensiones provocadas por nuestra pasividad.

Para resolver nuestros problemas debemos, en primer lugar, aceptar la conciencia. Las crisis son señales, aprendamos a reconocerlas. Al escuchar y al analizar nuestros afectos, recibimos información que nos orienta acerca de nuestras necesidades y de las decisiones que deben tomarse. Escuchar los sentimientos no significa seguir únicamente las inclinaciones emocionales, sino también permitirnos mirar cara a cara los elementos del problema sin descartar aquellos que nos «molestan». Así, podremos reflexionar respetando nuestro interior y nuestros valores reales, dejando de lado nuestro papel social. Evitar el problema, distraerse, «cambiar de opinión» no resuelve nada, e incluso llega a ser nocivo, ya que la dificultad oculta en las profundidades pasa a ser inaccesible a la conciencia y sigue su camino. El tiempo no borra y los afectos reprimidos nos minan poco a poco.

Todos los problemas tienen solución, siempre y cuando los sometamos a una inteligencia libre de prejuicios y de esquemas simplistas. «Allí donde la vida levanta muros, la inteligencia abre una salida, ya que, aunque no haya remedio para el amor no correspondido, se llega a la constatación de un sufrimiento, aunque sólo sea para extraer las consecuencias. La inteligencia no sabe de esas situaciones cerradas de la vida sin solución» (Marcel Proust).

Los obstáculos de la vida nos obligan a aprender, nos enfrentan a nosotros mismos y representan oportunidades para descubrirnos, comprendernos y hacernos crecer.

Pérdidas y separaciones

Las rupturas de los lazos afectivos, las muertes, las pérdidas y las separaciones, con independencia de las razones, constituyen los factores de estrés más importantes que podemos encontrar a lo largo de la vida.

La pérdida de una pareja tras 50 años de relación tiene repercusiones dramáticas: el 92 % de las personas viudas caen gravemente enfermas o mueren al cabo de los dos meses siguientes al fallecimiento de su cónyuge.

La muerte de un hijo también se encuentra entre los impactos más agudos y difíciles de digerir. Las estadísticas son elocuentes: el 89 % de las parejas que han vivido un drama de este calibre se divorcian transcurridos entre 6 y 8 años del dramático suceso.

Cuando una persona amada muere, se produce un *shock*, se forma un nudo en el estómago, el dolor sube hasta el pecho, como si una aguja lo atravesase de delante hacia atrás. La caja torácica se oprime, la respiración se complica. En la garganta, una bola nos impide pronunciar cualquier palabra, tan sólo algunos gemidos o gritos pueden arrancarse al dolor, los ojos se llenan de lágrimas. Algunas neuronas del cerebro emocional segregan una sustancia denominada «dolor» que origina el sufrimiento físico y psíquico.

La reacción ante una pérdida está presente en todos los mamíferos, desde los perros hasta las ballenas. A diferencia del resto de animales, los mamíferos presentan esta particularidad, ya que, recién nacidos, necesitan a su madre para sobrevivir. El vínculo de amor con el padre es necesario, es vital para el hijo. Cualquier ruptura del vínculo entre los padres amenaza su seguridad. Posteriormente, por extensión, la separación de un ser amado despierta un sentimiento de abandono.

La muerte «nos deja sin fuerzas». Nos sentimos solos, perdidos, desprotegidos, llenos de rabia frente a la injusticia y el universo que nos priva del ser amado. También nos sentimos culpables, de forma casi inevitable, y, con frecuencia, en contra del sentido común. Culpables, quizá, por no haber hecho todo lo necesario, por no haber estado ahí, por estar todavía vivos, y culpables por odiar a esa persona por haberse ido. Nos duele todo, estamos tensos, nerviosos, cansados. En el día a día actuamos de forma automática, sin implicarnos, toda nuestra vida está patas arriba. Necesitamos tiempo para asimilar los sentimientos de frustración, vacuidad, rabia y desesperación que nos asaltan.

Las pérdidas bruscas son más difíciles de aceptar que aquellas para las que hemos tenido tiempo de prepararnos. Si la preparación para la muerte es fundamental para el moribundo, la compañía también es importante para el que se queda. Tenemos la necesidad de «acabar» las relaciones, zanjar los problemas, cerrar las heridas y manifestar el amor que sentimos. Para todo ello, debemos superar nuestro miedo a la muerte.

Agnés murió en el hospital. Cuando su hija Paula iba a verla, ambas intentaban sonreír como si no pasase nada. En la habitación, el ambiente estaba cargado y, a pesar de los esfuerzos de Paula, las conversaciones estaban marcadas por unos embarazosos silencios. Hablaban de cualquier cosa, pero nunca de la enfermedad de Agnés y mucho menos de la proximidad de su muerte. Paula pensaba que su madre «no lo sabía», le asustaba que pudiese sufrir, que tuviese que enfrentarse a sus propias lágrimas y a las de su madre. «No vale la pena hacerla sufrir», se decía.

Su madre, por su parte, no se atrevía a hablar de la cercanía de su muerte por miedo a preocupar a su hija. Tan sólo se desahogaba con las enfermeras, con las que se sentía más libre y cercana. Cada vez soportaba menos las visitas de su hija, durante las cuales debía controlarse demasiado. Decía que estaba «cansada». Paula también estaba agotada y, por ello, con el tiempo, sus visitas eran más cortas, ya que «mamá estaba cansada».

Agnés murió sin su hija, ya no había comunicación. Paula se culpa por no haber estado allí y, sobre todo, por no haberle dicho por última vez que la quería. No se atrevía a hacerlo por miedo a que su madre se extrañase de esa declaración. El moribundo necesita calor, amor y verdad. No sirve de nada ocultar los sentimientos, los miedos o la angustia. Al estar cerca de la muerte, esta persona necesita, al igual que los niños, autenticidad. Que no diga nada no significa que no sepa o que no sienta, sino que intenta, a su vez, protegernos de las emociones, demasiado dolorosas. Es una pena dejar pasar dicho momento de intimidad. Es la última oportunidad para quitarse las máscaras y revelar la verdad. Después será demasiado tarde. Si no hemos tenido, o, aún peor, si no hemos aprovechado la oportunidad para «decirlo todo» al que se ha ido, posteriormente nos costará mucho más guardar el luto. En definitiva, se trata de liberarse del resentimiento, hablar del pasado y de los sentimientos, hablar de forma auténtica, y también consiste en decir «te quiero».

Tras la muerte, comienza el luto, que no sólo es la tristeza por la muerte, sino también toda una travesía de emociones complejas.

Las etapas del luto han sido estudiadas por Elisabeth Kübler Ross, una psiquiatra que, desde hace muchos años, acompaña a la vida humana hasta su muerte. Se ha encargado de describir las diferentes fases por las que pasa el Hombre hasta que llega al final de su existencia en la Tierra, así como las etapas atravesadas por todos aquellos que pierden a un ser querido. Tras el *shock* inicial, surge el rechazo, la negación de lo irreparable, la imposibilidad de aceptar la realidad de la pérdida.

En el vehículo que acompaña al coche fúnebre que lleva a su padre a su última morada, Gisela le dice a su vecina: «Pregúntaselo a mi padre, él sabe de eso más que yo». Los ocupantes del vehículo se quedan en silencio, pero Gisela todavía no se ha dado cuenta de lo que acaba de decir. Por mucho que vea el ataúd o sepa que está muerto, parece no haberlo interiorizado. Sigue pensando inconscientemente y comportándose como si estuviese todavía vivo. Le costará un tiempo aceptar la pérdida.

Algunas personas nunca superan dicha etapa de rechazo y siguen hablando del ausente e incluso siguen poniéndole el cubierto en la mesa años después.

Al rechazo le sigue la etapa de la indignación, de la protesta contra lo que se considera una injusticia: «¿Por qué se ha ido?», «¿Por qué nos ha dejado?», «¿Por qué nos lo ha quitado Dios?».

Sin embargo, debido al poder de la prohibición social sobre la ira, esta etapa se suele vivir con bastante dificultad. La culpabilidad de sentir la ira contra el desaparecido inhibe de este sentimiento, que, no obstante, está bastante justificado. Enfadarse con la muerte está «mal visto». La ira indica que comenzamos a darnos cuenta de que se ha ido de verdad... y de que seguimos sin él. Sin poder reconocer el auténtico motivo, la ira puede desviarse hacia los médicos que «no han hecho todo lo posible», hacia el personal sanitario «que...» o incluso contra uno mismo: «Tendría que haber...», «Si lo hubiese sabido...», «Seguramente no hice todo lo necesario», «No supe escuchar», etc.

A continuación, sigue un periodo de «depresión», basada en la nostalgia. Vuelven las imágenes del pasado, ráfagas de tristeza que evocan los momentos compartidos, y, de forma confusa, en lo más profundo de uno mismo, surge el miedo de no volver a ver lo que se ha perdido. En consecuencia, llega la fase de regateo con el destino, con la creencia irrealista de una reversibilidad de la muerte.

El luto lleva su tiempo, es necesario todo un año para aceptar finalmente la separación de una persona cercana. Durante todo ese tiempo, resulta fundamental vivir y expresar todos los sentimientos, todas las emociones que nos animan, aunque no sean agradables, aunque no sean «correctas» o «respetuosas», con el fin de permitir al proceso de duelo recorrer su camino hasta la aceptación de la pérdida.

Oliver murió en un accidente de coche, con 20 años. Sus padres no se han recuperado del golpe y sus dos hermanos han sufrido las consecuencias, porque no sólo han sufrido la pérdida, sino que también han tenido que encargarse del dolor de sus padres. En realidad, Celia y Armando han querido ocultar su desamparo. Celia desea «ser fuerte»: «No sirve de nada pasarse el día llorando». Ha querido conservar hacia afuera la sonrisa y una actitud que ella considera «digna». Ni siquiera en la intimidad familiar han hablado de la muerte de Oliver. Los padres no quieren llorar ante los hijos y estos temen hacer sufrir a sus padres. La comunicación pasa a ser superficial, las emociones están prohibidas.

Diez años más tarde, Celia todavía no puede recordar a Oliver, se siente hipertensa y se agobia con facilidad. Los hermanos han crecido, pero los dos tienen dificultades para manifestar auténtica confianza en sus capacidades. No sólo han perdido a un hermano, sino también a sus padres. Para «proteger» a sus padres, para no «suponerles una carga», nunca han compartido sus propias dificultades, nunca se han atrevido a confesarles que necesitan confiar en ellos para sentirse acompañados, apoyados, para forjar sentimientos de confianza en ellos mismos y de seguridad interior. Han intentado dar muestras de la mayor independencia posible, a costa del sentimiento de soledad interior que ahora experimentan.

Los afectos deben expresarse y compartirse. Endurecerse ante las experiencias dolorosas tan sólo sirve para hacer que estas sean más dolorosas durante más tiempo. Cuando nos negamos a dejar que las emociones fluyan, el proceso de luto se bloquea y las tensiones se alojan en nuestro cuerpo, el organismo se pone a la defensiva y agotamos nuestros recursos, tanto físicos como afectivos.

Cuando no se reconocen las emociones de una pérdida, nos arriesgamos a padecer las «reacciones aniversario». De forma inconsciente, reaccionamos ante las fechas. Un año, día a día, tras la separación, la muerte, el divorcio o el cambio, un cansancio súbito se apodera de nosotros, un incomprensible sentimiento de depresión nos invade. Resulta incomprensible porque no relacionamos inmediatamente dicho estado con la pérdida padecida. Sin embargo, si la recordamos, es que la tenemos en cuenta: «Sí, hace justo un año». Josefina se sorprende del tremendo cansancio que le ha invadido a lo largo del mes de septiembre. «Fue justo después de un periodo de vacaciones. Tendría que haberme sentido bien. Nunca había sentido eso, estar agotada sin motivo aparente».

¿Sin motivo aparente? Hace justo un año, Josefina aceptó un nuevo cargo. Por la relevancia de ese nuevo puesto y de la urgencia de demostrar sus competencias «para no decepcionar», no tuvo tiempo de dejar fluir el miedo de no estar a la altura, ni de lamentar la pérdida de sus antiguas funciones. Realizó la transición demasiado deprisa, como es costumbre, porque no se le da verdadera importancia. «Sentir» no está bien visto. Rápidamente nos colocamos la coraza y nos apresuramos a la caza de nuevas aventuras, sin preocuparnos por lo que pase «en el interior». Sin embargo, el cuerpo no se olvida y sigue celebrando los aniversarios.

«De todos modos, todos los años ocurre lo mismo, en el mes de agosto me deprimo». Investigue qué pasó un mes de agosto en su pasado. Puede buscar en un pasado relativamente próximo o muy lejano. Piense en todos los tipos de cambios, en la muerte de personas cercanas, en enfermedades que hayan padecido usted o personas cercanas a usted, en traslados, miedos intensos, pérdidas diversas, etc.

El crecimiento se produce gracias a una serie de transformaciones. En una vida humana, las oportunidades de pérdidas son muchas. Nos vinculamos a personas, pero también a épocas de la vida, lugares, viviendas, jardines, ciudades, actividades, a una profesión, a compañeros, a ideales...

Guardar luto no significa olvidar, sino colocar las cosas en su sitio, en una estantería de «recuerdos», aceptar que el pasado ha pasado para dejar sitio al presente y seguir caminando hacia el futuro.

7
LOS FRENOS AL CAMBIO

Los frenos para el cambio son el miedo, la inseguridad interior, las carencias afectivas y lo que se desprenda directa o indirectamente de todo ello: rencor, represión emocional, culpabilidad, sumisión a la presión social y juegos de poder, donde el egoísmo y la codicia son los reyes, a los que nos arriesgamos a engancharnos, con independencia de que nuestro papel sea el de víctima o el de perseguidor.

«La vida se estructura a través de una larga serie de elecciones entre la seguridad y el crecimiento. Cuando no necesitamos elegir la seguridad porque ya gozamos de ella, podemos elegir el desarrollo» (Abraham Maslow).

En una habitación, colocamos a una madre sobre una silla y varios juguetes y objetos a una cierta distancia. El niño se aferra, en primer lugar, a su madre y, luego, cuando se encuentra lo suficientemente tranquilo, deja la falda de mamá y se aventura progresivamente hacia los juguetes. De vez en cuando, echa un vistazo hacia la silla para comprobar que sigue ahí y sigue jugando y explorando. Si la madre desapareciese, el niño se quedaría inmóvil y esperaría. Tendría miedo. Su curiosidad se apagaría hasta el regreso de aquella. En una situación de inseguridad, el placer del descubrimiento y la tendencia espontánea a explorar quedan inhibidos por la angustia.

Tenemos necesidades fundamentales de seguridad, amor y atención. La satisfacción de estas necesidades básicas es vital. El desarrollo y la realización de uno mismo se iniciarán más tarde. Las necesidades no satisfechas constituyen una energía potente de estancamiento y retroceso. Si asociamos el crecimiento al riesgo de la inseguridad, si podemos elegir entre la seguridad y el crecimiento, está claro que la seguridad se llevará el gato al agua.

Sumisión a la presión social

En el conformismo social encontramos una seguridad ilusoria. El niño que tenga que elegir entre aquello que desea o necesita para su desarrollo propio y lo que le procurará la aprobación de los demás elegirá de forma general la aprobación, y rechazará su placer, su deseo e incluso sus necesidades (como las alimentarias).

Del mismo modo, el adulto que tenga que elegir entre lo que desea, lo que piensa y lo que cree y la aprobación de los demás elegirá con frecuencia la aprobación. Incluso siendo adultos, el resto de personas influyen en nosotros más allá de lo que aceptamos reconocer.

Asch ha pasado a la posteridad por una experiencia particularmente ilustrativa. Los individuos debían comparar segmentos rectos de diferentes longitudes con uno de referencia. Esta tarea es fácil, las longitudes se diferencian claramente. En condiciones normales, el índice de error tan sólo es del 7 %. Para valorar la influencia social, es decir, la influencia de los demás en la adopción de una posición, Asch realizó esta prueba en grupo. El individuo tan sólo respondió después de que 7 compañeros dieran unánimemente una respuesta falsa (tras algunas respuestas correctas para reforzar la credibilidad de la situación). A pesar de la evidencia de la respuesta correcta, el índice de error pasó a ser del 33 %. Esto quiere decir que el 33 % de las respuestas no se ajustaba a la realidad percibida, sino a la posición del grupo. Estos resultados fueron confirmados y precisados a través de muchos experimentos.

Atreverse a oponerse a la unanimidad, encontrarse solo con una opinión, genera una privación social difícil de soportar para muchos de nosotros.

Las necesidades afectivas de aprobación y afiliación son de tal envergadura que: «Si en el entorno de una persona hay otras que creen lo mismo, para esta su opinión será válida. Si no hay nadie que piense lo mismo, entonces su opinión no será válida» (Festinger, en el año 1960).[13]

El hombre interpreta las situaciones para darles la mejor respuesta posible. Y la mejor respuesta posible es la que satisface sus necesidades más apremiantes. Cuando son necesidades de reconocimiento...

Dependencia

Si dependemos del reconocimiento de los demás, podemos vacilar ante el crecimiento y la evolución. Las personas cercanas a nosotros ¿nos seguirán apreciando si ya no somos como antes, si ya no satisfacemos sus expectativas, reales o hipotéticas? ¿Nos arriesgamos a que nos rechacen? Sí en el caso de unos y no en el de otros. Al principio, probablemente todos se rebelarán. Al salir de la pasividad, se despertarán, saldrán de una comodidad a la que se han acostumbrado. Hasta ahora, se han organizado un modo de relaciones, por lo que necesitarán algún tiempo para realizar los ajustes necesarios.

Con 38 años, Zoé sigue siendo una niña frágil y tímida, a la que le asusta todo el mundo y que se oculta fácilmente detrás de la gran espalda de su marido. En el fondo, sabe que no se corresponde con esa mujer frágil, aunque también sabe que Marc se siente más hombre si puede protegerla, si siente que ella le necesita. Si Zoé se pusiese a explotar sus recursos personales en vez de contar con él..., ¿qué sería de él? ¿Se pondría a buscar a otra niña-mujer a la que pudiese proteger? Zoé no quiere poner en peligro la relación con su pareja, sigue adaptándose a lo que imagina que él espera de ella. Por su parte, Marc, aunque no se atreve a decírselo, comienza a estar harto de una mujer que depende tanto de él. Se siente acorralado, le fascinan las mujeres brillantes que

---

13. Citado en: Faucheux y Moscovici, *Psychologie sociale théorique et expérimentale*, Mouron, 1971.

conoce, pero no quiere apenar a Zoé, es tan frágil... Marc y Zoé evolucionan. Sin embargo, para conservar su unión, aparentan que no pasa nada. Apenas hablan, por lo que desconocen que el otro está preparado para evolucionar. Se quedan en las antiguas bases que les unieron, no quieren cambiar, anhelan demasiado salvar su matrimonio, aunque de esta manera lo están poniendo en peligro. Ambos se «estresan» cada vez más. La tensión interior necesaria para mantener el personaje es cada vez más fuerte, hasta que llega la crisis.

Las emociones prohibidas

¡Esconda el estrés, que no lo pueda ver! Ser «sensible» está mal visto. Felipe niega sus sentimientos, no siente nada. «Nunca está estresado» y de no ser por la psoriasis y los molestos pruritos se sentiría estupendamente. Nunca se enfada y a veces no se da ni cuenta de que podría tener razones para ello. Es cierto que es difícil sacarlo de sus casillas, porque no se sabe llegar hasta estas. Se deja guiar por la vida y por los demás. ¿Qué es lo que le frena?, ¿el miedo? No, no tiene miedo, nunca lo ha tenido, se dice. Felipe tampoco se encuentra triste, acepta las cosas con pesimismo. Si las cosas van bien, perfecto, y si no, es que no puede ser de otro modo. Así es la vida. Felipe no se ríe nunca, «eso no se hace». Le cuesta divertirse libremente, bailar, desear. Libre de emociones, es prisionero de otras y del destino, prisionero de sí mismo, prisionero todavía, con cuarenta años, de su madre. Para protegerla, no hacerle daño y no apenarla, ha renunciado a sus sentimientos.

En el mundo de la madre de Felipe las emociones simplemente no existen. Para ella, la vida es hacer lo que se debe hacer. No ha conocido verdaderamente ni el amor ni el odio. Se ha encargado de la cocina y de la casa para su marido y sus hijos, sin hacerse preguntas. No hubiese podido aguantar a un hijo demasiado inquieto o activo. Si su hijo hubiese gritado, ella no hubiese sabido encargarse de él, se hubiese asustado.

Necesitaba un hijo bueno del que pudiese ocuparse sin problemas. Felipe captó instintivamente la psicología de su madre y se tragó sus emociones. Un hijo no puede asustar a su madre. Si se entera de que sus gritos preocupan o hacen sentirse culpables a sus padres, los reprime. Protege a sus padres para conservarlos, para conservar la idea de su protección.

Al ser adulto, Felipe se casa y tiene una hija que es el vivo retrato de su madre, una madre «perfecta». Afortunadamente, una parte de él se rebela y se manifiesta. Presenta «irritaciones», su cuerpo se irrita.

Por mucho que ocultemos a nuestra conciencia nuestros afectos, estos no dejan de tener repercusiones fisiológicas, como lo demuestra el Dr. James Lynch: «Exteriormente, parecía perfectamente tranquila, pero los aparatos de control fisiológicos colocados al lado de su sillón han indicado una realidad totalmente distinta. La temperatura de las manos no superaba los 24,4 °C, es decir, aproximadamente 12 °C menos que la temperatura normal. Su corazón latía a 125 pulsaciones por minuto, es decir, dos veces más rápido que el ritmo normal. La tensión arterial no superaba los 9,8/5 cm de mercurio, un resultado sorprendentemente bajo. Le pregunté cómo se sentía y me respondió que bien. Parecía ser totalmente inconsciente de la aceleración de su ritmo cardiaco y del resto de trastornos importantes de su organismo» (*Le coeur et son langage* [El corazón y su lenguaje], 1987).

Este es el caso de la mayoría. Al haber aprendido a redefinir nuestras emociones de niños (la ira se interpretaba a través de un «Estás cansado»), al negar nuestros sentimientos («Pero si no te has hecho daño...», «No estés triste», «¿Verdad que no tienes miedo de ir al sótano?»), al no poder confiar en nuestras sensaciones, perdimos nuestros puntos de referencia internos. Ni siquiera sentimos ya lo que ocurre dentro de nuestro cuerpo, algo que, no obstante, nos podría ofrecer información útil acerca de nuestra realidad.

No tener emociones no es señal de madurez ni de victoria sobre el estrés, sino que es algo patológico. Pero ¿cómo se puede mostrar uno emocionado sin venirse a menos? Porque eso es lo que muchas veces se nos pasa por la cabeza. El hombre occidental (no creo que sea el único, pero no me arriesgo a generalizar sobre otras culturas que no conozco lo suficiente) cree a todas luces que si muestra que está triste, que tiene miedo o incluso que es feliz se arriesga a ser considerado «débil», a perder la estima o el amor de los demás, a ser rechazado.

Dice que «eso no se hace», que «no quiere aburrir con sus historias», que «no sirve de nada contarlo», que «no quiere hacer daño». En realidad, lo que no quiere es transgredir las prohibiciones de los padres.

Además, con frecuencia, los demás le animan a que siga por este camino. Si un día se muestra triste, sus amigos se apresurarán a decirle: «Ya verás cómo se te pasa, no llores, encontrarás a otro»; si manifiesta que tiene miedo de algo, oirá: «Venga, ¿a un tipo como tú le asusta algo así? No puede ser, te estás quedando conmigo» o «¡No te va a comer!», y frases de ánimo de este estilo.

Nuestra sociedad es, con frecuencia, bastante ambigua, como recuerda Roland Jacquart en *L'exil intérieur* (El exilio interior): «La misma observación de conducta sirve para evaluar el comportamiento de la duquesa de Buckingham en presencia de una avispa y para diagnosticar el grado de enfermedad mental».

Algo más cercana y cotidiana es la definición que ofrece el diccionario. Al buscar la palabra *emoción*, podemos leer: «Estado afectivo intenso caracterizado por una brusca perturbación física y mental en la que se eliminan, en presencia de determinadas excitaciones o representaciones muy vivas, las reacciones apropiadas de adaptación al suceso». ¡Vaya! Puede que los redactores de un diccionario no sean demasiado afectivos...

Nuestras emociones son reacciones de adaptación de nuestro organismo que, lejos de eliminar nuestras capacidades, nos permiten estar mucho más en contacto con la realidad, nuestra realidad. Pero, en verdad, nuestra sociedad no se caracteriza precisamente por el respeto de la realidad interior de cada uno, sino que somos una cultura de la imagen, en la que cada uno debe comportarse «como es debido», en lugar de hacerlo como más le convendría.

La definición del diccionario refleja el miedo que hemos asimilado del mundo emocional, el miedo a perder el control de la frágil estructura de nuestra personalidad social, aunque hay distintos tipos de emociones...

Cristian es muy emotivo, tímido, se ruboriza por nada.

A Carlota le cuesta controlarse, a la mínima dificultad se enfada, grita a todo el mundo y sus hijos suelen recibir alguna que otra bofetada.

Elena es de lágrima fácil, tanto en la vida real como en el cine.

Cristian, Carlota y Elena tienen la impresión de sentir muchas emociones y de expresarlas fácilmente. Efectivamente, son muy emotivos, aunque, en realidad, apenas tienen contacto con sus afectos profundos.

Con frecuencia, presentamos superficialmente emociones excesivas o inadaptadas a la realidad presente que son resurgencias de emociones pasadas sin relación con el aquí ni el ahora o adaptaciones al entorno familiar o social. Estas se caracterizan por su aspecto sistemático. Elena y Cristian no puede acceder a la ira, sus reacciones están estereotipadas.

Carlota, por su parte, no llora y no manifiesta nunca miedo, lo que surge de forma sistemática es la ira.

Las emociones que Cristian, Elena y Carlota manifiestan son superficiales, secundarias, aprendidas. Sus emociones profundas y reales, sus emociones primarias se mantienen reprimidas debajo de la coraza, protegidas por las emociones secundarias.

Una emoción reactiva y auténtica dura muy poco tiempo (nunca más de diez minutos seguidos). Su expresión permite evacuar el estrés y llegar a relajarse. Sin embargo, resulta inútil expresar una emoción excesiva o inadaptada. La descarga de emociones secundarias no conducirá a una auténtica relajación, ni siquiera cuando consiga aliviar momentáneamente una tensión.

¿De dónde proceden las emociones secundarias, de la sustitución del afecto elástico, del recuerdo del pasado o de la liquidación de una lenta y paciente acumulación de quejas?

Los sentimientos de sustitución

Un niño cruza la calle corriendo para encontrarse con María, su madre. Un coche frena bruscamente, esquivándolo por muy poco. María se precipita, atrapa a su hijo y le da una sonora bofetada. Al darse cuenta de las miradas de estupefacción mezcladas con reprobación, esta se disculpa ante los transeúntes: «¡Es que me ha dado un susto!».

Mireia es agresiva, autoritaria, se enfada cuando se siente culpable por algo. Hoy llegará tarde, se ha despistado y se ha equivocado de camino. En cuanto llega, se ensaña con su novio y no deja de reprocharle cosas, bueno, todo lo que pueda reprocharle.

Pascual ha dedicado mucho esmero a la realización de un informe que ha presentado en el despacho del director. Este lo mira con un deje altivo y lo rompe. En lugar de enfadarse, Pascual se siente vencido, le invade la tristeza, está a punto de llorar.

Antonio es jefe médico. Nunca da los buenos días, tan sólo se dirige al resto del personal para dar órdenes o hacer críticas. Las enfermeras se sienten rechazadas, cuando se lo cruzan evitan su mirada, le tienen miedo.

María, Mireia, Pascual y las enfermeras (y quizás Antonio, el jefe médico) han aprendido a sustituir una emoción permitida por otra prohibida.

En nuestra familia, en nuestro medio social, en función de que seamos el hijo mayor o el pequeño, de que hayamos llevado pañales de color rosa o azul, habremos aprendido que determinadas emociones no son aceptables y que, por el contrario, otras tienen buena aceptación, e incluso se fomentan. Hemos comenzado a disfrazar a unas de las otras. De este modo, expresamos el miedo o la tristeza en lugar de la ira, o la ira en lugar del miedo... Sin embargo, llorar o temblar ante una situación que requiere ira no resuelve el problema ni las tensiones.

Los sentimientos de sustitución se reconocen porque nos son familiares, los conocemos bien, suelen ser relativamente repetitivos y estereotipados, pero tampoco se adaptan a las situaciones. Sin embargo, esto no siempre se percibe a primera vista. Racionalizamos nuestras reacciones, las justificamos.

Como es lógico, las enfermeras antes mencionadas piensan que el problema lo tiene el médico y no ellas. Consideran su reacción como la única posible. Para ellas, lo más natural es sentirse intimidadas, atribuyen la responsabilidad de su miedo a la actitud del médico. Esperan que, por arte de magia, él se dé cuenta y cambie. No se dan cuenta de que su actitud inadaptada refuerza el problema, porque, si se ponen en el lugar del médico, ¿a quién le apetece decir buenos días si la gente se aparta cuando aparece?

Mireia cree que su comportamiento es normal, ¡tiene tantos reproches que hacerle a su novio!

Solemos considerar que nuestras reacciones son «normales». No cabe duda de que se trata de nuestra manera de reaccionar, de nuestra norma, pero...

Los elásticos

Cuando una emoción es desproporcionadamente intensa en relación con el suceso que la ha desencadenado, probablemente no sea una reacción actual, sino que esté relacionada con un afecto reprimido del pasado. A veces, cualquier aspecto, cualquier detalle de la situación actual, cualquier similitud nos hace asociarla fuera de nuestra conciencia con un episodio sufrido a lo largo de nuestra vida.

Jesús se sobresalta cada vez que el teléfono suena, siente un miedo intenso. Cuando tenía seis años, pasó unas vacaciones en casa de su abuela. El teléfono sonó: su padre le anunció la muerte de su madre. Aunque el mundo se le vino abajo, Jesús no lloró, pero ahora, cada vez que el teléfono suena, vuelve a tener seis años.

Irina odia las vacaciones. Incomprensiblemente no es capaz de relajarse durante esa época y, aunque el lugar escogido con su marido es impecable y está bien con él y con sus hijos, sus vacaciones siempre son un infierno. No obstante, no encuentra ninguna razón para su ansiedad. Cuando era pequeña, sus padres la obligaban a ir a campamentos. Ella lo detestaba, pero no podía decir nada; simplemente asimiló que las vacaciones son un infierno.

Tras identificar el elástico, simplemente hay que soltarlo. A Irina le bastó la comprensión; a Jesús le costó algo más, ya que tuvo que reconocer y dejar aflorar el sufrimiento que había callado y guardado en su interior hasta hoy, así como todo el miedo, la ira y la tristeza asociados a la pérdida de su madre.

Las colecciones de puntos

El mecanismo es el mismo que el de los regalos de los supermercados: se le da un papelito y en los productos que compra encuentra los puntos, que tiene que pegar en el papelito, y, cuando lo haya completado, el encargado del supermercado le dará un regalo. Pues con los sentimientos ocurre lo mismo.

Héctor comete un error. Usted no dice nada, simplemente abre una hoja de faltas y pega un primer punto. Espera. Héctor vuelve a hacer una de las suyas, aunque quizá de forma involuntaria, pero da igual, también queda registrada en el papel. Usted sigue sin decir nada y pega un segundo punto. Acaba de iniciar una colección y el objetivo es que crezca. Vigila a Héctor con más detalle, analiza sus palabras y sus comportamientos para detectar cuál va a ser el siguiente fallo. Si no hace nada malo durante un tiempo, podrá interpretar lo que dice como una posible maldad. Si se analiza bien, ese comportamiento... ¡Ya está! Ya tiene su tercer punto. Lo pega cuidadosamente. Si el resto de ocasiones no llegan con la suficiente rapidez, quizá pueda tenderle una trampa, dejar en el suelo una piel de plátano... ¿Ha completado la hoja? Es el momento de recibir su regalo. Espera la última gota que colme el vaso y vierte su colección en Héctor, que se queda atónito. Según el alcance y el valor de su colección (algunos puntos valen más que otros), tendrá derecho a protagonizar una escena familiar, como en las películas, a romper el jarrón de su abuela, a enfurruñarse durante una semana, a abandonarlo o a divorciarse.

Al contrario que los puntos del supermercado, que sólo pueden utilizarse una vez, podrá recuperar todos los que acaba de gastar para utilizarlos una próxima vez. Barato, ¿verdad?

Pues no... Emocionalmente, la colección de puntos consume una energía máxima y obliga a estar enfadado durante mucho tiempo.

El veneno del resentimiento

El resentimiento se encuentra entre los venenos más tóxicos y tenaces. Una auténtica droga. ¡Resulta tan difícil perdonar!

Luis llega todas las mañanas a la oficina con una buena hora de retraso. Se levanta cansado, camina con dificultad y no le gusta su trabajo. Ocupa un puesto relativamente importante en un organismo internacional, precisamente en el ámbito que le interesa. Él mismo confiesa que lo que hace es muy motivador, pero no consigue sentirse interesado.

Al rebuscar en el pasado de Luis, encontramos rápidamente la fuente de todos los males: un profesor de secundaria. Efectivamente, Luis era un buen alumno, hasta que el profesor Fulanito, por no se sabe qué razón personal, le cogió manía. Fue duro e injusto con él, lo ridiculizaba ante sus compañeros. Luis empezó a llegar tarde, a odiar la escuela, a asociar el trabajo con el desagrado. Experimentaba una intensa ira contra dicho profesor injusto, aunque se veía ante la imposibilidad de manifestarla, ya que su madre se posicionaba a favor del «buen profesor». Recuerda muy bien cómo se decía a sí mismo: «Nunca te perdonaré». Cree que ese hombre arruinó su vida y, para probarlo, continúa saboteándola.

Al darse cuenta de que sus retrasos diarios dejaban indiferente al profesor, que ni siquiera se acordaba de él, Luis vio que mantener ese resentimiento era inútil y, sobre todo, destructor. Tras haber injuriado a un cojín, que hacía las veces del profesor, en una sesión terapéutica, Luis decidió perdonarle. Ahora, por la mañana llega puntual y le gusta su trabajo.

¿Perdonar? ¡No! «Sería demasiado fácil» y una «cuestión de orgullo», dirá usted. A veces, utilizamos erróneamente el orgullo. Como si perdonar significase darle la razón al otro, como si estuviésemos en una competición y perdonar se convirtiese entonces en dejarse ganar. ¿Ganar el qué? Nos lo preguntamos, pero somos así.

En realidad, el orgullo esconde pasividad, que es la semilla del rencor. El camino hacia el perdón pasa por el reconocimiento de los propios errores en el asunto, aunque sólo sea el de haberse dejado llevar. Se trata de mostrar un poco de complicidad.

Sin embargo, todavía nos cuesta asumir una responsabilidad y cuestionarnos, ya que es más cómodo cargar con todas las culpas al otro, porque «él es más culpable que yo, no le daré ese placer, no se va a salir tan pronto con la suya». No, preferimos demostrarle que nos ha arruinado la vida con el fin de culpabilizarle, sin que esa persona se dé cuenta. ¡Tenemos tanta necesidad de sentirnos importantes! No perdonar implica conservar la idea de que somos importantes para el otro.

Angustias y fobias

La angustia, contra la que tanta gente lucha a golpe de tranquilizante, es una mezcla de miedo e ira que no pueden expresarse.

Los angustiados y los fóbicos manifiestan un elemento constante: se encuentran ante la imposibilidad de expresar una ira o, simplemente, de decir que no o de atreverse a manifestar un deseo propio, no necesariamente en su entorno actual, sino con origen en la familia. Incluso en las crisis que surgen una vez son adultos e independientes (este suele ser el caso más frecuente), las raíces de estas angustias se remontan a las relaciones entre padres e hijos.

La primera crisis aparece durante o justo después de la situación ansiogénica, una situación en la que la persona desea algo prohibido. Se sienten ganas de decirle que no a alguien, de gritar, de huir de una situación. Entre la necesidad y la prohibición, la persona se ahoga, se asfixia. El combate se desarrolla al margen de la conciencia, la persona no siente ni siquiera que tenga derecho a experimentar dichos sentimientos. El malestar es incomprensible. La persona lo asocia a las circunstancias en las que se produjo, la multitud, el metro, el autobús. Y cada vez que se vuelva a encontrar en los mismos lugares y, por extensión, en todos los lugares que tengan las mismas características, a la persona le asustará volver a sentir dicho malestar.

Berenice se ha inscrito en una escuela de secretariado. Vuelve a casa en metro con su hoja de inscripción y, de repente, siente que se sofoca. El pecho se le comprime, respira con dificultad, su corazón late muy deprisa, se siente indispuesta. A partir de ese día, cada vez que coge el metro se agobia. Tiene miedo de volver a sufrir una crisis. Su fobia se extiende progresivamente a todos los medios de transporte público, a todas las situaciones de las que «no puede escaparse», y, con el tiempo, sólo podrá salir hasta un perímetro restringido de su entorno.

Su madre quiere que se inscriba en la escuela de secretariado, pero a ella no le apetece demasiado, aunque no se ha atrevido a decírselo a su madre. Al encontrarse con la hoja de inscripción entre las manos, entreviendo las consecuencias, el abandono de cualquier esperanza de cambio de vida..., empieza a sentirse mal, pero a la vez totalmente incapaz de retroceder, de enfrentarse a su madre. Asocia muchos sentimientos confusos con su madre, cuya actitud siempre ha oscilado entre el abandono y la posesión. Ante la imposibilidad de huir de la situación en la que se encuentra, de oponerse a su madre, de decir que no, de decir que ha cambiado de opinión, Berenice siente pánico. La prohibición de emociones frente a la madre es tan fuerte que reprime en el fondo de su inconsciente el conflicto que la azuza. Los auténticos motivos de su crisis de pánico en el autobús se quedan de este modo a la sombra, haciéndole creer que una crisis podría suceder así, en cualquier momento, sin motivo, de cualquier forma.

Las fobias y las angustias suelen ser cada vez más acaparadoras. Pueden llegar a paralizar completamente la vida social.

Las fobias obligan a depender de los demás; de hecho, permiten apoyarse en los demás. Silvia va acompañada por su madre a todos lados. Así le hace «pagar» todos los abandonos de los que se sintió víctima en su infancia. No es realmente consciente, e incluso se siente culpable por su madre, ya que se prohíbe cualquier sentimiento agresivo hacia ella. Sin embargo, en seguida, a través del análisis, reconoce la inmensa ira que experimenta contra su madre y admite que utiliza las crisis de ansiedad para obligarla a ocuparse de ella.

La persona utilizada para enfrentarse a la ansiedad suele ser la que origina la emoción prohibida, o su representación, a través de un simple proceso de desplazamiento. Lucía hace que la acompañe su marido, un auténtico sustituto de la madre... o el padre.

El terror del abismo

Cuando nos sumergimos en las profundidades de la psique, a través de la introspección, del análisis o de nuestros sueños, descubrimos horrorizados miedos, deseos, celos y odios. Preferimos creer que todas estas pulsiones maliciosas son inconscientes por naturaleza y continuamos con la confortante idea de que no somos los responsables. Nos negamos a reconocerlas como nuestras y las reprimimos de nuevo en ese «inconsciente» del que nos disociamos.

Sin embargo, mientras dejemos que nuestras pasiones actúen en las profundidades de nuestros inconscientes, en

Los frenos al cambio

vez de arrastrarlas hacia la superficie, seremos incapaces de controlarlas.

Me gustaría volver a destacar la distinción entre dominio y control. Este último consiste en ejercer una función de vigilante, de censor. Frente al poder de los afectos, el control nos lleva a dejar de sentir y a hacernos duros como la piedra. El dominio consiste en reconocer y dirigir, en elegir entre las emociones justas y el resto, en canalizar la expresión de las primeras y en extirpar la raíz de las otras. Para ello, hay que saber nadar en las aguas del inconsciente. ¡Aprendamos!

Para empezar, ¿qué hay en el inconsciente? Todo lo que no hemos querido para la conciencia, todo lo que hemos rechazado, es decir, las pulsiones angustiosas, los deseos prohibidos y los conflictos por resolver. Las emociones no aceptan en absoluto ser recluidas en las profundidades abismales. Se divierten perturbando nuestras vidas, ofreciéndonos angustias «inexplicables», miedos «irracionales», iras «sin motivo», o nos agobian con un cansancio enorme que nos deprime. Tan sólo pueden atravesar la barrera de la conciencia disfrazadas o desplazadas. A veces surgen por pequeñas grietas, en forma de pequeños granos, erupciones e irritaciones, o, lo que es peor, se consagran en silencio a un cáncer o un infarto.

En definitiva, nos complican la vida. Tenemos que prestar mucha atención para no bajar nuestras defensas y no ser demasiado receptivos a sentimientos que podrían, en mayor o menor medida, parecerse a una emoción reprimida y, en consecuencia, despertarla. Por ejemplo, en la actualidad, enfadarse podría reavivar alguna ira del pasado totalmente prohibida contra nuestra madre. Sentir amor podría despertar el sufrimiento y el odio por una dolorosa decepción del pasado.

Nos asusta enfrentarnos a lo que ocurre en nuestro interior, a la tormenta devastadora en la que nos veríamos envueltos si entreabriésemos la puerta. No queremos rebuscar en nuestro interior porque no queremos «desestabilizarnos». Como si pudiésemos permanecer «estables» sobre un colchón fabricado con afectos turbulentos... ¡Qué inconscientes!

La violencia de los afectos inconscientes procede de su propia inhibición. El remanente de los conflictos pulsionales no resueltos jalona nuestra existencia. Las pulsiones más venéreas son las infantiles.

Las emociones de un niño tienen una amplitud que el adulto jamás alcanzará, ya que un niño, debido a la inmadurez de sus capacidades intelectuales, a la dificultad para distanciarse de sí mismo, no puede comprender muchas situaciones. Cae en las redes de lo inmediato, incapaz de discernir en el tiempo. Frases como «Mamá vendrá la semana que viene» o «Dáselo a tu hermano, ya te lo devolverá» le sumen en una ira o en un miedo indescriptibles.

Como todavía no dispone de capacidades de elaboración mental, sus emociones adquieren rápidamente proporciones existenciales. Si se pudiesen expresar y, sobre todo, si su madre o su padre supiesen recibirlas libremente, con amor y sin culpabilidad, si le ayudasen a metabolizarlas, reconocerlas y controlarlas para forjar su identidad, todo iría bien. Sin embargo, la mayoría de madres y padres no han aprendido a controlar sus propias emociones y, en consecuencia, les cuesta aceptar la violencia de los afectos de sus hijos: «No está bien enfadarse con papá», «Te castigo por tu bien», «Sonríele a mamá, que tanto te quiere»...

La ira del niño se asocia al rencor de no ser comprendido, se carga de culpabilidad (hace sufrir a mamá, decepciona a su padre, no es un niño bueno, etc.). Los rencores se acumulan y se transforman rápidamente en odio.

Además, la ira es un sentimiento prohibido, porque se debe querer a mamá y a papá. ¿Cómo pueden conciliarse el amor y el odio?

Las pulsiones de odio, cuando las dejamos aflorar a la conciencia y nos molestamos en analizarlas, se convierten en sentimientos de ira comprensibles, frente a una experiencia de frustración del pasado. Al ser aceptadas, se esfuman. Los celos desaparecen cuando encuentran sus raíces en el sentimiento de traición vivido por el niño. Los miedos irracionales suelen hacer resurgir experiencias de abandono. Las experiencias tienen el mismo poder, ya sean reales o imaginarias.

El poder y el beneficio

Caminamos hacia el progreso dando pasos de cangrejo, ya que en todo momento hay gente que da preferencia a su interés personal y financiero en detrimento del interés general, una actitud presente tanto en la sociedad como en nuestras vidas cotidianas.

En *Les nouveaux pouvoirs* (Los nuevos poderes), Alvin Toffler nos recuerda las vicisitudes que superó el teléfono. Cuando Alexander Graham Bell presentó la patente del primer aparato telefónico, la Western Union tenía el monopolio de la red de telégrafos. A pesar de la evidente ventaja para toda la humanidad de poder comunicarse a través de la voz humana, la Western Union hizo todo lo posible para que continuásemos con el morse: intentó hacer creer que Bell estaba loco, lo ridiculizó, lo llevó ante los tribunales y le impidió instalar su red por las vías férreas y autopistas sobre las que ejercía su monopolio. Gracias a su influencia política en Washington, la compañía de telégrafos consiguió, incluso, que ninguna oficina de la administración federal utilizase el teléfono. Sin embargo, la presión de la evolución fue más fuerte y, en la actualidad, el teléfono permite la comunicación de todo el planeta.

Lo que existe en las interacciones humanas también lo hace en las intrapsíquicas, es decir, entre las diferentes partes del interior de uno mismo. Con mucha frecuencia, hay una parte que no quiere abandonar sus prerrogativas, ni sus experiencias e intereses, a pesar de que ello sea para el beneficio general.

Mentiras y protección de la imagen de uno mismo

¿Cuáles son sus preferencias a la hora de ver la televisión? Las encuestas recopilan la siguiente respuesta mayoritaria: los debates, los programas sobre literatura, los programas científicos o de actualidad. Si se comprueba la audiencia, todo es falso. Los telespectadores ven, sobre todo, concursos y series estadounidenses.

Esta mentira, esta distorsión de la realidad, plantea cuestiones chocantes, como que la mayoría de las personas saben qué es bueno y qué es malo, aunque eso no les impide preferir lo malo. En tal caso, ¿qué puede decirse de su autoestima? No desean ver su realidad, no quieren considerar una imagen de ellos mismos que les moleste, por lo que mienten y se engañan.

La mentira hacia el otro siempre constituye una mentira hacia uno mismo, evita la confrontación con la verdad, con la propia verdad, y disimula el auténtico problema. Con mucha frecuencia, mentimos para protegernos.

Tan sólo una mentira puede justificarse: aquella que permite salvar una vida, proteger a un hombre de la tortura o del asesinato, de la injusticia o de los abusos de otros hombres. La diferencia entre una mentira de «resistencia personal» y otra de «resistencia al opresor» se define a través de la siguiente pregunta: ¿qué valores defiende la mentira?

La mentira con el fin imaginario de proteger al otro enmascara en realidad el miedo de las emociones. «Te has hecho un chichón al golpearte», dice el oncólogo a Octavio, que guarda cama y se encuentra inmovilizado por los aparatos que le mantienen la pierna, devastada por la metástasis. Octavio sabe perfectamente que es imposible que se haya movido, ni siquiera durmiendo, porque está atado por todos lados a la cama y no le ha caído nada sobre la cabeza. No obstante, su médico tiene miedo de decirle que se trata de una metástasis que le ha salido en la cabeza esa noche. Evidentemente, el médico racionaliza su actitud: «No es necesario alarmarlo», «No voy a decirle que se va a morir», «No se da cuenta de nada, está bien» o, incluso, «No puede saberlo».

¿Cómo va a confiar Octavio en ese médico que le miente de una forma tan evidente? Al percibir que ninguna de sus preguntas recibirá respuesta, prefiere dejar de preguntar. Al comprender que no será apoyado en la adversidad que le espera, se encierra en el silencio. Mantiene una agradable sonrisa, es amable con el personal y con el médico, pero no dice nada de lo que realmente le preocupa. Ante la ausencia de preguntas, el personal y el médico deducen que «no quiere saber nada».

Sin embargo, ¿quién sabe qué es lo que debe responderse a un joven de veinte años que pregunta por qué va a morir? La mentira no protege al enfermo, no nos engañemos, protege sobre todo al que la comete. Mentimos para protegernos de los demás, de las emociones que no podemos controlar.

La frase «Siempre hay que guardarse algo para uno mismo» esconde con frecuencia un sentimiento de culpabilidad, de inadecuación, de falta de confianza en uno mismo. Mentimos por la impotencia de no poder afrontar la verdad en la relación, porque nos negamos a controlar la relación, a tener en cuenta al otro, para garantizar la comodidad personal..., en detrimento de la incomodidad permanente en la relación.

Luis miente a su pareja, le engaña a pesar de que le asegura que es fiel. Marisa suele enfermar a menudo, no sabe por qué, tiene problemas en la espalda, náuseas. Luis oculta su vida sexual a Marisa con la «generosa» intención de «no hacerle daño». Ella no sospecha nada, todo va bien... para él. Si ella lo supiese, «no podría soportarlo», dice él. A veces, surgen las sospechas en Marisa, siempre hay señales, pero prefiere cerrar los ojos y confiar en él. Además, él se burla cuando le hace preguntas. No obstante, un día ella se quita la venda de los ojos y hace salir a la luz la verdad. Luis le dice algo, lo mínimo para protegerse y proteger su imagen. Incluso intenta rebajarla, despreciarla: «Eres ridícula», «Siempre me pides la verdad, pues ahí la tienes, mira qué drama», «Sabía que no lo soportarías», etc. Naturalmente, ella no soporta que haga el amor con otras mujeres, aunque lo que menos acepta es que la haya engañado, que le haya mentido. Ya no puede seguir confiando en él, prefiere dejarlo. Esta ruptura no conviene demasiado a Luis, que lo quería todo, aunque, por otra parte, se siente aliviado. Estaba harto de engañarla y mentirle. La situación se estaba haciendo demasiado pesada, por lo que lo dejan. Marisa sufre con la separación, aunque se da cuenta de que, poco después, todos sus síntomas físicos han desaparecido. Ya no le duele la espalda y las misteriosas náuseas han desaparecido. Su perspicacia le hacía sentir náuseas cada vez que Luis estaba con otra mujer.

En una pareja, la comunicación entre los inconscientes es fuerte. Una mentira se ve forzosamente, lo que no se dice altera necesariamente la calidad de la relación y se expresa de manera distorsionada. Los sueños, los síntomas físicos, los lapsus, las intuiciones, los mensajes están ahí. La responsabilidad es compartida. El que prefiere no ver nada, no saber nada, el que se niega a escuchar estos mensajes no es menos responsable de lo que pasa que el que miente.

El cierre de la culpabilidad

Oliver tiene 12 años y es un niño «triste». Desde muy pequeño ha sentido el abandono de su madre y la tristeza le ha invadido al no haber podido recibir su amor. Se ha encerrado en sí mismo y su cara presenta un aspecto serio. Su madre, Ana, dice de él, con un tono acusador y a modo de justificación, que apenas tiene contacto con ella: «Es taciturno, no manifiesta alegría por vivir». Entre ella y su hijo, las relaciones son difíciles. La culpabilidad de Ana bloquea todas las salidas.

Oliver tenía seis meses cuando la madre de Ana enfermó. Durante cinco meses, Ana se ocupó de su madre moribunda y dejó desamparado a su bebé. La pérdida de su madre fue muy dolorosa, tenía el sentimiento confuso de que se iba a cambio de su hijo. El poco contacto que Ana tuvo con Oliver durante dicho periodo estaba impregnado de una angustia y una agresividad tan peligrosas que no podía confesarlas. Nunca dejó aflorar a la conciencia la intensidad de sus sentimientos negativos.

Ana sabe que Oliver ha sufrido, aunque se siente mal al pensar que ha sido ella la que lo ha hecho sufrir, se siente demasiado culpable. No quiere reconocer lo que, no obstante, su interior sabe: «No ha sido una buena madre».

Ambos están aislados en una relación con una dinámica muy tensa. Ella está enfadada con él (se odia a las personas a las que se les ha hecho algo malo), se enfada porque esté triste, marca una distancia y Oliver no sabe cómo arreglárselas, cada vez está más triste.

Cuando su madre admita finalmente su responsabilidad (que no la culpabilidad), es decir, cuando acepte sentir el sufrimiento y la angustia que su hijo haya podido experimentar y reconozca que ha sido ella la que ha infligido dicho dolor, podrá acceder a la compasión del niño, dejará de lado el resentimiento y se reencontrará con su amor intacto y con una buena relación con Oliver.

Las situaciones difíciles que vivimos hacen resurgir de forma natural en nosotros sentimientos «negativos»: miedo, ira, angustia, etc. Si los expresamos, nos permitirán enfrentarnos mejor a las experiencias, pero si los reprimimos, adquirirán potencia, se cargarán de culpabilidad y se teñirán de odio. La libre expresión de todas nuestras emociones en las relaciones afectivas permite restablecer el vínculo amoroso cuando este se ve amenazado, pero la culpabilidad hace que esto sea imposible. Nos sentimos llenos de odio por aquellos que nos hacen sentir culpables.

Reconocer que nos hemos equivocado es muy difícil. No queremos aceptar la idea de que lo podríamos haber hecho de otro modo, por lo que tenemos la necesidad de continuar creyendo que nuestra solución era la única buena y vamos a intentar justificarla por todos los medios, a veces hasta rozar el absurdo.

Martin Luther King lo destacó claramente en sus discursos, dando muestras de una gran intuición y comprensión de la psicología humana. Este mecanismo era una de las grandes dificultades con la que se tropezaba la abolición de la segregación racial. Sin negar la importancia de las cuestiones políticas y financieras, el odio extremista de los blancos también estaba motivado por otra cosa. Les resultaba extremadamente difícil aceptar a los negros como sus iguales después de haberlos tratado como esclavos, ya que esto significaba reconocer la injusticia que habían cometido durante tantos años. Si los negros seguían siendo inferiores, entonces los actos de los blancos estarían «justificados». El odio de los blancos, aún más fuerte por su sentimiento de culpabilidad, se incrementaba por el miedo a las represalias.

Por eso, King insistía tanto en el perdón de los blancos. En muchas ocasiones señaló que los blancos (incluso aquellos que le agredían directamente) no debían ser acusados individualmente. Sus comportamientos, por muy escandalosos que fueran, se enraizaban en el sistema y no en el hombre. En todo momento precisaba que la abolición de la segregación no debía ser considerada una venganza de los negros sobre los blancos, sino una liberación de los dos pueblos, ambos esclavos de un sistema, cada uno a un lado de los barrotes.

¿No es este el mismo mecanismo de evitación del sentimiento de culpabilidad de algunos nazis muy implicados en el holocausto que se niegan a reconocer la infamia de sus actos y han seguido defendiendo los valores hitlerianos? Su falta de sentimientos de culpabilidad ha estremecido al mundo.

Estos ejemplos extremos no nos tienen que hacer olvidar que a todos nos ha costado reconocer nuestros errores. Cambiar es reconocer que se ha vivido con creencias erróneas. A veces significa ser conscientes de que nuestra vida hubiese podido ser diferente de lo que ha sido (mejor), algo que cuesta aceptar.

Debemos aprender a perdonarnos, pero perdonar no es disculpar. Los comportamientos negativos no tienen disculpa y es importante perdonar a los hombres. No siempre podemos omitir los errores, ya que estos pueden ayudarnos a aprender acerca de la vida.

Si hemos cometido un error, quizás haya sido porque no contábamos con los recursos necesarios para actuar de otro modo. Reconocer esto nos permitirá utilizar otros medios a fin de no cometer el mismo error en el pasado.

El control de la culpabilidad no es fácil, pasa por el reconocimiento y la expresión de todas y cada una de las emociones. Si nuestros padres han jugado con nuestra culpabilidad para conseguir nuestra obediencia, la situación se complicará. La aceptación incondicional de nosotros mismos, es decir, la capacidad de amarnos con nuestros errores, «fallos», «carencias», «tonterías», etc. es una de las condiciones para evolucionar de forma sana.

El cambio pasa por la apertura al otro, por la expresión auténtica de las emociones y la escucha mutua de lo experimentado.

Esto sólo es posible cuando se confía en uno mismo hasta el punto de atreverse a reflexionar sobre uno mismo y a quitarse la máscara, la imagen.

8
EL INFIERNO ES EL OTRO

Se sentirá a gusto con la gente cuando se sienta a gusto consigo mismo, cuando se quiera lo suficiente como para atreverse a seguir siendo usted mismo ante ellos y con ellos, sin necesidad de protegerse, sin estar influenciado por la admiración ni por la crítica. Se sentirá a disgusto cuando dude de lo que puede aportar a los demás, cuando dependa de su opinión y de sus reacciones.

Si no se quiere lo suficiente, esperará que los demás le quieran..., sin creerles realmente. Una mirada de reojo o una crítica pueden bastar para quebrantar la confianza que usted pueda tener en sus capacidades. Su pareja no le quiere y usted se muestra hastiado, como una hormiga, indignado... Ahí está la dependencia.

Pero ¿y si usted se adelanta por miedo a ser rechazado y arremete contra su pareja? Ahí están los juegos de poder.

Algunas personas, cuando están sometidas al estrés, se vuelven agresivas, se envuelven de superioridad, se tornan tajantes, lejanas, mandonas, autoritarias. Otras, por el contrario, se convierten en personas tímidas, sumisas, o hacen todo lo posible por mostrarse serviciales. También hay otras que se encierran en su mundo. Cuanto más estresado se esté, más se necesitará a las demás personas. Sin embargo, caprichos de la ironía, cuanto más estresado se esté, más dificultades se tendrán para entablar relaciones con los demás, incluso con aquellos a quienes se necesite.

A Javier le asusta su jefe... Cuanto más le asusta, más empeño pone en «hacerlo bien», en anticiparse a sus deseos, en hacer todo lo que se imagina que se espera de él. De este modo, se somete a una situación de estrés permanente. El jefe, por su parte, le echa broncas porque no aguanta que su subordinado sea tan «servicial». Se trata de un nuevo desencadenante de estrés, que confirma a Javier que, «definitivamente, por mucho que se empeñe, no sirve para nada».

La falta del aprendizaje de la comunicación, la comprensión del otro y de uno mismo, los comportamientos estereotipados y los «conflictos de personas» suelen menoscabar nuestras relaciones. El miedo marca más nuestras relaciones que el amor y la solidaridad. La alternativa para la ansiedad y el aislamiento ¿tan sólo se encuentra en las máscaras y en los juegos de poder?

El miedo al otro

Tenemos miedo unos de otros. Sólo nos vemos reconfortados con un personaje social bien definido, con títulos, con una camisa blanca, etc.; entonces nos encontramos bien.

¿Pero de qué tenemos miedo? Del poder del otro sobre nosotros. No de un poder real que este pueda tener sobre nosotros, sino de un poder que nosotros le concedemos, resultado de nuestra inseguridad personal: el poder de juzgarnos, de romper nuestra imagen, de herirnos o de manipularnos.

El enfermo suele tener miedo del doctor, es un hecho, y todo el mundo lo entiende. Al haberle dado al doctor el poder de curarlo, al depender de él para sobrevivir, al enfermo tan sólo le queda conferirle una autoridad absoluta. ¿Le confiaría su vida a alguien que pudiese cometer un error? La idealización, a pesar de que a veces es fuente de crueles desilusiones, en el caso del médico es bastante natural.

Sergio es cirujano. Es bastante cínico, sobre todo en la sala de operaciones. A pesar de que maneja perfectamente el bisturí, satura a las enfermeras con bromas de dudoso gusto, que para él sólo son humor negro y bromas sexuales.

Cuanto más grande es el peso de la responsabilidad, más directo es el contacto con los procesos vitales, más distancia afectiva se establece.

El médico tiene miedo del sufrimiento de «su» enfermo, miedo de no estar a la altura, de no saber curarlo, miedo de su muerte, de la imagen que se arriesga a construirse si fracasa en su misión, puesto que si el enfermo le confía su vida, él confía al enfermo el poder de confirmarlo en su papel de buen médico.

Si el «poder médico» es tan fuerte, si el colegio de médicos es tan cerrado y rígido, si se reprocha con tanta frecuencia a los médicos sus modos autoritarios, distantes e inaccesibles, si los hospitalizados se convierten en números de historias es porque el médico, demasiado inseguro, necesita su imagen.

Las relaciones de poder marcan (y a menudo bloquean) el mundo laboral. La importancia de los juegos de poder en una empresa es inversamente proporcional al poder personal real del que cada uno dispone, es decir, a la forma de gestión y al tamaño de la sociedad. Cuando se ocupa un cargo ejecutivo en una «gran empresa», en un gran grupo, uno se aleja de la motivación básica de esta. El oficio ya no se orienta a la judía verde extrafina o a la carrocería, sino a la gestión. Y cuando uno ya no percibe su influencia directa sobre la producción o la consecución de un objetivo, si se carece de un poco de seguridad personal, se puede llegar a necesitar sentir el poder infligiéndolo sobre los demás.

«Desde mi puesto de subdirector, imaginaba que, al llegar al de director, tendría que controlar la sociedad, el personal, etc., pero tuve que desengañarme. En realidad, tengo que pasar los dos tercios del tiempo controlando las luchas de influencia entre los directores del grupo. No hay que negociar los contratos en función de lo que estos puedan aportar a la sociedad, sino en función del puesto de cada uno».

Mientras las empresas funcionen según el modo jerárquico y no según el de red de competencias, habrá sitio para los juegos de poder. Si el sistema jerárquico continúa prefiriéndose (por todos, no nos engañemos) es porque resulta el más reconfortante. Exige menos implicaciones personales, evita enfrentarse a la realidad de sus competencias o incompetencias. Libertad y responsabilidad van de la mano. En un sistema jerárquico siempre se podrá trasladar la responsabilidad de algo a un tercero. En un sistema de red, cada uno asume la responsabilidad de su tarea. Este sistema exige un elevado nivel de confianza en uno mismo y en las capacidades de relación.

No olvide que cada vez que se niegue a asumir una responsabilidad se estará destruyendo a sí mismo. En cuanto se comprometa a algo, estará realizándose a sí mismo.

Ya hemos visto en un capítulo precedente que las Administraciones provocan estrés. El hecho de refugiarse en un sistema de ausencia de responsabilidad, que, además, aporta la «seguridad del empleo», conducirá seguramente al estrés, a la enfermedad o a la depresión, y no a la felicidad ni al sentimiento de realización de uno mismo. Seguridad igual a peligro.

Las Administraciones se conocen por ser los nidos de los juegos de poder, algo lógico si se piensa que entrar en una Administración como consecuencia de una elección que ofrece garantías llevará a que el principal objetivo a lo largo de toda la carrera sea el de protegerse y no el de aportar algo a la empresa. ¿Cómo vamos a sentirnos realizados cuando dedicamos las dos terceras parte de nuestro tiempo laboral a proteger nuestra seguridad personal?

Al analizar con detalle, se comprueba rápidamente que en el mundo laboral las apuestas reales suelen ser más relacionales que económicas. Pasividad, sumisión, opresión y manipulación..., se vuelven a revivir los dramas infantiles.

El origen de los juegos de poder

«Cuando se recurre al poder de padres, se obtiene forzosamente la rebelión o la sumisión de los hijos. La sumisión oculta una rebelión y una hostilidad profundas. El hijo que se somete aprende que las relaciones humanas se rigen por el poder y que sólo hay un objetivo, adquirir el poder cuando se sea adulto» (Alexander Lowen).

Nuestros métodos educativos originan los juegos de poder. Ante la asunción del poder sobre él de sus padres, el hijo dispone de pocos recursos, es demasiado pequeño y dependiente de ellos como para mostrarles abiertamente resistencia. ¿Qué opciones le quedan?

• Someterse: reprimir cualquier necesidad o emoción que no sean compatibles con la imagen esperada por sus padres. Entonces se convierte en el hijo bueno y obediente que los padres desean, en detrimento de su confianza y de su realidad.
• Evadirse en el sueño.
• Someterse ante los padres. Si la tensión es demasiado fuerte, esta se convertirá en rabia hacia el hermano o la hermana, en venganza contra sus compañeros e incluso sus juguetes o animales.
• Orientar la violencia contra sí mismo, dejar que su cuerpo reciba el mensaje que no se oye a través de alergias, asma, otitis reiteradas e incluso dolencias más graves.
• Oponerse, rebelarse, colocarse la etiqueta de hijo «malo».
• Desobedecer.

Cualquier niño desea desarrollarse armoniosamente, aprender. Cualquier niño dispone de capacidades para ello, aunque las desarrollará a medias si su expresión le cuesta su verdad.

No satisfacer a los padres es el único medio del que dispone para hacerse oír. La pasividad, los tics, la lentitud o la agitación, las dificultades escolares, la resistencia para comer, las discusiones por la comida, las negativas a mostrarse tierno, a aprender... (se deberá prestar atención a las «huelgas» escolares, que también pueden estar relacionadas con un profesor u otros alumnos): los padres tocan fondo ante estos comportamientos autodestructivos. El hijo elige, de forma inconsciente, sus comportamientos de resistencia en función de las posibilidades que tenga de conmover a sus padres.

Al llegar a la edad adulta, el hijo seguirá comportándose como lo haya aprendido a hacer de sus padres. Algunos se defienden de su dependencia de los otros adoptando una posición dominante, haciéndose distantes, autoritarios, manipuladores, y otros se convierten en personas indispensables, en pigmaliones o en madres sobreprotectoras. Otros incluso deciden hacerse con el poder a través de un papel de víctima. Al llegar a la edad adulta, el hijo intentará usar las mismas estrategias con sus «superiores», aquellas que funcionaban con sus padres, y tenderá a utilizar su actitud con los que son «inferiores». Todos estos comportamientos son defensivos, tienen como objetivo la protección de uno mismo (en realidad, del falso yo). Desafortunadamente, cuanto más utilicemos los comportamientos defensivos, más reforzaremos la idea de que el peligro es real. El miedo (que se encuentra en el limbo del inconsciente) se intensifica, motivando la escalada en los comportamientos de dominación.

La obligación de movilizar de forma permanente los comportamientos defensivos, la obligación a la que el hijo ha debido someterse y el sentimiento de haber sido aprisionado engendran una rabia proporcional a la impotencia. Esta rabia, esta violencia interior, se contienen en el caso del adulto. Sin embargo, en cuanto este se encuentra en una situación de poder sobre otro, puede verse tentado a utilizarla para vengarse de los sufrimientos pasados, infligiéndoselos a otros, siempre de forma inconsciente, refugiándose en eficaces racionalizaciones de su comportamiento.

Cualquier violencia revelada sobre otro, cualquier juego de poder es la manifestación de la impotencia del Hijo para hacerse entender.

Si sabe ver lo que hay detrás del caparazón de la gente altiva, manipuladora o violenta, si alcanza a ver a los niños angustiados que han llegado a ser, ya no estará bajo su influencia y podrá establecer un contacto real con ellos.

Detrás de cualquier máscara, detrás de cualquier personaje, hay un Hombre. Para salir del círculo de los juegos de poder, hable con los Hombres, no con los personajes.

Los padres, un tabú

La realidad está ahí: muchos de los fracasos de nuestra vida de adulto, de nuestra vida afectiva o profesional pueden imputarse a una escasa educación infantil, por no mencionar la depresión que nos invade a veces, incluso cuando «lo tenemos todo para ser felices». ¿Todo? Sí, salvo, quizá, la certeza del amor de los padres.

Efectivamente, hay padres que no aman a sus hijos y, desgraciadamente, los hay que ni siquiera se atreven a pensar en ello. No quieren a sus hijos, como estos creen (como les hacen creer), porque a sus hijos, de alguna manera, les falte algo o tengan un defecto concreto, sino porque ellos mismos padecen una incapacidad profunda para querer y, sobre todo, para querer a un hijo. Esta incapacidad no es, lógicamente, constitucional, sino que se debe a la ausencia de amor en la propia infancia. Algunos no pueden dar lo que no han recibido.

También existen padres que quieren a sus hijos, pero que no saben quererlos y, en consecuencia, les hacen sufrir, por el sufrimiento personal, por el conformismo a normas o a métodos educativos o médicos, por mera incompetencia, por rigidez, por falta de disponibilidad e, incluso, por pudor.

El pudor emocional ha marcado a generaciones enteras. Hasta hace poco, todavía se decía «No cojas demasiado en brazos a tu hijo, lo vas a malacostumbrar». Como si fuese un problema que el hijo se acostumbre al calor y al amor.

Con todo, la situación mejora. Los hijos de hoy en día tienen más derecho al cariño directo que los hijos de ayer. Sin embargo, ¿cuántos adultos de hoy han oído alguna vez las palabras «Te quiero» salir de la boca de sus padres? Así es como se crea la duda y, con la duda, la culpabilidad. Sí, la culpabilidad de no sentirse amado por los padres. ¡El colmo! Por desgracia, se trata de una reacción frecuente.

Todavía hoy en día, los padres no saben pronunciar estas sencillas palabras de amor. Las ocultan con frases como «No soy muy cariñoso», «No me sale decirlo», «Lo demuestro a mi manera» dando dinero o bienes materiales.

Esquivan el problema firmando en las cartas «de tus padres, que te quieren».

Padres mayores e hijos «ingratos»

Si hay una relación marcada por la incomunicación, esa es la de los hijos que han crecido con sus padres. En la mayoría de reuniones familiares la libertad y la autenticidad brillan por su ausencia.

Lucas no puede quedar con unos amigos:
—Tengo que ir a ver a mis padres.
—¿Por qué?
—Porque tengo que ir.
—¿Tienes ganas?
—No sé, ni siquiera me lo planteo. Son mis padres, no puedo dejarles solos. Me siento culpable si no voy a verlos.

Cuando el sentimiento del deber debe reemplazar el impulso de la ternura, esto significa que una ira indescriptible ha recabado en el espacio abierto por la falta de comunicación. Sin embargo, la ira hacia los padres es un tabú, está prohibida. El peso de la culpabilidad entierra lo más lejos posible los sentimientos agresivos. La única solución que han encontrado una gran mayoría de niños convertidos en adultos es la de no frecuentar demasiado a los padres o mantener una relación muy superficial.

Los padres mayores intentan con bastante frecuencia manipular a sus hijos jugando con el sentimiento de culpabilidad: «No me puedes dejar sola», «Los hijos de Fulanita nunca van a verla. ¡Qué vergüenza, abandonar a su vieja madre así!». También están los recursos para introducir otra idea y entonar la copla de «Los jóvenes de hoy en día son ingratos», «Ya no se respeta a la familia», «Los hijos abandonan a sus padres mayores en los asilos», etc.

La falta de gratitud de los hijos es un mito. Los padres «abandonados» son responsables de su destino. ¿Cómo se han comportado ellos mismos con sus hijos? «Mis hijas ya no vienen a verme», se queja un padre, como si fuese una obligación.

Vivir para los padres conducirá, sin lugar a dudas, al estancamiento de la humanidad. Según el transcurso de la evolución, los padres tienen un deber de amor hacia sus hijos, y estos últimos siempre ofrecen mucho más de lo que han recibido. No existen hijos ingratos.

Flavia ha sentido la desaprobación de las enfermeras del asilo por negarse a pagar la pensión de su padre, que tiene 70 años y el aspecto de un adorable abuelito. No ha sabido nada de él desde que abandonó el hogar, cuando ella tenía 20 años. Su marcha fue un alivio para toda la familia, ya que bebía y pegaba a su mujer y a sus dos hijos, aunque, claro, eso no se lo cuenta a las enfermeras. Flavia lo odiaba... y lo amaba. Pero era demasiado injusto que ahora, después de todo el mal que les había hecho, tanto a ella, como a su hermano y a su madre, se viese obligada a encargarse de él. Con todo, obligada por la ley, se hace cargo de él e, incluso, un día va a verle. Él sólo habla de sí mismo, de su vejez. No se interesa ni un momento por ella o por lo que pasó tras su marcha, y por eso Flavia no vuelve a visitarlo.

Los hijos dan muestras de una tolerancia extrema hacia sus padres. Tienen una inmensa capacidad de amor incondicional. Debido a la traición frecuente de la sinceridad de sus sentimientos, acumulan una ira justificada, que, no obstante, no pueden expresar. Protegen a sus padres, no quieren «hacerles daño», a esos mismos padres que siempre están recordándoles todo lo que han hecho por ellos. Como si la función básica de un padre no fuese la de entregarle a un hijo todo lo que necesita para crecer, desarrollarse y convertirse en un adulto que ocupe su lugar en la sociedad. Mientras los padres manipulen la idea de sacrificio para ocultar su pasividad, seguirán encarcelando a sus hijos y se encarcelarán ellos mismos detrás de los barrotes de la culpabilidad.

Mensaje para los padres

Si sus hijos ya no quieren ir a verle, no crea que lo hacen por placer. Cualquier ser humano necesita a sus padres a lo largo de su vida. La indiferencia de su hijo o de su hija es un método de defensa. Si su hijo le evita es porque hay algo que no puede decirle. Quizá no le haya pegado ni abandonado, quizá simplemente no lo ha considerado, respetado ni amado como él necesitaba.

Padres, escuchen a sus hijos, permítanles que les digan lo que nunca se han atrevido a decirles. Sólo así restablecerán una auténtica relación de amor.

¿Cree que su hijo le debe algo? Es usted el que todavía le debe algo, el que debe saldar la deuda. Y para ello deberá dar, pero de forma gratuita y no a cambio de compañía o reconocimiento.

La primera etapa hacia la reconciliación y el restablecimiento de la comunicación es la de suprimir cualquier tipo de reconocimiento o de deber de respeto. Sin duda alguna, esto es algo muy duro para un padre mayor que necesita tanto el contacto con sus hijos adultos. Por ello, el padre invoca al deber de reconocimiento a fin de obligarles a ir. Esta obligación puede funcionar, y los hijos aparecerán físicamente, pero nunca estarán psicológicamente. «No puedo dejar a mi madre sola»: lejos de ser una prueba de afecto, esta frase es una prueba de ausencia de amor; el vínculo se mantiene por la culpabilidad.

Las necesidades de un hijo son sencillas, aunque difíciles de satisfacer en una civilización de represión emocional. Necesita un amor incondicional, de presencia/apoyo, de contacto físico y de poder querer a sus padres.

Los hijos son más sensibles a los valores de la Vida que a los de la sociedad. No son ajenos a las imágenes sociales, saben cuándo fingimos y no les gustan los papeles que interpretamos ni los que les imponemos.

No vale la pena justificarse. Seguramente tendría sus razones para actuar como lo hizo: «No tenía ni idea», «Me habían dicho», «No tenía tiempo», «Había que»...

No existen los padres perfectos y *todos* los hijos y *todos* los padres necesitan expresar sus sensaciones frente a la actitud de sus padres respecto a ellos y, de forma más amplia, frente a la vida. Necesitan expresar su angustia infantil y su ira frente a los comportamientos que han percibido como injustos y opresivos.

Debe comprender a sus hijos y aceptar sus reproches de forma honesta en lugar de escudarse detrás de un muro de justificaciones. Ellos necesitan hacerlo para no tener que reprimir sus emociones, sus pulsiones, para ser ellos mismos y comprobar que les ama de forma incondicional. Lo necesitan para liberarse de una carga, porque se sienten culpables de su ira, porque, muchas veces, no se atreven a confesárselo a ellos mismos, aunque ello les limite en su propia confianza. Lo necesitan a cualquier edad, incluso a los 70 años. Aproveche ahora que aún sigue con vida para hacerles y hacerse un inmenso regalo que consiste en compartir emociones auténticas.

Supere sus miedos. Quizá les haya podido infligir las peores torturas, pero no se preocupe, ellos le quieren. Detrás de los reproches, está el perdón, que, no obstante, no podrá existir si no se reconoce el error. El error es humano. Atrévase a reivindicarlo para liberar a sus hijos del yugo de la angustia existencial.

Todas las personas del planeta nos enfrentamos a los mismos problemas de la vida. Tenemos que superar diversas pruebas sin estar lo suficientemente preparadas, no como querríamos. Es natural cometer errores, no saberlo todo, no ser perfecto. Si nos atrevemos a reconocerlo, aprenderemos de estos errores, restableceremos los vínculos con los que nos aman y podremos conocer el amor verdadero. Si elegimos la opción de la imagen no podremos experimentarlo.

Atrévase a enfrentarse al juicio de sus hijos. La frase «A los padres no se les juzga» indica el miedo de los padres a reconocer sus debilidades y no es, bajo ningún concepto, una garantía de amor o de respeto. ¿Qué pueden reprocharse entonces para tener tanto miedo a ser juzgados? Además, a sus hijos les costará mucho emitir un juicio propio, es decir, ser independientes.

Juzgar significa adoptar una posición, existir de cara al otro. Significa darse permiso para hacerlo mejor, para ser diferente. El perdón pasa por el juicio, ya que al juzgar se analiza y se puede ser consciente de las profundas motivaciones de alguien, se puede comprender. De dicho contacto con la realidad íntima del otro siempre emerge un profundo sentimiento de amor y de solidaridad humana.

Aurora está enfadada con su hijo, que tiene 26 años y tan sólo la llama para pedirle dinero. Cuando se encuentran, las conversaciones son breves, él bosteza sin tapujos. Ella lo ha dado todo por él y él no se lo compensa. Es la tercera vez que le presta el coche y tiene un accidente. Aurora no comprende nada: «Lo he dado todo por él, soy una buena madre... Se lo he dado todo».

El hecho de expresarle esta ira a su hijo está condenado al fracaso. Él acabará culpabilizándose, excavando aún más en el vacío de la relación.

Una opción mejor es intentar comprender. Le pregunto a Aurora: «¿Por qué crees que se comporta así?». Ella contesta: «Intenta marcar una distancia. He sido demasiado protectora, he estado demasiado presente, hasta ser agobiante».

Para restablecer la relación con sus hijos, al igual que Aurora, atrévase a decirles: «Al ver ese comportamiento (tus bostezos, que no vienes, que sólo me llamas cuando necesitas dinero, que me destrozas el coche, etc.) pienso que estás enfadado y te entiendo, porque me he dado cuenta de que en el pasado he sido agobiante. Quizá todavía sientas rencor».

Y entonces deberá permanecer a la escucha y aceptar cualquier reacción. Quizá la emoción se esconda detrás de un primer comentario irónico o desinteresado como «¿De qué hablas, mamá? ¿Te encuentras bien?» e incluso detrás de un muro de silencio, de un cambio del hilo de la conversación... Déjeles tiempo para interiorizar el significado de su nueva actitud.

Cuando se acerque a sus hijos para intentar restablecer unas relaciones auténticas, quizás estos se alejen y rechacen el contacto. No se preocupe y continúe. Su reacción es normal, no están acostumbrados. Permanecerán a la defensiva hasta que estén seguros de que es capaz de escucharlos sin desmoronarse, sin justificarse y sin pedirles nada. Déjeles que le pongan a prueba.

No se olvide de que usted también ha tenido unos padres y que, probablemente, también se enfadó bastante con ellos. El camino para reencontrarse con sus hijos pasa por el reconocimiento de los errores de sus padres hacia usted. Le será mucho más fácil hablar con sus hijos cuando sea consciente de sus propias carencias y sufrimientos.

«El silencio como herencia»

Así se titula el libro de Dan Bar-On que trata de las experiencias de los hijos de colaboradores del régimen nazi. ¿Cómo se puede vivir sabiendo que se es hijo de un criminal de guerra?

Un excelente artículo de *Marie-Claire*, «Génération de la honte, les "enfants de Hitler" racontent» (Generación de la vergüenza, hablan los «hijos de Hitler»), recoge las conclusiones de Bar-On y evoca las dificultades de estos seres enfrentados con la conciencia de los actos infames perpetrados por sus padres.

«De todas las personas que fueron procesadas, tan sólo dos reconocieron los hechos. Mis padres todavía se niegan a reconocer que hayan hecho algo reprochable. Mi padre no es político, ni médico, ni oficial del ejército. Diseñaba barcos, pero, ideológicamente, estaba del lado de los colaboradores. Al ser incapaces de enfrentarse a sus responsabilidades, son sus hijos los que deben enfrentarse a la verdad».

El padre de Dirk fue ejecutado. «Si un padre hubiese tenido el valor de decir: "Hijo mío, he cometido actos terribles, que estoy pagando...". Pero eran incapaces de sentir vergüenza y de arrepentirse. Somos los únicos que cargamos con la culpabilidad».

Quizás usted no haya matado ni torturado, ni colaborado de ningún modo en la comisión de una infamia, ni estafado, ni se haya mostrado violento, pero tal vez haya fallado de algún modo, sin comparar sus debilidades ni sus insuficiencias con los crímenes contra la humanidad. Deberá atreverse a reconocer sus errores: «Seguí con tu padre, pero debí separarme de él», «No fui capaz de seguir el camino correcto», «No confiaba lo suficiente en mis aptitudes para poder crear mi propia empresa», «Bebía, pegaba a tu madre», «Estuve en la cárcel», «Era frío contigo, no llegué a aceptarte tal y como eras», «No me di cuenta de que no estabas a gusto en ese colegio», «No supe demostrarte que te quería», etc. No intente esconderse detrás de un papel de víctima como: «Fue tu padre el que quiso», «Era tu madre la que decía», etc.

Cada vez que reconozca su responsabilidad en esta vida, cada vez que diga «Me he equivocado» le hará un hermoso regalo a sus hijos, ya que le permitirá hacerlo mejor que usted, les liberará del sentimiento de culpabilidad en el que les encierra involuntariamente al intentar ocultarlo.

Nunca es demasiado tarde para hacer las cosas de otra manera, para ofrecer a sus hijos el amor y la libertad que necesitan.

Comunicación imposible

Martín propone a una amiga ir a tomar una copa. Sin embargo, para que no se sienta obligada, añade: «Quizá tienes prisa». Precipitadamente, ella lo interpreta como que en realidad tan sólo se lo propone por quedar bien, y por eso lo rechaza, diciéndose que se hará ilusiones, que a él realmente no le apetece estar con ella, en definitiva, que no quiere que se quede. Como no quiere «imponerle su presencia», se va.

Tenemos el don de interpretar las palabras, las actitudes y los comportamientos de los demás en función de lo que estemos dispuestos a entender, a ver, a recibir, a pesar de que nos expresamos, cabe decir, de forma muy poco explícita.

Teresa invita a Rubén porque tiene dos entradas para un concierto y este responde «¡Ah! A ver, no sé, mis primos vienen este fin de semana». Teresa interpreta: «Tiene dudas, es decir, no le apetece venir, no me aprecia». Sin embargo, Rubén ha pensado:«¡Vaya! Me lo propone justo el día en que llegan mis primos, si la rechazo esta vez, quizá no me lo vuelva a proponer. Tendré que recalcar que son mis primos. Tengo que hacerle saber que no hay ninguna otra mujer en mi vida. Y, si no vienen, sería una auténtica lástima desaprovechar una oportunidad como esta».

Rubén podría haber dicho: «¡Qué bien! Me gustaría mucho ir contigo, pero quizás el sábado mis primos se pasen por la noche. Aunque todavía no es seguro, preferiría quedar otra tarde de la semana que viene. ¿Podría ser el martes, por ejemplo?». Pero ¿quién es capaz de decir las cosas llanamente y pedirlas de forma clara sin sentir miedo al rechazo?

Proyecciones

A través de nuestras interpretaciones abusivas, que son las proyecciones de nuestras aflicciones, nos convertimos a menudo en los causantes de nuestras angustias.

El novio de Noemí es médico. Últimamente lo encuentra más distante, como si estuviese en otra parte. Tiene esta impresión desde que le contó que había curado a una famosa, una mujer muy guapa. Peor aún, le llegó a decir que era «muy simpática». Noemí está celosa.

En realidad, Pedro no ha cambiado lo más mínimo. Además, está a años luz de imaginarse las ideas que pasan por la cabeza de Noemí. Ella no le dice nada, simplemente lo observa con más atención de lo habitual y no puede dejar de percibir una cierta distancia, que, evidentemente, interpreta como una confirmación de sus sospechas.

En realidad, es ella la que, a través de su mirada inquisidora, marca la distancia. Cada vez está más fría y crítica, haciéndole reproches por nada.

Pedro, que ignora todo lo que se está produciendo en los pensamientos de Noemí, no comprende su cambio, o, más bien, lo comprende «demasiado», es decir, a su modo. Se ha equivocado con ella. Al contrario de lo que creía al principio, es fría y autoritaria. No soporta el «carácter» de Noemí y decide dejarla.

De este modo, Noemí obtiene la confirmación de lo que se había imaginado. Sus «proyecciones» han funcionado y se han hecho realidad. Pedro, por su parte, ha generalizado demasiado. Al no poseer la información que le habría permitido comprender el comportamiento de su novia, ha echado la culpa a su «personalidad» y ha reaccionado en consecuencia.

Egocentrismo

El egocentrismo consiste en percibir el exterior como una prolongación de uno mismo. La persona egocéntrica se centra en ella misma, interpreta todo y, en especial, los comportamientos de los demás, como si todo le estuviese destinado específicamente a ella.

Todos nosotros caemos de forma relativamente fácil en esta trampa. «Nos asignamos» la mayoría de las actitudes y palabras de los demás, las interpretamos en relación con nosotros. Cuando nos arriesgamos a comprobar las motivaciones del comportamiento de alguien, a menudo nos sorprendemos, ya que suelen sugerir razones en las que nunca habríamos pensado.

Todos tenemos una «cultura» diferente, una cultura étnica, pero también familiar y personal, en función de las experiencias que hayamos vivido. Nuestras motivaciones son personales. Sin embargo, en vez de intentar escuchar al otro, considerar su realidad, solemos interpretar su comportamiento basándonos en nuestras propias referencias, en nuestras experiencias, lo que forzosamente origina muchos malentendidos. Si fuésemos conscientes de dichos malentendidos, intentaríamos aclararlos.

Desafortunadamente, por lo general, no imaginamos que pueda existir otro marco de referencia al margen del nuestro, otra forma de ver o pensar las cosas, y nos contentamos con clasificar a la gente en función de nuestros criterios. Nos «creamos» nuestra opinión sobre ellos y actuamos seguidamente hacia ellos según dicha opinión, lo que provoca, lógicamente, que las confirmemos a través de comportamientos y actitudes que fijamos.

Blanca mantiene una relación conflictiva con una persona de su departamento. Describe a Josefina como una persona arisca y hostil ante todo lo que sea nuevo y alguien a quien odia. Blanca tiene 23 años y Josefina 54. Blanca ansía la jubilación de Josefina, la desprecia y hace todo lo posible por mostrarse desagradable. El ambiente en el trabajo es irrespirable, se necesitan máscaras de gas y escafandras. Al mantenerse cada una cerrada en banda en su postura, no pueden cambiar la situación. Ambas se contentan con reforzar sus protecciones. Cada una ve a la otra blindándose cada vez más, por lo que reaccionan y se colocan una armadura cada vez más gruesa.

Durante un curso de relaciones humanas, a Blanca se le pide que represente lo que se le podría pasar por la cabeza a alguien de 54 años que tenga la impresión de haber fracasado en su vida profesional y que vea cómo llega a su departamento una joven ambiciosa de 23 años que la desprecia a la primera de cambio.

A pesar de sus primeras vacilaciones para intentar adentrarse en los sentimientos reales de la que «de todas formas, es así, demasiado vieja, que no cambiará», en seguida se da cuenta de que detrás de la actitud arisca de Josefina hay mucha angustia. A pesar de que duda de que un cambio por su parte pueda modificar el comportamiento de Josefina, decide intentarlo.

Un mes más tarde, tras la segunda parte del curso, esta refleja con una inmensa sonrisa un cambio de 180 grados en sus relaciones, que ahora son cordiales. Aunque no son «amigas», colaboran con agrado. En el departamento, las risas se han convertido en algo frecuente.

Para que todos esos cambios se produjeran, bastó con que Blanca levantase la sentencia a la que había condenado a Josefina, que pudo entonces bajar el escudo. Blanca, al no irritarse más, comenzó a ver otros aspectos de Josefina y ya no sintió la necesidad de lanzarle flechas para defender su territorio. Poco a poco, al no servir de nada, dejaron de estar a la defensiva.

Hay que atreverse a ser el primero en bajar las armas y dejar de lado el rencor. En general, las armas del otro tan sólo se alzan para protegerse de nuestras agresiones relativamente conscientes. El rencor es un obstáculo bastante tenaz para el cambio: «No veo por qué tengo que ser yo el que dé el primer paso», «No voy a cambiar si él no cambia primero». Nuestro egocentrismo puede llegar a perdernos.

En cualquier conflicto duradero, siempre tenemos algo de culpa, aunque sólo sea por pasividad, falta de escucha o ceguera. Sin embargo, odiamos reconocer nuestra implicación.

Observamos el mundo con nuestros ojos y proyectamos sobre las cosas y las personas nuestra imagen de la realidad, como si nuestra mirada fuese la única posible. Olvidamos que los demás tienen, inevitablemente, una perspectiva diferente a la nuestra, aunque también justa. Para mejorar las relaciones, debemos hacernos a la idea de que los demás actúan en función de su observación de las cosas, no de la nuestra.

Soledad

¿Qué es pesado cuando está vacío y ligero cuando está lleno? El corazón.

«Me pesa la soledad». ¿El infierno son los otros o es estar sin los otros?

Somos mamíferos sociales y necesitamos vínculos y enlaces afectivos sanos que nos permitan sentir que pertenecemos al grupo humano. Tenemos tanta necesidad de amar como de sentirnos amados.

Hay personas solitarias que lo son por propia decisión. Los ermitaños y los anacoretas que se retiran del mundo y abandonan los vínculos humanos, horizontales, para reforzar su relación con Dios, satisfacen su necesidad de conexión y pertenencia a través de este vínculo vertical.

También están los falsos solitarios, los misántropos, aquellos que tan sólo se encuentran bien consigo mismos. Estos suelen estar bastante apegados a una imagen ideal del Hombre y tienden a desarrollar un vínculo de identificación muy fuerte con su «personaje misántropo». Al sentirse con frecuencia «actores» en la escena social, se esmeran en su papel. Su energía afectiva se concentra en su propio personaje. Egotismo y narcisismo, su afectividad está enjaulada.

Una nueva paradoja del corazón. En el mundo de lo afectivo, todo funciona al revés, el aislamiento recluye mientras que los vínculos liberan. Los «vínculos peligrosos» que tememos que nos aprisionen tan sólo son consecuencia de nuestras preocupaciones, reflejan nuestras dificultades para establecer auténticas relaciones.

Forjar relaciones con seres humanos no es fácil. Totalmente desesperados, algunos se apegan a animales, seres más sumisos y a menudo más cariñosos, y, sobre todo, más fieles que los seres humanos.

Otros son coleccionistas, establecen vínculos con objetos, ya que estos no pueden dejarlos.

Flechazo

Su corazón ha empezado a latir por esa persona. Un impacto visual, un detalle han estimulado su memoria. Posteriormente, tan sólo usted se dará cuenta de que tiene los mismos ojos que su padre, algunas actitudes de su madre, la misma edad que su hermano o que se parece a su primer amor. Su sistema límbico ha reconocido las microseñales y las ha traducido por emociones: se ha enamorado. Esa nueva relación comprende todas las esperanzas, es decir, la esperanza fundamental, la de ser amado por fin. Se trata de una expectativa irrealista, desmedida, imposible de satisfacer. Tanto para la mujer como para el hombre, la pareja debe ser la madre ideal que no hemos tenido, la que nos lo da todo y que nunca nos abandona.

El amor/pasión reaviva las antiguas necesidades de ser cuidados. El bebé es un ser vulnerable que necesita que alguien se ocupe de él y cuyas perspectivas son limitadas. No tiene una voluntad propia. Para él sólo existe el presente, no sabe esperar, vive emociones intensas.

Cuando percibimos dentro de nosotros la posibilidad de «retroceder» de ese modo, nos sentimos atraídos, fascinados y aterrorizados por la idea de encontrarnos como el bebé, totalmente desprotegidos frente a una increíble intensidad de sensaciones y emociones. «¿Me quieres?».

¿Qué tipo de amor es este?

Defensas

El amor, por el hecho de despertar necesidades pasadas, nos angustia, por la fusión, por la pérdida de identidad propia, por la separación.

Siempre se da una época en que el niño comienza a necesitar independencia y desea separarse de la madre; sin embargo, si la madre le abandona antes de ese momento... No, cualquier cosa menos la separación. Sin que el bebé pueda hacer nada, esa madre, tan necesaria, lo abandona antes de que sepa que volverá, ya que el bebé no tiene noción del tiempo.

Los recuerdos, con frecuencia inconscientes, de las experiencias dolorosas de separación en la infancia nos frenan en el aspecto amoroso.

¿Cómo recibe un niño a la madre que se ha atrevido a dejarle? Pues con una total indiferencia. «No conozco a esa mujer». Esa frialdad es un castigo para la madre y una defensa frente a la angustia sentida, similar a la frialdad e indiferencia con la que algunos adultos juegan para intentar evitar el sufrimiento y el amor.

Judit abandona antes de ser abandonada para evitar que vuelvan a aflorar los sentimientos de abandono.

Juan multiplica sus aventuras y simultanea varias relaciones a fin de no sentirse atado a una mujer.

Marta controla hábilmente la situación de su pareja para hacer que el otro muestre una dependencia más grande que la suya.

Marcos juega a «no estar disponible» y hace esperar al otro, lo que le permite sentir la necesidad que las mujeres tienen de él y hacerles pagar la que él tiene de ellas, necesidad que le supone tanta angustia y, por tanto, tanta ira; una ira que, de no ser reconocida como tal, puede transformarse en odio contra las mujeres que la suscitan.

Judit, Juan, Marta, Marcos y tantos otros no siempre son conscientes de sus estrategias de evitación.

Al quitar el velo

Francisco y Olivia disfrutan de la primera fase de sus relaciones amorosas, aquella que sumerge a los amantes en las delicias de la promesa de ver por fin cumplidos sus deseos de simbiosis. En ese periodo, la necesidad del otro es creciente y, como no se puede depender de un ser ordinario, cada uno adorna con imaginación al otro, con todas las cualidades que le hacen falta para vincularse. Tanto uno como otro son los seres perfectos, ideales, poseen todas las virtudes. Se trata del «amor ciego», de la idealización.

A esta fase de simbiosis le sigue inevitablemente un periodo de desilusión, en el que el otro se quita poco a poco los velos con los que se le ha disfrazado, los velos/proyecciones de «príncipe azul», «rey protector», «princesita» o «diosa mentora».

Francisco tiene poca confianza en sí mismo. Descubrirse totalmente le aterroriza. ¿Qué pensará Olivia? Se dará cuenta de que no es como se imagina, debe huir. Además, Olivia tampoco es para tanto.

La desilusión provoca el enfado. Decepcionado, engañado, se enfada, aunque también contra sí mismo por haberse «dejado engañar». Entonces comienzan a surgir las dudas: «Me he equivocado», «No la quiero», «No es la mujer de mi vida», etc.

Francisco rechaza la frustración de sus expectativas anteriores. No quiere lamentar sus ilusiones. En esta sociedad basada en la imagen y la idealización, resulta difícil dejar de correr detrás del zapato de cristal y de sus promesas. Francisco quiere a la mujer ideal. Olivia quiere al hombre perfecto. Rompen y, cada uno por su lado, se lanzan a la búsqueda de una nueva ilusión.

Aceptar al otro tal y como es significa decir adiós a la esperanza de encontrar la aceptación incondicional de los primeros días de vida. Ya no son el príncipe azul ni la mujer perfecta que motivaban nuestra existencia, sino que simplemente son ellos mismos, un adulto frente a un adulto. No obstante, decir adiós a lo que nunca se ha recibido es complicado.

Diana y Román siguen juntos, aunque han elegido esa opción guiados por un sentimiento de inseguridad personal y no por el de auténtico amor. Se necesitan el uno al otro para sentirse dignos de interés, tanto que prefieren depender el uno del otro a crecer en la relación.

Para mantener su pareja, la visten con un disfraz permanente de tarzán o la ponen en la piel de Jane (o a la inversa). Juegan a la pareja ideal, sin posibilidad de que quepa la menor duda, alejándose de ellos mismos y del otro. La distancia se abre insensiblemente entre ambos a pesar de lo bonita que parece la relación superficialmente; hay un abismo entre la apariencia y el ser real. El estrés interior comienza a desarrollarse. Las técnicas para «controlarlo» son bastante diversas: a largo o corto plazo optarán por las aventuras extraconyugales, el alcohol, la adicción al trabajo, el divorcio, la enfermedad…, una infinidad de tentativas ilusas de resolver el problema sin afrontarlo.

Las rupturas

Nuestra época está marcada por las rupturas. Por muy necesarias que reconozcamos que sean, no dejan de ser difíciles.

Una ruptura amorosa engendra forzosamente un sufrimiento. Sin embargo, este sufrimiento no tiene que ser doloroso forzosamente. Si la relación es sana, si el reconocimiento y la expresión de las emociones de despedida son posibles, si, finalmente, basamos nuestra seguridad en la vida interior, una ruptura puede vivirse bien y convertirse en una fuente de crecimiento, ya que entonces adquiere un sentido, y el sufrimiento que tiene sentido no es doloroso.

Sin embargo, nuestras rupturas amorosas suelen sumirnos en un estado de angustia indescriptible. Nuestro sentimiento de Ser, nuestra confianza en nosotros todavía es demasiado frágil. Hemos otorgado a nuestra pareja el poder para reafirmarnos en nuestra capacidad para ser amados. Hemos proyectado en la relación expectativas desmesuradas. Dependíamos de una imagen ideal.

El sufrimiento normal de la separación se añade a las heridas narcisistas, de amor propio, de decepción o de sentimiento de fracaso.

El proceso natural de pérdida está marcado por diferentes fases. Cada etapa debe vivirse conscientemente para permitir una cura progresiva. Se debe ser consciente, es decir, se deben reconocer y expresar las emociones.

El tiempo de superación de cada etapa depende de numerosos factores: la duración de la relación, la dedicación personal, los proyectos comunes, la comunicación de dos individuos, la claridad de la relación, aunque también de la madurez, la capacidad para controlar las emociones, para curar las heridas, en función de la seguridad interior de cada uno.

Cada persona presenta una velocidad de cicatrización, por lo que no se tiene que intentar quemar las etapas ni ir demasiado deprisa, porque si no la herida se volverá a abrir más tarde. Las etapas pueden intercambiarse e incluso solaparse. Lo único seguro es que cuanto mayor es la madurez afectiva, más claras y definidas serán las etapas y se superarán con mayor facilidad.

El proceso de despedida será más fácil si, a pesar de la ruptura, la calidad de la relación permite a los implicados intercambiar y compartir emociones pasadas durante dicho proceso, algo no demasiado frecuente. Además, las etapas pueden soportarse en solitario en una auténtica confrontación con el flujo y el reflujo de los sentimientos.

Los movimientos naturales de una ruptura son:

• Sufrimiento por la separación (sin el sentimiento de ser rechazado).

• Culpabilidad. Nos lanzamos a la búsqueda de un error que hayamos podido cometer. Nos hacemos preguntas. ¿Qué hemos dicho o dejado de decir, de hacer o de ver? Nos imaginamos lo que habría podido pasar si hubiésemos sido diferentes. Cuestionarse es natural, es un intento de controlar lo que pasa hasta aceptar lo que ha ocurrido.

• Sentimientos de ira contra el otro. Se renuncia a toda responsabilidad para cargársela al otro. Aceptar en uno mismo esta oleada de agresividad es importante. Como ya hemos visto, el paso por la ira es necesario en las situaciones de pérdida.

• Sentimientos de ira contra uno mismo. Se trata de una alteración tan excesiva como la anterior. Nos asignamos toda la responsabilidad.

• Fase de nostalgia. Los recuerdos vuelven unos detrás de otros. Las imágenes del pasado y los sentimientos resurgen, así como el amor, la ternura, las crisis, las lágrimas, los enfados, los miedos y las reconciliaciones. Los recuerdos afloran a la superficie de la conciencia para ser guardados, pero no se les debe dar demasiadas vueltas. Cuando el proceso se desarrolla de forma sana, los recuerdos no vuelven a surgir, tan sólo de forma puntual.

• Tristeza por lo posible, por lo que habría podido pasar. Tristeza por los proyectos confesados o no confesados, explícitos o implícitos. «Todo hubiese podido ir tan bien, podríamos haber sido tan felices...», «Habríamos tenido unos hijos tan guapos...», «Habría sido una madre/un padre ideal», etc.

• Tristeza por lo que fue positivo. Reconocimiento de los momentos de felicidad, aceptación de su enterramiento en el pasado.

• Tristeza por lo que fue negativo: las peleas, las mentiras, los insultos, las heridas..., hasta el perdón del otro y el de uno mismo. Si la relación estuvo marcada por los engaños, esa fase reavivará de nuevo las crisis de ira contra el otro y la culpabilidad. Si fue el otro quien nos engañó, además de la ira, sentiremos la culpabilidad de la idea de no haber visto o no haber querido ver, de habernos equivocado con el otro, con nosotros mismos, con la relación. La vergüenza por haber sido engañados es una mezcla de ira y culpabilidad Si hemos sido nosotros los que hemos engañado, deberemos enfrentarnos a nuestros sentimientos de culpabilidad, aunque también a los de ira contra el otro que nos ha «obligado» a engañarlo. Tanto en uno como en otro caso, el perdón al otro pasa por el perdón a uno mismo.

• Indiferencia por el sufrimiento. Es evidente que a nadie le gusta sufrir y, sin embargo, nos solemos aferrar a ello. El sufrimiento suele aportarnos muchos beneficios, tanto directos como indirectos. Sufrir nos permite sentir que existimos, dar existencia a nuestro amor por el otro. «Sufro, luego existo». «Sufro, luego mi amor es verdadero». También se puede sufrir con la esperanza oculta de culpabilizar al otro, aunque ya no haya contacto con las antiguas parejas: «¿Ves cómo me haces sufrir?». La indiferencia llega de forma natural tras el perdón, es la garantía del mismo. La inhibición, la negación de las emociones es la garantía de que un día u otro estas volverán a aparecer, en forma de síntomas, como la rigidez del carácter y de inhibiciones, que provocan fracasos reiterados y que bloquean al ser en su de-sarrollo y en sus relaciones con los otros, dejando sitio para la angustia y la depresión, incluso para la enfermedad.

- Percepción de las razones de la separación. Tras la tormenta emocional, la razón necesita buscar un sentido. Se regresa al pasado con el objetivo de extraer una enseñanza, para reconocer las razones que motivaron la elección de la pareja, los errores que no se deben volver a cometer, las dificultades de actitud o las emociones que deben controlarse más la próxima vez e identificar el camino recorrido gracias a o a causa del otro. Sin embargo, también se debe buscar un sentido al futuro: qué es lo que nos enseña una ruptura, qué posibilita en el futuro, qué nos aporta, de qué forma nos ayuda a crecer, por qué representa un regalo de la Vida, etc.

- Disponibilidad para mantener una nueva relación, volver a orientarse al amor.

De la petición a la ofrenda

Dudas entre el deseo de fusión y la negación del vínculo, equilibrio entre la búsqueda del amor que colma y el rechazo al compromiso... Estamos lejos de alcanzar la pareja adulta. A nuestro favor, consideremos la dimensión de evolución de la sociedad.

La dificultad de vivir en pareja no es sólo un problema individual, sino también un problema que afecta a la sociedad en su conjunto. La pareja de antaño se ha quedado anticuada, ya no es posible y, seguramente, ni siquiera deseable. El hombre y la mujer, dependientes el uno del otro en una relación obligatoria y sin libertad, se anulaban mutuamente. Abundaban los juegos de poder, los intentos de existir a pesar de todo. Uno de ellos se hacía con el poder, normalmente el hombre. El otro prefería la sumisión. Ambos eran prisioneros el uno del otro, sin saber cuál de las dos posiciones era la más ventajosa. Evidentemente, la víctima de la opresión era la que más sufría, aunque no olvidemos que la esclavitud del otro representa también la de uno mismo. El hombre no era ni mucho menos más libre que la mujer, si ambos tenían ilusión. Ambos se anulaban recíprocamente con inconveniencias diarias.

Eric lo afirma: él nunca se habría casado con una mujer «hecha y derecha», es decir, libre e independiente, por miedo a ser dominado por ella. Para conservar su libertad, eligió una mujer que podía dominar. Una ilusión. Ella depende en gran medida de él, por lo que, evidentemente, se siente reafirmado. No obstante, es demasiado insegura, muy celosa, no soporta sus ausencias y lo necesita a su lado permanentemente. Se siente un hombre duro en la relación, el que dirige. En realidad, es un prisionero, un esclavo de la angustia de su mujer.

La solución supone una auténtica confrontación con uno mismo y con el otro (liberado de las proyecciones de la infancia). Nuestras angustias tan sólo serán destructoras si permanecen en las profundidades del inconsciente. Si se reconocen, analizan y expresan, pierden todo su poder y, por lo general, se esfuman. Tenemos que curar las heridas, colmar las carencias de la infancia, para acceder a un amor adulto.

Ahora las parejas explotan. Las personas ya no quieren vivir la esclavitud del otro. Estamos atravesando un periodo de transición. En los últimos años hemos experimentado una revolución de la posición de la mujer. A pesar de que las desigualdades sociales y el machismo todavía siguen vigentes en muchas empresas y familias, la mujer ha conquistado mucha independencia. Ahora se asume en solitario mucho más, a pesar de que la sumisión y el servicio al hombre le han marcado durante generaciones. El inconsciente colectivo todavía pesa sobre las mujeres. La independencia sigue siendo una lucha. El hombre todavía no ha aplicado el cambio, busca su sitio.

Para que el hombre acepte dedicarse más a las tareas domésticas y a los cuidados de los hijos, para que tolere a una mujer a su lado como su igual sin sentirse por ello reducido, también necesita, ante todo, separarse y abandonar el antiguo modelo de pareja y aprender a vivir solo. Necesita encontrar una seguridad interior suficiente para no tener que probarse que es hombre gracias al dominio de la mujer. También debe luchar contra el peso del inconsciente colectivo.

El hombre y la mujer necesitan existir por separado para que, un día, puedan formar una pareja marcada por las relaciones de independencia y de respeto mutuo. Si se necesitan el uno al otro, por su seguridad, para sentir que existen, la dependencia mutua obstaculizará cualquier relación auténtica. Se requiere tiempo para recorrer ese camino de evolución.

El hijo, cuando es pequeño y dependiente, necesita a su madre, necesita toda su atención. Ella está ahí para él. De forma totalmente egocéntrica, a él le cuesta entender que ella se ocupe de otro o de otra cosa que no sea él, que se realice al margen de él. A partir del momento en que pueda comenzar a interiorizar un sentimiento de seguridad, liberará a su madre exterior. Al desarrollar su independencia, se desvinculará de su madre, porque esta le ha aceptado incondicionalmente, porque ha interiorizado la certeza de que es digno de amor, y buscará una pareja para compartir un amor adulto, basado en compartir y dar, en la apertura y en la libertad, en la realización de cada uno, y no en la necesidad de poner remedio a una infancia decepcionante.

Aprender a quererse uno mismo es una etapa obligatoria para amar al otro por lo que es y no por uno mismo, ni por lo que nos aporta.

Como declara acertadamente Jacqueline Kelen en *Un amour infini* (Un amor infinito): «El amor marca, vacía, amplía el espacio, abre puertas. ¿Quién ha dicho que el amor "colme"? La imagen del amor son dos manos excavando un hoyo en la arena, incansablemente. Excavar y abrir, de eso se trata».

El amor verdadero es ofrecer, no pedir.

Negociaciones

Aprender a decir que no o que sí, en definitiva, a posicionarse en la relación es fundamental para reafirmarse, para hacerse respetar, pero también para permitir que el otro se posicione.

Ya que todos los seres son diferentes, vivir juntos implica muchas negociaciones. No obstante, nuestra vulnerabilidad afectiva nos suele marcar demasiado a la hora de afrontar la resolución de un conflicto. ¿Cómo vamos a negociar si cualquier petición, cualquier crítica, se convierte en un cuestionamiento posible de uno mismo y de su libertad personal? La mayoría prefiere refugiarse en las manipulaciones, y otros en los juegos de poder.

La negociación no pretende establecer obligaciones para permanecer juntos. Su objetivo es abrir un espacio, crecer, abrirse a otras dimensiones, salir de los esquemas en los que todos nos encontramos trabados.

La expresión de uno mismo, de las emociones, no con el objeto de manipulación, sino con el de expresión y comprensión mutua, instaura un clima de seguridad que permite bajar la guardia y abrirse al amor.

Las personas con las que «nos sentimos bien», con las que manifestamos una confianza natural, son las que saben potenciar en ellas su seguridad, las que saben reafirmarse y permanecer a la escucha sin proyecciones ni interpretaciones, las que saben dar sin esperar recibir nada antes, las que aman sin esperar ser amadas.

¿A quién resulta más fácil dar? ¿Al que siempre abre los brazos o al que da la espalda? ¡Abra entonces los brazos!

9

LOS PELIGROSOS «ANTIESTRESANTES»

Tensión, nerviosismo, angustia... Intentamos reaccionar con unos recursos primarios. Cogemos un cigarrillo, nos ponemos una copa, nos tomamos un café, mordisqueamos un trozo de chocolate, nos zampamos un dulce o consumimos discretamente pastillas o píldoras tranquilizantes.

Todo ello en vez de comernos una manzana o una zanahoria, bebernos un vaso de agua, respirar profundamente, tumbarnos durante un cuarto de hora para relajarnos o hacer el amor para reencontrar el equilibrio, tranquilizarnos y calmarnos. A pesar de todo, somos conscientes de la nocividad de nuestras estrategias. ¿De qué nos sirve atiborrarnos de todos esos productos «antiestresantes» que, además, sabemos que provocan estrés?

¿Rubio o negro?

«El tabaco es la droga más dura que conocemos», afirma Robert Molimard, jefe de servicio en el hospital de Nanterre y presidente de la Sociedad francesa de estudios sobre la dependencia al tabaco.[14]

Esta afirmación levanta ampollas, a pesar de que la mención de las dificultades a las que se enfrentan los fumadores

---

14. *Ça m'interesse*, n.º 77, julio de 1987.

cuando intentan dejarlo se ha convertido en algo trivial. La persona fumadora se enciende el cigarro, a pesar de estar enfermo, toser y expectorar. En los hospitales, las enfermeras deben batallar con algunos enfermos que, a pesar de que están gravemente afectados, llegan a encerrarse en los aseos para «dar unas caladitas».

Las estadísticas hablan por sí solas: a pesar de los infartos de miocardio, el 70 % de los fumadores recaen inmediatamente, así como el 50 % de los operados de cáncer de pulmón. La amenaza de la enfermedad no es suficiente para dejar el tabaco.

Cabe decir que el que deja de fumar puede atravesar una verdadera crisis de abstinencia, proporcional a su intoxicación: irritabilidad, ansiedad, dolores de cabeza, dificultades de concentración, temblores, etc. El colmo de la paradoja es que el fumador se enciende un cigarro en cuanto empieza a toser y así los síntomas cesan. ¿Droga o remedio?

¿Qué es lo que contiene entonces el tabaco? Pues incluye nicotina, que, si no fuese acompañada por alquitrán, monóxido de carbono y otros venenos, podría aspirar al título de psicotrópico ideal.

Actúa con más rapidez que cualquier droga, incluso inyectada por vía intravenosa: entre la inhalación del humo mágico y la llegada al cerebro tan sólo hay siete segundos de diferencia. Una vez llegada al lugar del crimen, esta estimula la secreción de acetilcolina, que despierta el cerebro y que es el neuromediador principal de los circuitos del placer.

La nicotina dinamiza la producción de endorfinas, las morfinas naturales del cerebro: he aquí el calmante y analgésico. También calma el dolor, las lágrimas y la ira, el miedo o la ansiedad. Ahí reside su gran poder, en esta doble acción que es a la vez estimulante y tranquilizante. Esta función perfecta es activadora por la mañana y sedante por la noche. Mantiene despierto al tiempo que acelera suavemente las emociones y colma la felicidad, además de que ofrece la impresión de gozar de una mayor claridad mental.

Las personas intelectuales, creativas, estudiantes, se envuelven en el humo para pensar mejor. ¿Una justificación fácil? Pues no, ya que un cigarrillo favorece la concentración, la búsqueda de ideas... Es cierto. Los investigadores han notado una mejora de la memoria inmediata, la concentración y el rendimiento intelectual. Además, la nicotina acaba con la sensación de hambre, lo que evita a los glotones abalanzarse sobre los pasteles y al resto sentir las dolorosas crispaciones de su estómago.

Desgraciadamente, esta sustancia desaparece fácilmente. Para mantener el índice de nicotina en la sangre y aprovechar su magia, hay que encender rápidamente otro cigarrillo.

En resumen, se trata de la droga ideal... Sin embargo, hay que prestar atención a los estragos que causa en el organismo: únicamente el 25 % de la nicotina inhalada se dirige hacia nuestras neuronas. El resto parte a la búsqueda de nuestros órganos y tejidos, que no aprecian tanto sus múltiples cualidades.

El ritmo cardiaco aumenta, de media, entre ocho y diez latidos por minuto, y ello las 24 horas del día, provocando un incremento de la tensión arterial, la coagulación y la obstrucción de los vasos sanguíneos. El corazón se cansa, los vasos se atascan. ¿Crisis cardiaca o arteriosclerosis?

La nicotina actúa sobre las glándulas suprarrenales, perturbando las secreciones hormonales que regulan la activación del sistema simpático, pero no actúa sola: el monóxido de carbono nos intoxica, el alquitrán recubre los bronquios y el estómago.

El cafelito

Nos despertamos con una gran taza, nos animamos con una pequeña al llegar al trabajo, a las once recibimos de buen agrado otra, al mediodía engullimos la comida, «¡El café y la cuenta, por favor!».

Del café solo por la mañana al café «de la digestión», en poco tiempo nos hemos convertido en unos adeptos incondicionales a estos granos tostados.

Tras su descubrimiento en el año 850 d. de C., el café se expandió rápidamente por toda Arabia y, luego, sin prisa, pero sin pausa, invadió Europa. Desde el siglo XVIII, sus excitantes propiedades le han valido su popularidad. Ha conseguido el rango de producto necesario.

Hoy en día, el café es una costumbre, pero también una sustancia excitante: provoca una aceleración del flujo sanguíneo y una mejor disponibilidad ante los acontecimientos exteriores. Mata el hambre y reduce nuestras necesidades de sueño. La cafeína que contiene, al igual que las anfetaminas, la cocaína y el hachís, estimula los receptores del sistema del placer.

Tras tomarnos un café, nos sentimos más activos, más eficientes e incluso más eufóricos. Nos olvidamos de la fatiga física e intelectual, nuestros recursos se multiplican por diez. Balzac, ese genio de la escritura, sabía de lo que hablamos, ya que alcanzaba un récord diario de sesenta tazas para aguantar.

La cafeína estimula las glándulas suprarrenales, que promoverán la producción en cantidades exageradas de algunas hormonas, aquellas que se encargan de liberar en el hígado el azúcar, que ha almacenado en forma de glicógeno, y de ponerlo en circulación en la sangre. Así, una taza de café «espabila»; de hecho, aumenta los índices de glucosa en la sangre; por ello nos encontramos literalmente llenos de energía. Sin embargo, las consecuencias de esto son nefastas. El páncreas, que no hace distinciones (sutiles, cabe decir) entre el azúcar que ingerimos y el que procede del hígado bajo el efecto de la cafeína, quiere desempeñar su papel y metabolizar todo ese nuevo azúcar, por lo que se pone a fabricar insulina que baja de nuevo el nivel de azúcar, lo que hace que nos sintamos muy cansados, con todos los síntomas de la hipoglucemia: nos cuesta concentrarnos, temblamos... Se anuncia un torrente de ansiedad. Hace falta otra taza, un poco de azúcar y... ¡a empezar de nuevo!

Una copita

«¿Quieres tomar algo?». El alcohol forma parte de nuestra cultura, se encuentra presente por todas partes en cuanto dos o más personas se reúnen. Es el símbolo de la convivencia, de los encuentros «informales». Acompaña momentos de tranquilidad y relajación de tensiones. «Se departe mejor en compañía de una copa». Desinhibe y, al mismo tiempo, estructura las relaciones sociales. Nos tomamos una copa con los amigos. Una «buena comida» debe «regarse bien». El aperitivo es el paso previo antes de pasar a los «temas serios». El alcohol permite que la conversación se prolongue más allá de la comida. En el café, se paga la ronda. Bebemos para sentirnos rodeados. Brindamos para sellar la solidaridad. Nos bebemos rápidamente «la última antes de seguir».

¿Le va todo mal? ¿Le ha dejado? ¿No le llama? ¿Ha tenido una jornada agotadora? ¿Ha perdido un contrato? «Venga, tómate una copa, ya verás cómo se te pasa», «Mira, he traído un pequeño quitapenas de la bodega, a ver qué te parece», «Lo mires por donde lo mires, sienta bien», además de «Esto no hace daño a nadie». ¿Ah, no? ¿Entonces por qué se repite tanto esa frase? ¿Se imagina diciendo «Tome un poco más de agua mineral, esto no hace daño a nadie»?

No se debe romper el consenso sacrosanto. Si todo el mundo es cómplice, beber seguirá siendo «normal» y, en consecuencia, «inofensivo». El que se desvía de las normas no es bien recibido, «no sabe divertirse».

A pesar de que hace poco que comienza a tolerarse o a aceptarse realmente que en la comida de mediodía se pueda preferir beber agua, la frase «Un vaso de agua, por favor» sigue sonando en los oídos de muchos como una verdadera provocación. El que se atreva a pronunciar dichas palabras será inmediatamente etiquetado de persona «triste» e incluso poco viril. Las mujeres gozan de mayor libertad, el denominado «sexo débil» tiene derecho a beber agua. En realidad, tan sólo algunas categorías de mujeres gozan completamente de este privilegio, sin tener que aguantar comentarios descorteses: las «delicadas» y las señoras mayores. El resto suelen ser clasificadas de «aguafiestas».

El alcohol es sinónimo de fiesta. En nuestra sociedad de represión emocional, sentimos la necesidad de tomarnos una copa para saltarnos las normas, para quitarnos la máscara. Para divertirse es necesario un poco de libertad, eso es cierto. Y de ello se desprende que, para conseguir la libertad, se puede decir que no a las prohibiciones y convertirnos en personas independientes o volvernos irresponsables. Se sospecha de los que se ríen y bailan sin haber bebido, son demasiado animados.

Tras haber bebido, reír o bailar es normal y no perturba el orden social. Al beber, se puede decir y hacer cualquier cosa, se goza de total libertad. En ayunas, deberemos adecuarnos a las normas sociales. Para atrevernos a superar las barreras de las convenciones, que, por otra parte, mantenemos con una fidelidad desconcertante, tenemos que beber una copita.

También bebemos para anestesiar las emociones que no controlamos muy bien. Un poco de alcohol contiene las lágrimas, calma los miedos, satura la ira, diluye las tensiones, y, en el caso de algunos, el exceso de alcohol les permite mostrarse violentos, eximiéndoles en todo momento de la responsabilidad.

De forma paradójica, cuando nuestras capacidades se difuminan con un poco de alcohol, nos sentimos más fuertes, resistentes y, en consecuencia, más seguros de nosotros mismos.

A pesar de que las pruebas muestran de forma evidente la ralentización de los reflejos, los conductores oponen una gran resistencia a la idea de que un poco de alcohol en su sangre pueda causarles problemas. Se sienten «perfectamente bien y controlan».

En realidad, es cierto que lo sienten, es una de las ilusiones que confiere el alcohol.

La bebida también está asociada, de forma bastante rara si nos paramos a pensar, a la virilidad. La capacidad para «aguantar el alcohol» se reconoce como un símbolo de fuerza, de potencia, aunque es cierto que lo que ocurre a continuación en la cama se guarda como secreto de alcoba. El alcohol desinhibe, no cabe duda, nos permite atrevernos a hacer lo que no haríamos sin su ayuda, nos confiere todos los permisos, pero altera la potencia sexual.[15] ¿No podríamos superar todas esas prohibiciones que nos limitan sin beber?

En nuestro país, la bebida alcohólica es una auténtica institución. Si cuestionarla provoca tanta agitación, se debe a que representa una válvula que necesitamos para poder mantener la cortapisa de la represión obligatoria de nuestros sentimientos.

Además de la famosa cirrosis, que no sólo amenaza a los alcohólicos declarados, el alcohol favorece la aparición de cánceres, hipertensión arterial, ataques cardiovasculares y cerebrales, aumenta el índice de colesterol en la sangre y provoca dolores de cabeza y trastornos del sueño. Debilita la potencia sexual, acelera el envejecimiento y, sobre todo, nos distancia de nosotros mismos. Quizás haya otros medios de controlar el estrés de las relaciones humanas.

Los tranquilizantes como refugio

En nuestra sociedad, el consumo de ansiolíticos y tranquilizantes está muy extendido. Francia, por ejemplo, ostenta el récord del país que más los consume, seguido de cerca por Japón: en 1987, se vendieron ochenta y seis millones de cajas de tranquilizantes, es decir, que se compraron y, probablemente, se consumieron. Al menos un psicotrópico al año es prescrito a un 15 % de los franceses, que usan y abusan de productos como Témesta, Tranxène, Séresta, Urbanyl, Lexomil o Lysanxia.

Hay que reconocer que las píldoras denominadas benzodiacepina (BZP) son tentadoras, ya que hacen desaparecer mágicamente los síntomas de angustia que nos atormentan y nos permiten sumergirnos en un sueño reparador. Se toman como caramelos y ¡sientan tan bien...!

Al principio negamos la dependencia («Es sólo por comodidad»); sin embargo, cuando intentamos dejar de tomarlos... Afortunadamente, nuestros «amigos» nos hablan de su «ayuda eficaz e inofensiva»: «Sería una tontería no

---

15. El abuso del alcohol puede provocar la atrofia de los testículos y los ovarios..

aprovecharse». Por eso, volvemos a caer tras vacilar y omitir nuestra culpabilidad.

Desgraciadamente, las benzodiacepinas no son tan inofensivas. Esto es lo que parece confirmar una encuesta en la que el 94 % de los médicos de medicina general interrogados dicen haber constatado manifestaciones de rebote de ansiedad, con síntomas de abstinencia y trastornos del sueño,[16] y hasta «insomnios farmacodependientes», es decir, provocados por los comprimidos.

Los médicos prescriben las benzodiacepinas con demasiada facilidad, no suelen proteger a sus pacientes de los peligros del consumo regular. El tratamiento con BZP debe ser corto.

Los médicos se sienten impotentes frente a nuestras angustias y las BZP aportan una tranquilidad inmediata. Aquellos las prescriben a falta de disposición de otros medios. No hay que culparles, sólo satisfacen nuestras expectativas...

«El verdadero problema que cabe plantearse es ¿por qué hay que administrar ansiolíticos?», protesta un médico de cabecera. «Si no existiese este medicamento para tratar la angustia, ¿qué pasaría con nuestra sociedad? ¿Cómo soportaría la gente su existencia?».

Se trata de una cuestión seria, por lo que quizá deberíamos planteárnosla en serio.

Cambiar la sociedad es imposible; la sociedad es así, no se puede hacer nada. Preferimos acallar la voz dentro de nosotros que se rebela contra la vida que le hacemos llevar. Al no poder cambiar de vida, nos atiborramos de tranquilizantes y somníferos que nos permitirán no ver los problemas y aguantar nuestra «vida de locos».

La tranquilidad de los padres

Arrastramos a nuestros hijos hacia nuestro inconsciente, de forma totalmente involuntaria, ya que, con mucha frecuen-

---

16. «Les camés des tranquillisants» (Los adictos a los tranquilizantes), de Claire Mary.

cia, no sabemos cuáles son los efectos de los medicamentos que les damos.

En Francia, por ejemplo, el producto estrella se llama Théralène y se vende libremente en todas las farmacias, lo que reconforta a todos los padres acerca de su inocuidad. Este jarabe que favorece el sueño es un antialergénico potente. El laboratorio que lo fabrica advierte a los adultos de la somnolencia que produce al volante y de que, según las características individuales, se puede llegar a sentir sequedad en la boca, vértigos, aumento de la fotosensibilidad, etc. Pero ¿a quién le preocupa lo que sientan los bebés? Si no conducen, no pasa nada...

Otro fármaco de uso común es el Valium, que calma tanto a las madres como a sus hijos. Tan sólo se vende con receta. Evidentemente, implica algunos inconvenientes: debilidad muscular, sensación de embriaguez y alteración de las percepciones y las sensaciones. Ofrece una visión diferente del mundo. ¿Qué efecto producirá sobre la percepción del mundo y de la realidad en un niño?

El Nopron es un somnífero infantil. Se recomienda en los trastornos del sueño y en las turbulencias, aunque atonta un poco.

Los jarabes contra la tos contienen codeína. ¿Sabía que esta sustancia es un derivado del opio? No sorprende entonces que calme a los niños, incluso a los que no tosen. Algunos laboratorios añaden incluso un poco de bromuro a su composición, a fin de conseguir un buen peso.

La tranquilidad de la noche se factura en la escuela: problemas escolares, dificultades para aprender, para coordinar los gestos, etc. «Es apático», «No se mueve», dicen los padres. Es lógico, están durmiendo. Su ciclo de sueño ha sido perturbado por los medicamentos.

La paz de los padres tiene un precio muy caro. ¿Nos hemos parado a pensar en el significado de los comportamientos de los niños, sobre sus razones para mostrarse rebeldes, inquietos y desobedientes? ¿Acaso no disponemos de otras posibilidades al margen de la de dormir a los niños inquietos para que sean más obedientes?

El chocolate ansiolítico

Es bien sabido que el mal de amores se cura con chocolate, pero con chocolate auténtico, el negro y el amargo, con más del 50 % de cacao. La onza se funde deliciosamente en la lengua y hace desaparecer los problemas del alma. Las papilas se estremecen de placer y, rápidamente, engullimos la tableta entera.

El chocolate está repleto de magnesio, que ofrece esa especie de efervescencia en el pensamiento que explica por qué los intelectuales están tan enganchados a él, aunque no son los únicos. El chocolate produce placer más allá de su gusto. Alivia las heridas mentales y nos pone eufóricos, ya que contiene una determinada cantidad de sustancias mágicas y, sobre todo, dos aminoácidos: la feniletilamina y el triptófano.

La feniletilamina es una anfetamina natural del amor secretada por el cerebro. Se encuentra presente en las neuronas del cerebro emocional y del sistema de placer, es decir, en el lugar donde se inician las pequeñas crisis epilépticas que son la manifestación del orgasmo.

El triptófano es un precursor de la serotonina, un neuromediador que desaparece cuando aparece la depresión. La serotonina calma y ofrece una sensación de plenitud.

En la composición del chocolate solemos encontrar lecitina de soja. La lecitina es un componente natural de todas las células del cuerpo. Permite sintetizar la acetilcolina, un neuromediador que también se encuentra en las sinapsis del sistema de placer.

El chocolate ofrece una dulce excitación física y mental, acompañada de sentimientos de euforia y plenitud. ¡El nirvana!

No obstante, hay que tener cuidado con el azúcar.

Panaderías y pastelerías

La tensión, el nerviosismo, el aburrimiento, Rebeca necesita «comer algo» y acaba vaciando la nevera.

Pensamos en «compensar», en el «placer del estómago» y no sabemos hasta qué punto es esto cierto. ¿Sabía que la misma hormona que se encuentra en el cerebro emocional y en el sistema digestivo es la que controla la erección del hombre? Dicha hormona se denomina péptido intestinal vasoactivo (VIP). La producción de VIP se inicia a través de los estímulos bucales. Desde el momento en que abrimos la boca y la dejamos ser penetrada, ya sea para alimentarnos o para dar un beso, la VIP actúa en el intestino, en la sangre y en la excitación sexual.

Comer reconforta y procura placer. Sin embargo, un tomate o una hoja de lechuga no son alimentos adecuados para satisfacer nuestras bulimias. Solemos elegir, preferentemente, los alimentos dulces y las féculas.

Cuando consumimos glúcidos, la concentración de triptófano aumenta, debido a la secreción de insulina por el páncreas, y permite la síntesis de serotonina, reguladora del estado de ánimo.

El consumo de glúcidos no tiene el mismo efecto en todas las personas. Tras ingerir una comida constituida exclusivamente por glúcidos, sin proteínas, aquellos que no toleren muy bien el azúcar se mostrarán cansados, somnolientos. El resto, aquellos a los que les atraigan los azúcares, se sentirán revitalizados, llenos de energía.

Un dulce calma la angustia, los glúcidos curan la depresión. El azúcar puede clasificarse como excitante, es un auténtico psicotrópico. Su éxito puede extenderse a todo el mundo, a grandes y pequeños, hombres, mujeres e incluso animales de todas partes. Se consume en todo el mundo cada día más.

El azúcar, una droga insospechada

En el siglo XVII, el consumo anual de azúcar por persona en Inglaterra era de 2 kg. En 1970, era de 54,5 kg, sin tener en cuenta la miel, la melaza, el jarabe de arce, etc. Los zulús rurales de África del Sur pasaron de 3 a 27 kg por persona en tan sólo 10 años. En Europa consumimos cerca de 60 kg de azúcar por año y habitante.

Cabe señalar que estas cifras son promedios, es decir, que una gran mayoría de nosotros consume hasta 130 kg de azúcar al año. ¡Menuda cifra! ¿Cuánto le dura un paquete de azúcar?

«En primer lugar, no hay ninguna necesidad biológica de azúcar, todas las necesidades de la nutrición humana pueden colmarse perfectamente sin tener que tomar una sola cucharadita de azúcar blanco, de caña o de azúcar sin refinar, como el que se encuentra en los alimentos o las bebidas. En segundo lugar, si únicamente tuviese que revelarse y contabilizarse una pequeña fracción de lo que ya se conoce en relación con los efectos del azúcar, este aditivo alimentario se prohibiría en seguida» (doctor John Yudkin, en el año 1970).

«La única diferencia entre la dependencia de la heroína y la del azúcar es que este último no tiene que inyectarse, sino que puede consumirse inmediatamente, ya que está disponible y no se considera una lacra social. Sin embargo, el poder de la dependencia del azúcar es tan fuerte como el de la dependencia de la heroína» (doctor Abram Hoffer, en el año 1980).

Cuando se explican los inconvenientes del azúcar, las reacciones suelen ser agitadas. Nos defendemos como los toxicómanos. Si se analiza la situación con más detalle, dejar de consumir azúcar provoca la aparición de los mismos síntomas que los que acompañan a la abstinencia de cualquier droga.

Tanto con un caramelo como con un buen trozo de tarta, estará infligiéndole a su organismo una ración muy rápida de azúcar. El páncreas reaccionará secretando insulina y, sorprendido por la cantidad de azúcar que ha llegado de forma tan rápida, producirá demasiada, lo que hará descender los niveles de glucosa en la sangre a límites más bajos de lo normal, se verá afectado por un hambre de lobo, deseará ingerir más azúcar, se pondrá nervioso, ansioso, incómodo, estará padeciendo la famosa hipoglucemia.

La glucosa tiene una importancia fundamental en nuestro organismo. Las células de nuestro cuerpo la necesitan para poder funcionar, para vivir. Ese azúcar tan necesario es extraído de nuestra alimentación cotidiana. Sin embargo, debemos dosificar las aportaciones. En los cereales integrales, las frutas y las verduras[17] encontramos fibras que favorecen la absorción progresiva de los glúcidos.

En la harina blanca, el azúcar blanco, el alcohol y todos los productos «refinados», es decir, aquellos a los que se les han retirado todos los elementos vitales y, en consecuencia, las fibras, la transformación es demasiado rápida y el aporte de azúcar, demasiado excesivo.

El nivel de glucosa en la sangre debe permanecer constante, a razón de un 1 gramo por litro. En ausencia de insulina, el nivel de azúcar aumenta de forma excesiva y entonces aparece la diabetes. Si el páncreas, que es demasiado sensible a la glucosa, secreta demasiada insulina, hablaremos de hipoglucemia y se manifestarán los siguientes síntomas: boca seca, ardores, zumbidos en los oídos, memoria con lagunas, hipersensibilidad al ruido y la luz, dificultades para respirar, halitosis, fuerte olor corporal, náuseas, sofocos y, en el aspecto emocional, alternancia inexplicable de momentos de euforia y depresivos. Los «bajones» inexplicables suelen estar originados por una simple crisis de hipoglucemia.

El gusto por el azúcar se desarrolla rápidamente, aunque el azúcar refinado que consumimos con glotonería es peligroso. El metabolismo de la glucosa es frágil. Cuando se desajusta, se ven afectadas todas las células, y el funcionamiento de nuestro organismo queda trastornado. La repercusión es global y altera tanto las funciones musculares, nerviosas y emocionales como las mentales. Sentimos cansancio, nerviosismo, angustia, dificultades para concentrarnos, para memorizar, etc.

Vivimos en una auténtica «civilización del azúcar». No olvidemos que es también una civilización angustiada y estresada. La diabetes y la hipoglucemia crónica se expan-

---

17. Los cereales integrales aportan el 100 % de glucosa, las verduras entre un 3 y un 20 %, la fruta entre un 10 y un 20 %, las proteínas un 58 % y las grasas un 10 %.

den. El abuso de la glucosa es un factor importante del envejecimiento, favorece la arteriosclerosis, causa dolores musculares múltiples, desempeña un papel agravante en muchas afecciones, sin contar con las molestas curvas con las que nos disfraza y contra las que cada año luchamos regularmente cuando se acerca el verano.

No despreciemos las consecuencias de la pasión por el azúcar, de la habituación progresiva ni de la hipócrita dependencia en la que nos sume. Protejamos al menos a nuestros hijos.

Recordemos que el azúcar refinado es absorbido demasiado rápido por nuestro metabolismo y resistámonos a la tentación de dar a los bebés agua con azúcar para tranquilizarlos. Evitemos también los «potitos» dulces para bebés. No cabe duda de que son buenos (al menos, su sabor), es cierto que a los bebés les gustan, pero no todo lo que se venda en la farmacia, ese «espacio de salud», tiene que ser obligatoriamente inocuo.

Hagámoslo por nosotros mismos, sin necesidad de desechar totalmente cualquier dulce de nuestra alimentación. Como mínimo, abramos los ojos ante la toxicidad que producen a largo plazo los excesos de azúcar. Podemos limitar los estragos consumiendo preferentemente productos no refinados, azúcar de caña y harina integral, que contienen fibras que ralentizan la asimilación de glucosa.

En caso de depresión, dé preferencia al arroz integral en lugar de a la confitería industrial y tenga cuidado con los edulcorantes sintéticos, no todos son buenos y, además, la denominación «sin azúcar» no significa necesariamente «sin calorías».

10

MEDIO AMBIENTE Y CONTAMINACIÓN

Algunas catástrofes ecológicas pretenden abrirnos los ojos en relación con los riesgos que corren nuestras vidas. Gaia, la Tierra, absorbe nuestros excesos en la medida de lo posible, a pesar de que los diversos tipos de contaminación, ya sean de aire, agua o tierra, y la contaminación química, acústica y radioactiva agreden a nuestro organismo, aunque también alteran nuestras capacidades relacionales e intelectuales.

Cuando nuestro cuerpo está ocupado defendiéndose, resistiendo a un agresor, la disponibilidad con el otro o con la tarea no es, evidentemente, la misma que cuando estamos en un entorno sano y protector.

El ruido

En la actualidad, el ruido constituye una de las molestias más frecuentes que solemos mencionar en las encuestas sobre la evaluación de la calidad de nuestro entorno.

La mayoría de las personas que viven en edificios construidos a principios de los años sesenta estiman que uno de los principales defectos de sus viviendas es la mala insonorización. Es un hecho: varios millones de personas viven en una vivienda expuesta a un nivel acústico exterior «inaceptable», es decir, un nivel que les afecta en el sueño, las conversaciones, la escucha de la radio o la televisión. El límite acústico máximo que recomienda la Organización Mundial de la Salud (OMS) es de 65 decibelios.

El ruido de los transportes, el 80 % del panorama acústico urbano, es, con diferencia, la fuente más importante de las molestias acústicas. Los fabricantes de automóviles y de transportes públicos se esfuerzan de una manera u otra por hacer que los motores sean más silenciosos, aunque cada vez hay más automóviles y, además, todavía hay demasiadas personas que valoran su poder por el estruendo de sus motores. El parque automovilístico crece sin cesar, el tráfico aéreo se multiplica y la población urbana incrementa. Nos acostumbramos al ruido, el aumento del nivel acústico se extiende por todas partes.

A continuación indicaré algunas cifras que ponen de relieve la inflación sonora en estos últimos años. En 1967, los Beatles contaban con tres amplificadores de 30 V, Pink Floyd disponía de 1.000 V en 1970, Bob Dylan de 120.000 V y, en la actualidad, los conciertos llegan a tener hasta 60 altavoces de 40.000 V. ¡Cómo no van a afectar al oído!

Además de las afecciones auditivas, en el sector industrial se han observado diversos tipos de accidentes: el ruido provoca muchas bajas laborales, cansancio excesivo, irritabilidad, y altera la productividad en todos los sitios, desde las escuelas hasta las empresas.

Annie Moch, profesora adjunta en el Departamento de Psicología de la Universidad París VIII, se ha interesado de forma especial en la psicología del entorno y en el estrés que este genera (*La Recherche*, n.º 203, octubre de 1988). Por una parte, ha comprobado que hacemos demasiado ruido, por lo que ya no cantamos, sino que nos contentamos con recibir música, y, por otra parte, que el ruido impide la comunicación, pero no sólo en el aspecto acústico, puesto que un entorno ruidoso incrementa la agresividad y el número de conflictos, y disminuye la sensibilidad y el interés por el otro. Moch realizó un experimento: en una calle, una persona escayolada simuló una caída y los libros que llevaba se esparcieron por el suelo. Esta persona modificó el nivel acústico de la calle (cantidad de coches, transeúntes que hablan en voz alta, obras y taladradoras). El resultado: un 60 % de los transeúntes se pararon y ayudaron a la persona a recoger sus libros con un nivel acústico de 50 dBA; sin embargo, con 100 dBA, el porcentaje descendió hasta el 35 %.

En un entorno muy tranquilo, todo el mundo ayuda a una persona con dificultades. Sin embargo, si el ruido domina demasiado el entorno (máquina cortacésped, taladradora, etc.), los transeúntes ni siquiera se dan cuenta de la escayola.

También se ha realizado una gran cantidad de experimentos sobre los efectos perjudiciales del ruido en el aprendizaje escolar. El porcentaje de errores de comprensión del discurso del maestro se multiplicó por cuatro en las aulas expuestas al ruido y por ocho si se abrían las ventanas. Los bostezos, la agitación psicomotora y el desinterés pueden derivarse sencillamente del ruido ambiental.

Todos estos resultados, no obstante, no modifican las costumbres... Las construcciones actuales no parecen tenerlo en cuenta, las aulas de las escuelas e institutos siguen contando con una mala insonorización. Los niños, aunque también los adultos, se distraen más, toleran menos la frustración, tienden a abandonar rápidamente un trabajo que consideran difícil.

El ruido perturba la salud, la comunicación y el trabajo.

Todo depende de la interpretación

Laura vive en una pequeña casa cerca de un aeropuerto y padece estrés acústico: «Me gusta ver pasar los aviones; sin embargo, lo que no soporto es al perro de los vecinos. Cuando sale a pasear y ladra para entrar, sé, desde que lo oigo salir, que en unos minutos va a ladrar para entrar, es insoportable».

El ronroneo del motor de la nevera que se pone en marcha, el reloj que desgrana las horas, el despertador y su imperturbable tictac molestan a algunos hasta el punto de impedirles dormir y reconfortan a otros, que, acunados por esos sonidos familiares, duermen a pierna suelta.

De un día a otro, podemos presentar una sensibilidad diferente. La tolerancia a los ronquidos, por ejemplo, está sujeta a las grandes variaciones en función de las relaciones que se mantengan con el que los produce. Los ronquidos pueden ser enternecedores cuando se está enamorado, reconfortantes cuando se tiene miedo de perder a la pareja (si se le oye es que está ahí), insignificantes cuando todo va bien en el día a día, pero pasan a ser insoportables cuando uno se muestra «frío». Los ronquidos no cambian, es usted el que cambia, su percepción.

Espacio vital

Sabemos que los animales necesitan disponer de su espacio vital, de su territorio, pero los seres humanos también.

Los animales que viven en colectividad forzosa padecen tuberculosis y otras enfermedades. Las observaciones realizadas en cérvidos, ratas almizcladas, *lemmings* y otros mamíferos han revelado que cuando la proliferación supera la capacidad de un territorio dado, el estrés desencadena reacciones que provocan la disminución de la fecundidad, el aumento de la mortalidad y, en consecuencia, un descenso de la población.

En una isla de la costa de Maryland se introdujeron cérvidos. La población aumentó hasta los 300 individuos, lo que superaba notablemente las capacidades del lugar. En un breve espacio de tiempo murieron 200 cérvidos. Al realizarles la autopsia, se percibió que las glándulas suprarrenales presentaban hipertrofia e indicios de enfermedad renal crónica, es decir, que murieron de estrés.

Afortunadamente, el hombre no es cérvido, posee un cerebro que le permite mentalizar, simbolizar y, de este modo, poder organizar la realidad y sobrevivir en lugares en que el cérvido no puede. De esta forma, el ser humano sobrevive en ciudades superpobladas, en viviendas demasiado pequeñas e incluso en campos de concentración o, como ya viene siendo frecuente por desgracia, en campos de refugiados. El hombre, al refugiarse en su espacio interior, resiste a condiciones que son insoportables para los animales.

Los pasajeros del metro se someten dos veces al día a la prueba de reducción de su espacio vital. La muchedumbre se suma al ruido. Al igual que los niños en las clases con exceso de alumnos, se abstraen en sus espacios interiores o se hacen violentos, se protegen mediante la indiferencia hacia el otro, aunque consiguen salir con vida.

Sin embargo, tener considerables capacidades de resistencia no significa que tengamos que aprovecharlas para permitir que otros seres humanos soporten condiciones de vida o de transporte insalubres. ¿Acaso la Tierra no es lo suficientemente espaciosa para acoger y alimentar a todo el mundo?

John Calhoun, del Laboratorio de Psicología del Instituto Nacional de Salud Mental US, coloca a cinco ratas bien alimentadas en un gran recinto de 100 m^2. Ha preparado todo tipo de comodidades y recursos: agua, alimentos, material para la construcción de madrigueras... ¡para unas 5.000 ratas! Sin embargo, transcurridos 27 meses, la población no supera los 150 sujetos. ¿Qué ha pasado? Algunos machos dominantes se reservaron un territorio personal espacioso con sus hembras, que defendían de cualquier intruso. El resto vivían en condiciones de superpoblación en el exiguo territorio que quedaba, dormían y se alimentaban en una masa confusa. Posteriormente, algunos grupos de machos dominados se organizaron para atacar a las hembras. Surgieron comportamientos sexuales anómalos y homosexuales en esas ratas, que pasaron a mostrar, en su mayoría, una actitud pasiva, insocial, manifestando mucha agresividad e incluso tendencias caníbales... ¿Le suena? Nada de antropomorfismo primario.

En el corazón superpoblado de la ciudad de Nueva York se registran dos veces más casos de suicidios, muertes accidentales, tuberculosis (?) y delincuencia juvenil, así como tres veces más de alcoholismo, que la media de la totalidad de la ciudad.

¿Se debe a la superpoblación, al paro, a la pobreza, a la inestabilidad de la vida familiar o a la desesperanza general de no poder salir nunca del cuchitril? ¿Acaso no está todo relacionado? Nuestro cerebro de humanos, la inteligencia de la que nos vanagloriamos no nos ha permitido ser mejores que las ratas. Algunos se reparten el 80 % (e incluso más) del territorio, de las riquezas y de los recursos, mientras que otros intentan sobrevivir con el 20 % restante.

El agua

Cada año bebemos una tonelada de agua y, antes de eliminarla, la filtramos y retenemos los nutrientes, los metales y los minerales, tanto los beneficiosos como los tóxicos. Cada vez hay más tóxicos. El grifo de la cocina nos envenena sin prisa pero sin pausa. El cloro y sus componentes organoclorados le dan ese sabor característico de agua de piscina. Deberíamos pensar algún día en contaminar menos el agua, en lugar de desinfectarla antes de ponerla sobre la mesa.

Todos conocemos y reconocemos los nitratos, aunque, como no se ven y nuestras papilas no los detectan, confiamos a las autoridades públicas la vigilancia de nuestra salud, olvidando rápidamente los asuntos políticos y financieros que ocupan a estas.

La OMS ha establecido para los adultos un límite de tolerancia de 45 mg/l. La CEE ha fijado un objetivo más limitado al fijar un máximo de 50 mg/l, aunque indica que debe respetarse un valor de referencia de 25 mg/l. El contenido de nitratos del agua municipal se publica periódicamente en los ayuntamientos, pero muy poca gente acude a consultar el nivel diario antes de servirse un vaso de agua.

¿Qué efectos producen los nitratos en el cuerpo? Transformados en nitritos, oxidan la hemoglobina e impiden que los glóbulos rojos proporcionen oxígeno a los tejidos y amenazan a los niños con la cianosis.

Los nitratos pueden reaccionar en el organismo, con aminas de diverso origen (normalmente alimentario), formando nitrosaminas, elementos que son considerados cancerígenos.

El aumento de la actividad agrícola, junto con la expansión de los productos fitosanitarios, herbicidas, fungicidas e insecticidas, constituye un problema cada vez más grave. Los pesticidas se trasladan a las aguas subterráneas y los científicos temen los efectos a largo plazo de estas concentraciones. Todavía no se conocen bien los riesgos químicos. En el subsuelo existen otras sustancias, ¿qué combinaciones podrían producirse? Incluso las dosis ínfimas pueden llegar a ser infinitamente contaminantes.

Por otro lado, están la ganadería industrial, los abonos de los cerdos, los gallineros... Si consideramos el número de cerdos por metro cuadrado y si los granjeros respetasen las normas de esparcimiento de los abonos, probablemente la superficie del país se quedaría pequeña. Pero las normas están para saltárselas. Si desea beber agua más pura deberá limitar el consumo de jamón.

Consuma preferentemente agua mineral en lugar de agua municipal, que también contiene, en cantidades variables y relativamente nocivas, plomo, sulfatos, cromo, mercurio, níquel..., por mencionar sólo algunas sustancias. También puede hacerse con un aparato que purifique el agua (cerciorándose de que filtre los nitratos).

Atmósfera, atmósfera

En el aire hay CO^2, por la contaminación de los coches, las fábricas, los humos, etc. Sin embargo, también hay otras fuentes de contaminación atmosférica que respiramos; a pesar de que no las percibimos, podemos detectar los daños que producen.

Una gran cantidad de las afecciones registradas en las oficinas están asociadas a las dificultades respiratorias. Durante mucho tiempo, los responsables se escudaron en la explicación del tabaco. Aunque el tabaco es una sustancia tóxica que debe prohibirse, la contaminación de las oficinas se debe, en gran medida, a otra causa: la climatización y la ventilación defectuosas.

Cuando la humedad supera el 70 %, las esporas microbianas se desarrollan a su antojo. Cuando esta es inferior al 40 %, las gargantas se secan y aparecen las irritaciones de las mucosas nasales y los ojos, las toses, los estornudos y las dificultades respiratorias.

Los filtros de los tubos de ventilación se obstruyen debido a un mantenimiento deficiente. El moho y los detritos invaden los tubos. La climatización ventila entonces un aire viciado por bacterias o gases nocivos.

No intente protegerse o curarse en un hospital, ya que estos son lugares con contaminación microbiana, que ostenta el récord de toxicidad en edificios.

La contaminación del aire a través de una climatización defectuosa o de un mantenimiento deficiente es invisible, por lo que suscita pocas quejas, aunque lo invisible suele ser incluso más perjudicial que algunos de esos humos tan negros y evidentes.

Casas enfermas

En Francia, se han detectado 22 casos de cáncer en 24 casas de un barrio de la región de Franche-Comté; estas casas se construyeron sobre fallas del subsuelo que secretaban microenergías patógenas. En 1975, en Estados Unidos, un barrio entero de 33 edificios modernos habitado por 10.000 personas tuvo que ser dinamitado en virtud de una decisión de la Administración; en una investigación oficial se había detectado una frecuencia anormalmente elevada de enfermedades nerviosas y degenerativas.

No se trata de una impresión ni de un mito: hay casas en las que nos sentimos bien y otras en las que no estamos cómodos. Hay habitaciones de una casa donde nos sentimos bien y otras donde nos sentimos «raros». Escúchese a sí mismo, confíe en sus sensaciones y acuda a la consulta de un geobiólogo.

Los edificios de hormigón no sólo son fríos e impersonales. El hormigón únicamente puede utilizarse con estructuras de apoyo metálicas que vibran y que no siempre estarán en su misma onda. Recubra las paredes con algodón, con virutas de madera o fórrelas con corcho, tierra o ladrillos. Cubra también el suelo con madera o alfombras de lana o algodón. Notará la diferencia. Haga la siguiente prueba: con los ojos cerrados, pase la mano a unos centímetros por encima del bloque de hormigón y después por un ladrillo de terracota.

Las paredes que le rodean son como una tercera piel (después de la ropa) y, como todas las pieles, necesitan respirar.

Contaminantes invisibles

Estamos rodeados de contaminantes invisibles, hasta en nuestras propias casas. Muchos muebles e incluso algunos objetos de madera con aspecto inofensivo emiten formol (formaldehído) procedente de las resinas usadas para su fabricación. El formol provoca irritación de las mucosas, los ojos y las vías respiratorias, síntomas cuyas causas nos resultan, por lo general, desconocidas, ya que no pensamos que el causante sea nuestro mobiliario.

Los cuadros emiten durante años contaminantes que generan, en primer lugar, problemas respiratorios y alergias (que trasladamos mediante el mecanismo de las fobias a los pelos de gato) y, en segundo lugar, problemas más graves, como tumores o enfermedades autoinmunes.

El hada Electricidad

Las centrales nucleares esparcen su amenaza y nos intoxican de cualquier modo con sus residuos. En España la producción de electricidad de origen nuclear desde mediados de los años ochenta ha sido siempre superior al 25 %.

No obstante, existen otras opciones más seguras y baratas, aunque cabe decir que también menos rentables para algunos.

Hoy en día, estamos rodeados de campos electromagnéticos, de líneas y cables que invaden el espacio. El aire está saturado de radiaciones: radares, radio, televisión..., sin mencionar las microondas que salen de su horno (hágase inmediatamente con un detector de fugas).

La electricidad nos ofrece tantas comodidades que nos hemos acostumbrado a considerarla inofensiva. No cabe duda de que es nuestra amiga, pero las pérdidas de electricidad que saturan nuestros hogares y despolarizan los campos magnéticos provocan muchas molestias. Desconecte las que puedan serlo por la noche y descubra la comodidad del «silencio electrónico».

En cuanto a las líneas de alta tensión, las distancias de protección varían en función de la tensión y del grado higrométrico del aire, aunque cabe decir que, a grandes rasgos, una línea de 450.000 voltios (de 3 cables) es muy peligrosa a 400 metros. Las protecciones más eficaces son los árboles, los setos, la hiedra y, en general, cualquier planta. El principio es el de la puesta a tierra.

En su casa también deberá conectar todos sus aparatos eléctricos a una toma de tierra de calidad cuyo ajuste encargará a un profesional.

La televisión

Pasamos muchas horas delante del televisor. ¿Hemos valorado los efectos? Los rayos X emitidos por el cañón electrónico no se cuestionan, debido a que el cristal de los tubos catódicos contiene plomo, aunque la frecuencia de barrido del foco luminoso es problemática.

Conscientes de ello, los fabricantes han intentado mejorar el producto, de manera que se lanzan al mercado pantallas nuevas (en 1992 aparecieron procedimientos no tóxicos en Japón, aunque el proteccionismo obliga a agotar las existencias). La mayoría de los hogares cuentan con televisiones en las que un foco luminoso barre la pantalla 50 veces por segundo, cansando la vista y el cerebro.

Las 265 líneas horizontales que forman la imagen se renuevan 50 veces por segundo. Un leve deslumbramiento suele percibirse de forma notable cuando los elementos se contrastan y las superficies son considerables.

Este fenómeno produce los mismos efectos que la estroboscopia.

La duración del uso de los *flashes* estroboscópicos en las discotecas está reglamentada, aunque no el tiempo que se pasa delante del televisor.

La televisión tiene un efecto excitante en nuestro ritmo cerebral, lo que explica, además de la fascinación por las imágenes que se mueven, que sea tan difícil despegarse de ella.

Hasta 9 ciclos por segundo, o 9 Hz, el cerebro registra los centelleos de una lámpara que parpadea.

Si se superan los 10 Hz, el cerebro ya no intentará seguir el ritmo y considerará dichas vibraciones como una luz continua. No obstante, cuanto más lenta sea la frecuencia, más importante será el cansancio visual. En una habitación en la que no haya otro tipo de iluminación, este cansancio se acentuará y se perderá la noción de la distancia, lo que provocará consecuencias psicológicas.

Algunos programas deben verse con una cierta distancia, algo que es especialmente cierto en el caso de los niños, por lo que los padres tendrán que estar presentes ante la televisión cuando el niño la esté viendo para ayudarle a mantener la distancia.

Las cámaras de gas para las piñas

Nuestros alimentos han cambiado enormemente en los últimos años: el cultivo intensivo, los abonos químicos y la manipulación genética compiten con ingenio con los nuevos modos de preparación, conservación y presentación de los alimentos.

Apenas nos hemos cuestionado el impacto de estas técnicas industriales sobre lo que comemos y, en consecuencia, sobre nuestra salud.[18] La industria alimentaria utiliza normalmente entre 2.500 y 3.000 aditivos, lo que significa concretamente que cada consumidor ingiere, de media, 2 kg de aditivos químicos cada año.[19] El estrés químico es acumulativo y, con frecuencia, más peligroso en pequeñas dosis repetidas que en una única dosis grande.

Nos hemos acostumbrado a decir que las verduras ya no tienen el mismo sabor de antaño, que las frutas ya no tienen sabor ni olor.

Los plátanos, piñas, limones y aguacates recogidos demasiado verdes para facilitar el transporte pasan a cámaras con etileno, donde se dejan madurar antes de llegar a los mercados.

De los cereales ya sólo conservamos el almidón. La harina blanca se conserva muy bien, ni los gusanos ni los ratones se interesan por ella, ya no la consideran comestible. El azúcar blanco también está químicamente muerto. El jabalí salvaje contenía entre un 4 y 5 % de grasas. Ahora, la carne que compramos en el carnicero contiene entre 25, 35 e incluso un 40 % de grasas. Comemos una cantidad enorme de proteínas animales, carne, huevos y productos lácteos, y menos de pescado. El excedente de proteínas fatiga al hígado y a los riñones y puede provocar en el adulto un descenso del calcio, es decir, una desmineralización ósea.

El aceite que se encuentra normalmente en las tiendas se obtiene mediante la presión en caliente. La conservación es mucho mejor. Este no se altera, ni puede ponerse rancio, ya que no contiene elementos vivos, ha perdido todas sus vitaminas.

La mano del hombre ha retocado casi la totalidad de las sustancias que ingerimos diariamente. Las transformaciones que el ser humano impone a la naturaleza para su comodi-

---

18. Consulte el excelente artículo de Léonard Cohen «L'alimentation et le cancer» (La alimentación y el cáncer) en la revista *Pour la science*, n.º 123, de enero de 1988.
19. Cifras de Estados Unidos, aunque nosotros no tenemos que andar muy lejos.

dad y para una mejor rentabilidad comercial se realizan con mucha frecuencia en detrimento del gusto, los sabores y la calidad nutritiva de los productos. Para atenuar esta pequeña molestia, no hay problema, se añaden potenciadores del sabor, colorantes, «sustancias mejoradoras», y se venden en farmacias «complementos vitamínicos» para remediar las carencias alimentarias. Un poco absurdo, ¿verdad? «Así es el sistema», pero ¿cuáles son las consecuencias de estas carencias para nuestra salud?

Intoxicación hipócrita

Los alimentos son el combustible de nuestro organismo. El estrés es una consecuencia fisiológica, exige una movilización energética importante, ya que tenemos que proporcionar a nuestro cuerpo los recursos que necesita. Los alimentos no aptos o carentes de elementos vitales nos debilitan y no ofrecen al organismo lo que necesita para superar el estrés emocional. Al alimentarnos mal, reducimos nuestra energía y debilitamos nuestras capacidades de adaptación.

Sin privarnos totalmente de todas las golosinas inventadas estos últimos años, podemos evitar absorber tanta cantidad de tóxicos. Lo físico y lo psíquico están íntimamente relacionados. Los mecanismos psíquicos dependen de las células del cerebro, de su funcionamiento y, por tanto, de su alimentación.

En las ciudades vivimos en un estado de tensión y de agitación casi permanente. Los alimentos del ciudadano medio saturan el organismo con grasas animales, proteínas y azúcares, así como con productos desnaturalizados que agravan el estrés y cansan al organismo. Nuestras células están, a la vez, saturadas y con carencias, lo que provoca estados de excitación excesiva. El problema es que somos resistentes. Hemos acostumbrado a nuestros estómagos a digerir hasta tal punto, que este ya no se queja cuando le damos una hamburguesa con queso y patatas fritas. Peor aún, si le privamos radicalmente de lo que se ha convertido en una «droga», este reacciona. Si deja de golpe el azúcar, la carne y el café se sentirá vacío, flojo, deprimido. Si come ensalada, verduras, hortalizas, etc. se verá asaltado por las diarreas. Si se pasa al arroz y al trigo integrales tendrá digestiones pesadas. El pan integral ha pasado a ser pesado. Cabe decir que podemos absorber tanta cantidad a la vez de arroz como de pan blanco, ya que nos hemos acostumbrado a sustituir la calidad por la cantidad.

Estas reacciones de nuestros organismos, que suelen interpretarse precipitadamente como pruebas de que nuestro cuerpo no «soporta las verduras», nos reconfortan y reafirman en la idea de que podemos seguir comiendo impunemente lo que las industrias alimentarias nos proponen. Además, nos tranquilizamos con la ecuación «si todo el mundo lo hace, será que está bien». Nos tranquilizamos con la ilusión de que «si el mercado autoriza los productos, será porque no son tóxicos», olvidando las cuestiones financieras que animan a los industriales.

Desconocemos la importancia del problema. «Todo el mundo lo hace así y no parece que les vaya mal». Nos negamos a enfrentarnos a la realidad y a ver una relación de causa-efecto entre nuestro modo de alimentarnos y nuestra salud, como si fuese posible que la alimentación no tenga una repercusión sobre el funcionamiento del organismo. Además, los médicos suelen ser cómplices y muy pocos son los que preguntan a sus pacientes lo que comen antes de redactar las recetas.

La alimentación suele ser penosa incluso en los hospitales.[20] Sin mencionar los constantes errores de cálculo dietético, ¿es consciente del contenido vitamínico del plato de comida que llega a la cama del paciente?

Las investigaciones son cada vez más numerosas y los resultados se orientan en el mismo sentido. La relación entre el consumo periódico de algunos alimentos y las enfermeda-

---

20. Salvo en Suecia, donde la agricultura biológica está subvencionada por el Estado y muchos hospitales y colectivos tan sólo se abastecen con verduras de cultivo biológico. Revista *Silence*, n.º 120-121, septiembre de 1989.

des se ha puesto de manifiesto en muchas ocasiones. Sin embargo, preferimos colocarnos una vacuna contra la arteriosclerosis o pasar por la mesa de operaciones en vez de modificar nuestras costumbres alimentarias. Competimos en inventiva a la hora de poner en marcha una impresionante maquinaria médica y permanecemos sordos y ciegos ante la prevención, a pesar de que sabemos que las personas que comen carne ponen en peligro su sistema cardiovascular; que el aceite de pescado retrasa las enfermedades autoinmunes y atenúa algunos síndromes inflamatorios; que el pescado protege el corazón y que con tan sólo dos raciones de pescado a la semana se evitan muchos problemas; que las grasas vegetales permiten una reducción del nivel de colesterol sanguíneo y desempeñan un papel importante en la protección cardiovascular; que 3 manzanas al día permiten evitar la arteriosclerosis; que la sal con la que salpimentamos alegremente nuestros platos favorece la hipertensión.

Sí, el cuerpo se adapta, pero hay que tener cuidado, porque en poco tiempo nos pasará factura. Al sistema digestivo, todo esto le pasa desapercibido, se contenta con lo que se le da, «resiste». Para aguantar, a pesar del estado de carencia en el que la comida industrial nos sume, necesitamos estimulantes: azúcar, tabaco y alcohol, un auténtico círculo vicioso.

Abramos los ojos

Si cerramos los ojos hasta ese punto sobre la importancia de este problema, esto significa que no pensamos que pueda remediarse. «Es así, son las desventajas del progreso, somos demasiados...». Pues no, es falso. Hay suficientes alimentos en la Tierra para poder estar todos bien alimentados. Recuerde el experimento de las ratas.

Es cierto que la alimentación sana es más cara, que ir a buscar huevos puestos por gallinas en libertad en un prado es más difícil que ver cómo se llenan las cajas automáticamente con la puesta en batería. ¿Y el sabor de los huevos? Lo olvidamos. Pero ¿qué contienen esos huevos puestos por gallinas que nunca han visto el sol y que sólo se alimentan de pienso sintético? Con motivo de las cuotas lecheras, si tiramos leche porque producimos demasiada, ¿será la única solución crear vacas que, a través de la manipulación genética, produzcan aún más? Nuestro sistema económico nos lleva a cometer actos absurdos,[21] mantiene un sistema estresante que nos separa cada vez más de la tierra y de nosotros mismos.

«¡Y pensar que bastaría con dejar de comprar para que no se pudiese vender!», afirmaba el humorista francés Coluche. No nos engañemos acusando a los demás... Tenemos lo que nos merecemos. Al ser consumidores, nuestra responsabilidad estará implicada al cien por cien.

Los alimentos terrenales

Comer sano, en general, es comer alimentos que no estén tratados químicamente, ni manipulados por el hombre. Cada uno deberá buscar la dieta que más le convenga, sin llegar a obsesionarse.

Veamos algunas de las acciones que se reconocen como positivas.

Un tercio de alimentos crudos en cada comida le garantizará el aporte de elementos vivos, siempre y cuando no los corte demasiado ni los ralle. Las verduras y las frutas se oxidan rápidamente. Las zanahorias, por ejemplo, se quedan sin vitaminas si se rallan. Los vegetales contienen fibras que trasportan alimentos, aseguran una mejor digestión y evitan las sobrecargas. Las grasas son necesarias, constituyen los bloques de construcción de nuestro sistema de defensa. Con todo, hay que tener cuidado con las grasas animales, que favorecen los depósitos de colesterol en las arterias. Los

---

21. Véase el excelente artículo de Claude Julien «La faute gestionnaire» (El fallo de la gestión), acerca de cuando la economía olvida su finalidad humana, publicado en *Le Monde Diplomatique* en febrero de 1988.

resultados de la investigación médica nos recomiendan los aceites de girasol y de oliva (tienen funciones diferentes) y, por supuesto, aceites con la primera presión realizada en frío.

Si le gusta la carne, elija la procedencia, compruebe que el animal que va a comerse ha visto la luz del día, ha bebido leche de su madre, ha pacido en la fresca hierba y ha jugueteado en la naturaleza. El cordero es apreciado por ofrecer la carne más sana, ya que todavía no se ha podido llevar a cabo una crianza a nivel industrial. En la actualidad, todavía pueden encontrarse auténticos carniceros que se manifiestan «contra la carne anónima» y que muestran la historia del animal que les ofrecen. Con todo, sustituya dos veces por semana el filete por el pescado (comprobando que la lata de atún no contiene delfín).

En periodos de estrés, los hidratos de carbono complejos (pasta, arroz, cereales, pan integral), y no las proteínas, son las mejores fuentes de energía, calor y resistencia.

¿Necesita un aporte rápido de energía? Los cítricos y los frutos rojos contienen azúcar y vitamina C, necesaria para la síntesis de adrenalina y de corticoides.

Los cacahuetes, los anacardos, las almendras, los cereales y el germen de trigo contienen mucho magnesio y se pueden comer como tentempié o añadir a las comidas en sustitución de las cápsulas de magnesio farmacéutico.

Al darle a su cuerpo alimentos que no le convienen, se introduce en la espiral del estrés. Además, hay que distinguir entre energía y excitación. Para colmar las carencias, se suele tender en exceso a favorecer los excitantes en detrimento de una alimentación energética auténtica.

Una alimentación sana aporta a nuestro cuerpo los recursos que necesita para adaptarse. Por el contrario, una mala dieta alimentaria es un factor que agrava las repercusiones físicas del estrés.

La misma cantidad de hormonas inflamatorias (las mismas que emitimos naturalmente en momentos de estrés físico o emocional) inyectada a ratones de laboratorio provoca daños en riñones e hipertensión en los animales sometidos a una dieta rica en sal, sin causar ningún efecto en los ratones que siguen una dieta sin sal.

Estar en forma y lleno de energía nos ayuda a sentirnos bien. Hay que buscar el equilibrio entre lo físico y lo psíquico, porque lo uno influye sobre lo otro.

11

SOMOS LOS ARTESANOS DE NUESTRAS VIDAS

Somos los artesanos de nuestras vidas y los responsables de nuestras desgracias o de nuestra felicidad. Evidentemente, no podemos controlar lo que nos sucede, pero siempre tenemos la absoluta libertad sobre nuestra forma de vivir.

«Concédeme, Dios mío, serenidad para aceptar lo que cambiar no puedo, valor para cambiar lo que cambiar se pueda y sabiduría para discernir la diferencia» (Reinhold Niebuhr).

Cambiar lo que cambiar se pueda

Somos directamente responsables de una buena parte del estrés que vivimos. Como hemos visto, nos estresamos cada vez que nos mostramos pasivos ante la vida, cada vez que retrocedemos ante el cambio, cuando nos conformamos con las exigencias exteriores (reales o hipotéticas), cada vez que, con el fin de que los demás nos acepten, no respetamos nuestros límites, nuestras necesidades ni nuestros ritmos naturales.

Nos estresamos al reaccionar de forma desproporcionada ante sucesos, inquietudes o ataques de rabia. Nos estresamos al permanecer sometidos a la influencia de emociones como el miedo, la ira, la tristeza, la culpabilidad o el resentimiento. Nos estresamos al despojarnos de valor. Nos estresamos al seguir creencias absurdas como estas: «El valor de uno mismo depende de la cantidad de trabajo realizado», «Debemos mantenernos ocupados», «Hay que esforzarse para alcanzar el éxito», «El mundo es hostil, para sobrevivir es necesario pelear», «Hay que darse prisa», «Debemos ser fuertes y no mostrar las emociones», «Tenemos que buscar la perfección», «Hay que complacer al resto» y otros muchos «hay que» y «debemos».

Escuche la diferencia entre «Tengo que fregar los platos» y «Voy a fregar los platos». El resultado es el mismo: fregar los platos. Sin embargo, la cantidad de energía movilizada es mucho mayor cuando pienso «hay que». Hay que cambiar todos los «hay que» por «quiero», «voy a», «he decidido», «tengo ganas de», etc. ¿Por qué no lo hacemos? Aunque parezca muy sencillo y fácil, detrás hay una idea profundamente arraigada en nosotros: «Si no nos obligamos, no haremos nada».

Trabajamos para colmar un sentimiento de inexistencia. ¿Y si volviéramos a aprender a trabajar por placer, por puro deseo de expresión, para emplear nuestras competencias, realizarnos y crear?

La confusión se inicia, como siempre, en la infancia. Los padres suelen creer que si no están siempre detrás de sus hijos, si no les dan la lata para que se esfuercen, estos no harán nada. Los padres piensan que las tareas escolares son fastidiosas y nadie querrá hacerlas a menos que esté obligado. Pero eso es falso. Por naturaleza, todo el mundo tiene ganas de aprender, de descubrir y de avanzar. Todo el mundo tiene ganas de adquirir conocimientos y de desarrollar sus capacidades.

Entonces, ¿por qué nuestros hijos se resisten tanto a hacer los deberes? Ahí radica todo el problema, se trata de «deberes», están obligados a hacerlos y a nadie le gusta hacer algo a lo que está obligado.

Los padres tienden a presentar las tareas como un castigo, como una etapa obligada, antes de poder irse a jugar. Se niega el placer de aprender y también es cierto que en la escuela el panorama no mejora. Por lo general, la organiza-

Somos los artesanos de nuestras vidas 235

ción escolar tampoco se basa en un modelo de placer. Al asociar el trabajo duro y la obligación hemos conseguido inhibir el deseo de aprender.

Muchas personas disfrutarían más de lo que hacen si no tuviesen la idea de que se trata de una obligación. Los desempleados no son especialmente felices y el sueño de alguien abanicándose en algún lugar del trópico sólo es atractivo ligeramente, porque es un sueño inaccesible. Las personas que no tienen nada que hacer al margen de ser servidos quizá disfruten de su poder y se embriaguen de su autoridad, pero no conocerán la felicidad de la realización personal.

Dejemos de pensar que somos vagos por naturaleza y que estamos obligados a obligarnos, porque así nos sentiremos mejor, y con nosotros, toda la sociedad (salvo los laboratorios farmacéuticos).

¿Quiere realizar un experimento? Necesita un «individuo». Pídale que se coloque de pie, que tienda un brazo de forma horizontal y que resista la presión a la que va a someterle para mover el brazo a lo largo de su cuerpo. La primera vez simplemente estará comprobando su resistencia muscular. No se apoye demasiado, no se trata de un ejercicio de fuerza, sino de una simple prueba. A continuación, deje que el individuo baje el brazo para relajarse. Después debe volver a subirlo a la posición horizontal. Esta vez, antes de apoyarse, y con una voz convencida, dígale: «Atención, es difícil, debes aguantar, esfuérzate, intenta resistir con todas tus fuerzas, debes conseguirlo...» y sométalo a la misma presión que antes. ¿Qué ha sucedido? Su sujeto se ve incapaz de oponer resistencia, ya no tiene fuerza. Deje que se relaje un poco nuevamente y pídale otra vez que levante el brazo. Dígale: «Eres fuerte, es fácil. Puedes conseguirlo, estás lleno de energía, eres resistente». El individuo se refortalecerá y usted deberá apoyarse con más fuerza para conseguir bajarle el brazo. Impresionante, ¿verdad? Se trata de una sencilla prueba del impacto de las palabras que utilizamos para motivarnos o motivar a otros. Todas las palabras que implican una obligación anulan nuestra energía; en cambio, las que indican posibilidad o permiso nos confieren energía.

Nos bloqueamos con obligaciones inútiles, a pesar de que no sabemos que lo son, ya que las aprendemos de nuestros padres, en los que confiábamos totalmente y a los que se lo «debemos todo» (es decir, la vida). Hemos aprendido a hacernos una imagen de nosotros mismos, una imagen de los otros y de la vida, y pensamos que el mundo funciona según esas imágenes.

Deshágase de los «hay que». Cada vez que haga algo porque deba hacerlo, pregúntese el por qué. Si la respuesta es «porque debo» y «porque es así», estas razones no bastarán. Encuentre otras o abandone la tarea.

Anule las citas a las que se sienta obligado a ir. Si no tiene ningún objetivo personal, si no hay ninguna motivación, será una cita inútil, tanto para usted como para el otro. Disminuya las llamadas. En definitiva, atrévase a decir que no. Con la excusa de respetar a los demás, se faltará con frecuencia el respeto a sí mismo. El camino para alcanzar el auténtico respeto del otro pasa por el respeto de uno mismo. ¡Aprenda a decir *no*!

Podrá interrumpir una reunión desastrosa. De todos modos, es inútil, no está memorizando nada, no piensa de forma clara, el contacto es defectuoso. Haga algo para modificar la situación o salga. Si se siente mal, quizá no sea, ni mucho menos, el único.

Para administrar su tiempo, debe saber establecer prioridades en las tareas y saber respetar las propias prioridades. Lo prioritario será lo que le permita realizarse, nunca lo que haga por obligación. Aprenda a ser paciente, hay muy pocas cosas que sean realmente urgentes. ¿Es un caso de vida o muerte? No, entonces no es urgente.

Deshágase de las obligaciones inútiles. Para ello deberá saber, en primer lugar, que son inútiles. Hable de ello con sus amigos. ¿Cómo lo hacen ellos? Revise todas las tareas que le parecen pesadas o que le quitan tiempo. Por ejemplo, la limpieza, que no tiene por qué hacerse a fondo todos los días. Si nuestras madres y abuelas la hacían con tanto celo era porque no tenían otra cosa que hacer y porque su sentimiento de estima hacia ellas mismas se basaba en su capacidad para sacar adelante una casa. «Me sentiría mal si la casa no estuviera en orden», dice Lucía. No obstante, ha decidido dejarlo estar durante una semana, sólo por probar. Nadie de su familia lo ha percibido y ella hasta se ha dado cuenta de que su casa era más acogedora: había dejado las cenizas sin recoger en la chimenea. Seguir la pista del polvo obliga a llevar a cabo un control perpetuo. Hay un término medio entre una pocilga y un palacio.

Aceptar lo que cambiar no puedo

A pesar de que no puede influir en las cosas, de que no puede intervenir en lo que le preocupa, aún puede influir en sus reacciones.

«Aceptar lo que cambiar no puedo» no quiere decir someterse pasivamente al agente estresante y renunciar a cualquier reacción, sino realizar un trabajo real de aceptación, es decir, sentir y expresar, en primer lugar, las emociones (primarias, evidentemente) con el fin de no dejar que el cuerpo se encuentre en posición de resistencia. También significa ocuparse de uno mismo en todos los aspectos: practique deporte y relajación, coma de forma más sana que de costumbre, recurra a sus amigos (el sentimiento de pertenencia constituye un apoyo fundamental), etc. Intente comprender, conocerse mejor a través de sus experiencias. Elija una actitud en función de lo que quiera ser, un comportamiento que le permita valorarse.

Expresiones y actitudes

Según un proverbio, «si se responsabiliza de la cabeza que tiene, deberá responsabilizarse de la cara que muestra», y parece ser que la «cara que mostramos» influye en nuestras sensaciones.

Lo psíquico influye en lo físico, y a la inversa. Frunza el ceño, apriete los labios, arrugue el mentón... ¿Cómo se siente? Los sentimientos se reflejan en su cara. Ni la tristeza, ni la ira, ni la alegría recurren a los mismos músculos. Esta comprobación aparentemente trivial tiene unas consecuencias importantes, ya que significa que, en el cerebro, las redes neuronales asocian la movilización de determinados músculos a un sentimiento y, por tanto, a determinadas reacciones fisiológicas. Por tanto, cada vez que su cara refleje una expresión emocional, toda su fisiología se modificará consecuentemente. Bastará con modelar los músculos de su cara para presentar una máscara de ira, para que la respuesta fisiológica de la ira se active. Entonces le invadirá una sensación de calor. Imite la cara de una persona asustada y se verá atravesado por un escalofrío.

El investigador Paul Ekman ha medido algunos parámetros fisiológicos incontrolables a través de la voluntad (para los seres humanos que no hayan realizado un entrenamiento yogui), como la frecuencia cardiaca o la temperatura de la piel. Unos actores, a los que se les registraban los latidos de corazón, iban mostrando de forma sucesiva expresiones típicas de tristeza, cólera, miedo, alegría, hastío y sorpresa. Los resultados fueron notables, ya que fue posible detectar la emoción expresada por el actor a partir de las modificaciones de su fisiología.

He aquí el porqué de que la tristeza atraiga a la tristeza. Sin disimular las emociones debajo de la máscara de la sonrisa, sería mejor intentar no conservar durante demasiado tiempo las máscaras del sufrimiento, ya que pueden mantener el dolor.

Nuestras emociones se corresponden con estados fisiológicos precisos, con actitudes, expresiones y pensamientos. En nuestras representaciones mentales, se asocian sensaciones, emociones, imágenes y palabras. La evolución de una parte de la representación recuerda el resto. Las palabras, en consecuencia, también tienen un impacto activador. Si usted dice o piensa algo, por ejemplo «Estoy cansado», su cerebro lo asocia a las diversas experiencias de cansancio que ha tenido en su vida y activa la producción de ácido láctico, el ácido que origina la sensación de cansancio. Estará como si le hubiese dado a su cuerpo la orden de cansarse. Evidentemente, si acaba de correr un maratón o de sufrir una agotadora jornada de trabajo, no le bastará con decirse a sí mismo que se encuentra en plena forma para recuperar toda su energía. No obstante, si repite permanentemente que está cansado, lo que hace es mantener el cansancio en su organismo. ¿Está hecho polvo? Levántese y abra los brazos. Levantarse da energía... Respire.

La vida de las emociones

Unos estadounidenses desembarcan en la tierra de los papús, que nunca han visto a un hombre blanco. «¿Qué cara ponen cuando acaban de perder a un hijo?», les preguntan a través de un intérprete y fotografían sus expresiones. De vuelta a Estados Unidos, los investigadores enseñan las fotos a los estudiantes, que identifican sin margen para el error... la pena.

En la actualidad, es un hecho totalmente aceptado en todo el mundo: las mismas contracciones musculares expresan el miedo o la sorpresa, la ira o la alegría.

A partir de esta base universal e innata (conscientes de la importancia de la sensibilidad más o menos grande de nuestros padres ante una u otra emoción), las convenciones culturales, las prohibiciones y los ritos de las civilizaciones han «educado» nuestras manifestaciones emocionales. Atenuadas, maquilladas o exageradas, conservan un valor relacional de comunicación e identificación con el grupo que las comparte, aunque tienden a perder su función primaria: permitirnos reaccionar de forma sensible y original a las situaciones a las que nos enfrentamos. Volvamos a la etimología del término *emoción*: del latín *ex movere*, «moverse fuera de». Wilhem Reich afirma que la emoción es el movimiento a través del cual la materia viva se expresa, se expresa, *ex-premere*: «desarrollar una presión interna *(premere)* en movimiento hacia el exterior *(ex)*».

Aquel que rechaza, niega y reprime sus emociones bloquea su energía vital. Estos bloqueos energéticos crean una auténtica coraza que endurecen su cuerpo y limitan su expresión.

Al reprimir nuestras emociones espontáneas o al maquillarlas para adaptarlas y hacerlas socialmente aceptables, perdemos una información valiosa acerca de nuestras experiencias psíquicas y, de este modo, una parte de nuestra libertad de ser. Lejos de encadenarnos, las emociones son las responsables de nuestra autonomía.

La represión de las emociones es una de las mejores herramientas de control social. El hombre, alejado de lo que siente, al no poder confiar en sus referencias íntimas, se deja influenciar. Se adapta con mayor facilidad, se somete a la autoridad e incluso es capaz de hacer lo que sería imposible que hiciera si estuviese más cerca de sí mismo.

La autonomía (de *auto*, «propio», y *nomos*, «leyes») significa regirse según las propias normas, cuando la opinión se basa en las referencias internas. Un ser que siente sus emociones sabe lo que es bueno y lo que es malo para él.

Tristeza, miedo, sorpresa, hastío, ira, alegría

Estos son los diferentes colores de nuestras experiencias: tristeza, miedo, sorpresa, hastío, ira, alegría. Estas son las seis emociones básicas diferenciadas por la fisiología. Cada una de ellas tiene una función.

La tristeza es la reacción ante una pérdida. Llorar alivia, algo que se sabe por la experiencia subjetiva, aunque también se dispone de una prueba objetiva gracias al análisis de la composición de las lágrimas. Las lágrimas provocadas por una irritación, por una mota de polvo en el ojo o al pelar una cebolla sólo contienen agua salada y algunos oligoelementos. Por el contrario, los llantos de emoción contienen hormonas de estrés. La expresión de la tristeza permite «digerir» una pérdida, guardar un luto.

El miedo es una reacción sana ante la aparición de un peligro. Desencadena un reflejo de protección, moviliza el cuerpo para atacar o huir.

La sorpresa se parece un poco al miedo, aunque las modificaciones de la frecuencia cardiaca son menos importantes. Unos cuantos latidos del corazón para asegurarse de reaccionar en caso necesario... y todo vuelve a la normalidad.

El hastío nos hace rechazar todo lo que pueda ser perjudicial.

La ira crea una energía expansiva, sirve para reafirmarse, para definir y defender los límites del propio territorio (físico o psíquico). Se trata de una energía de protesta contra la injusticia.

Por último, la alegría es la expresión del eustrés y se expresa a través de la risa y los gritos.

La ira

La ira no expresada se convierte en rencor y distancia. La expresión de la ira permite restablecer el vínculo amenazado. Juan regala a Julia un ramo de claveles. Julia detesta los claveles y recuerda perfectamente habérselo dicho el año pasado al pasar por una floristería. Se siente anulada. Tiene la impresión de que no la escucha, que no la reconoce. Está furiosa pero no dice nada. Sonríe a Juan y coge las flores, pero está ausente. Todo lo que él diga esa noche y quizá los días posteriores será interpretado y se le reprochará, creando un abismo entre ambos. Él, evidentemente, no tiene la menor idea de lo que pasa ni la menor información acerca de la actitud de Julia; simplemente, cree que ya no le quiere.

Si Julia se expresa y muestra su ira a Juan, le ofrecerá información sobre ella, sobre sus sensaciones, y permitirá que él exprese, a su vez, sus sensaciones, sus razones para elegir los claveles. De este modo, Juan podrá enmendar su error y restablecer la relación.

El problema reside en que cuando el otro tiene un comportamiento que no nos conviene, le asignamos una intención negativa. Nos cuesta imaginar que alguien que tenga intenciones positivas hacia nosotros pueda carecer de tacto y de consideración hasta tal punto. Nos olvidamos de que no todos tenemos el mismo mapamundi, de que el otro no posee las mismas ideas que nosotros ni las mismas referencias, porque no tiene por qué haber vivido necesariamente el mismo pasado.

Expresar la ira no significa ser violento. El paso al acto violento mantiene la ira en lugar de liberarla. Se ha comprobado en un laboratorio que los ratones que han tenido la oportunidad de pelearse son cada vez más agresivos. Con los hombres pasa lo mismo: pelearse, pegar a alguien, amenazarlo no favorecen la descarga de la agresividad. La razón insondable de esto es que, con mucha frecuencia, nuestra ira no tiene nada que ver con el otro, sino que es la expresión de una frustración propia y de un sentimiento de impotencia ante una situación.

Sin embargo, para escapar de la sensación de impotencia, resulta muy útil atravesar una expresión física. La ira se encuentra en los músculos, necesita salir. Coja un cojín suave y golpéelo, maltrátelo a su antojo. No crea que es ridículo arremeter contra un cojín; al contrario, es una prueba de madurez emocional.

Asimismo, si necesitamos enfrentarnos a alguien, si estamos realmente enfadados con alguien o si hemos acumulado demasiadas frustraciones, podemos realizar un excelente rito para allanar el terreno: la guerra de almohadas. Cada uno en su campo, se lanzan las almohadas con fuerza y se grita todo lo que se quiera. En el juego se podrán pronunciar las palabras más duras y maliciosas. Se deberá procurar que ambas partes sean igual de punzantes, sólo así la guerra permitirá una auténtica liberación.

Las guerras de almohadas frecuentes armonizan una pareja y liberan las tensiones entre padres e hijos. Tienen la ventaja de ser lúdicas, finalizan con unas risas y todo el mundo se siente mejor. Pero ¡atención!, no se comienza una batalla para solucionar un problema, sino que este deberá tratarse al margen de forma adulta. La guerra simplemente sirve para liberar tensiones.

La ira sana está cargada de responsabilidad, se manifiesta para restablecer la justicia, para manifestar su derecho y no para esclavizar, dominar o destruir al otro. La ira auténtica es lo contrario de la violencia. Expresarla refuerza el sentimiento de poder personal sobre una situación y no expresarla vuelve a hacernos sentir impotentes.

Mostrar los sentimientos es importante para nosotros mismos, pero también es nuestra responsabilidad social. Si más personas mostrasen su ira de forma sana (no violenta), sin duda, habría menos injusticias en el mundo. Sin embargo, la responsabilidad nos asusta, tanto en nuestra vida cotidiana como en nuestra vida social. Nos refugiamos fácilmente en un «es así, no se puede hacer nada».

Solemos recurrir a la idea de que «eso no cambiaría nada» con tal de no expresar lo que tenemos en el corazón.

Debemos expresar la ira, es decir, expresar al otro lo que sentimos ante un comportamiento específico que ha tenido hacia nosotros, explicar las razones por las que sentimos estas emociones ante dicho comportamiento (no, no es fácil para todo el mundo), exigir precisamente un nuevo comportamiento y mostrar al otro la motivación que puede tener al satisfacernos.

Thomas Gordon, en su libro *Parents efficaces* (Padres eficaces), estableció una frase mágica y verdaderamente eficaz: «Cuando tú (comportamiento preciso), yo (emoción), porque (razón). Y yo pido que (nuevo comportamiento), de forma que (motivación)». Con todo, tras expresar la ira, esta no deberá volver a aflorar.

El miedo

Existen personas que tienen miedo a todo y otras que no tienen miedo a nada. Ni unos ni otros están en contacto con ellos mismos ni con su verdadera angustia. Los temores de los primeros son, con mucha probabilidad, sentimientos de sustitución de la ira, una forma de dejarse llevar y proteger por los demás. Los segundos sencillamente rechazan sentir su miedo.

El miedo es «vergonzoso», el miedo da miedo. Disimulamos nuestros pavores y a veces incluso preferimos exponernos a los peligros que debemos superar en el inconsciente antes que enfrentarnos a nuestros terrores.

Enfrentarnos a un peligro exige vigilancia, concentración de la atención, precisión de los gestos, agudeza sensorial y movilización de energía en los músculos. La reacción de miedo prepara nuestro cuerpo y adapta nuestra fisiología para que tengamos a nuestra disposición todos los medios para protegernos. Negar el temor en vez de canalizar sus manifestaciones disminuye la eficacia de nuestras percepciones y movimientos, de manera que nuestros errores aumentan.

Se ha llevado a cabo un experimento con paracaidistas novatos, que sólo han saltado una vez. El día de su segundo salto fueron sometidos a pruebas proyectivas con el propósito de evaluar su nivel de ansiedad. Se les pidió que imaginaran historias a partir de una cierta cantidad de imágenes que se les mostraron. Las historias inventadas revelaron las sensaciones de los individuos, y se podría pensar que lo que contaban acerca de los personajes de los cuentos, en realidad, se podría aplicar a ellos mismos. Un grupo de control, formado por personas que no son paracaidistas, pasó por la misma prueba a fin de poder atribuir las eventuales diferencias de resultados entre los dos grupos a la única variable, el «salto de paracaídas». Las respuestas de los paracaidistas fueron sorprendentes. Comentaron con entusiasmo todas las imágenes que mostraban a paracaidistas en aviones: «No tiene miedo en absoluto», «Va a realizar un salto soberbio», «Va a ser genial». Por el contrario, con los dibujos sin ninguna relación con el paracaidismo, como el de un joven corriendo, los individuos se expresaron del siguiente modo: «Parece preocupado», «Se pregunta si va a morir», etc. Estas respuestas estaban muy alejadas de las del grupo de control y manifestaban una ansiedad importante. Ante estos resultados, todo indicó que los paracaidistas, el día del segundo salto, se encontraban en un estado de estrés emocional intenso, pero que, al rechazar reconocer su pavor ante el salto, lo desplazaron.

Este tipo de desplazamiento es una defensa común frente al miedo que ayuda a evacuar los sentimientos desagradables de temor. Aunque esta estrategia permite conservar una actitud de calma exterior, la fisiología marca la preocupación subyacente. Como nos negamos a ver la realidad del peligro, la alarma fisiológica concebida en un principio para mantenernos aún más alertas y eficaces altera nuestra capacidad de reacción y nos lleva a cometer más errores.

El miedo no reconocido significa energía movilizada por nuestras adaptaciones fisiológicas, que, a su vez, equivale a una capacidad de reacción ante el peligro reducida.

Otros estudios muestran que el miedo se encuentra en su máximo nivel antes del enfrentamiento real con el peligro, justo en el momento en que el enfrentamiento es inevitable. En el momento de «¿Preparado?», la tensión está en su punto más elevado, algo fisiológicamente natural. Nuestro cuerpo se prepara a partir del momento en que saltamos, y cuando nos encontramos en medio del peligro, nuestra energía se canaliza en la acción, la experiencia del miedo desaparece para favorecer el esfuerzo de la atención.

Lo que es cierto para el paracaidismo también se cumple en cualquier otra situación de riesgo o de preocupación, ya sea a la hora de realizar una proeza deportiva, una operación quirúrgica o un examen, ya sea al dar una conferencia pública, interpretar una obra de teatro, salir en televisión... Presentarse «con las manos en los bolsillos» ante una situación que exige la movilización de todos nuestros recursos nunca ha permitido a nadie obtener éxitos destacables.

Permitirse sentir miedo no significa dejarse paralizar por este. Si nos dejamos invadir, si dejamos que adquiera proporciones desmedidas, entonces, efectivamente, esta sensación nos inhibirá.

Curar el miedo

¿Qué hace usted cuando una niña de cuatro años se queda paralizada por el miedo ante la aparición de un perro tan grande como ella? Quizá se arrodille a su lado y le hable dulcemente para tranquilizarla. No la mirará desde arriba ni se burlará de ella, ya que así dispondrá de pocas posibilidades para ayudarla a calmar su pánico. Con nuestros miedos ocurre lo mismo. Sentimos la necesidad de tranquilizarnos, hablándonos dulcemente, y no diciéndonos «Eres ridículo», «Eres idiota», etc.

Experimentar el miedo frente a un suceso o una situación futura nos empuja a querer saber «qué va a ocurrir». La incertidumbre alimenta la angustia. Y «no querer saber para no preocuparnos» nos dejará desprotegidos frente a las dificultades o simplemente frente a los imprevistos cuando estos surjan.

Los enfermos, por ejemplo, dan muestras de una «total confianza» en su cirujano, se refugian en una pasividad tranquilizante y no piden ningún tipo de información, por lo que les cuesta mucho más enfrentarse a la situación postoperatoria y manifiestan más complicaciones que aquellos a los que la angustia antes de la operación les ha llevado a hacer muchas preguntas y a recibir todo tipo de información detallada.

Los «confiados» se sienten totalmente superados e impotentes frente a la situación posterior que no habían previsto. Sorprendidos por el dolor, por los efectos secundarios de la anestesia o por los cuidados complementarios no esperados, no llegan a soportarlos y sufren más que los «miedosos», que, después de todo, se han preparado para todo eso.

Los «confiados», al no comprender lo que les sucede, comienzan a sentir miedo y desconfianza del médico al que le habían conferido poder para protegerles del sufrimiento. Se enfadan e incluso se muestran agresivos con él. Todas estas perturbaciones emocionales no favorecen un restablecimiento rápido, mucho menos en aquellos que ahogan sus angustias, se culpan y no se atreven a manifestar la ira a su médico.

Antes de enfrentarnos a una situación impresionante o a un peligro real, con independencia de que se trate de caminar por un trapecio a cuatro metros de altura, hablar ante 200 personas, superar un examen oral o someternos a una intervención quirúrgica, debemos realizar un auténtico trabajo de preocupación anticipada.

Descarte las falsas frases tranquilizadoras del tipo «No te preocupes, no tienes por qué tener miedo» o «Un tipo tan fuerte como tú...», «No hay peligro», etc. El verdadero modo de tranquilizar consiste en acompañar con la presencia y con la escucha.

Contactos

¿Sabía que la agitación rítmica de un pie, de una pierna e, incluso, de las dos piernas hace bajar el ritmo cardiaco? Así es como algunos «nerviosos» se tranquilizan y ponen nerviosos a los de su alrededor. Por lo general, suele ser un comportamiento inconsciente. Juguetear con el pelo, toquetear un bolígrafo, tener «algo en la mano», un objeto para coger, etc. tienen el mismo objetivo: ralentizar el corazón, que tiende a acelerarse. ¿Cómo podría sustituir todos estos tics y manías? Podría estirar todo el cuerpo para liberar la energía bloqueada, beber un gran vaso de agua, respirar profundamente varias veces, realizar un ejercicio de relajación o bien moverse, cambiar el ritmo o la actividad o incluso algo mucho más eficaz: el contacto.

James Lynch, codirector de la Clínica de Psicofisiología de la Facultad de Medicina de la Universidad de Maryland, ha estudiado durante años la tensión arterial y relata sus experimentos y observaciones en un libro apasionante, *Le langage du coeur* (El lenguaje del corazón). Esta es una de sus observaciones: «La tensión arterial de los pacientes aumentaba claramente cuando se dirigían al realizador del experimento, y no lo hacía, e incluso llegaba a bajar, cuando hablaban con su perro y lo acariciaban». Lynch llegó a observar que la simple presencia de un perro en la sala bastaba para hacer descender la tensión arterial de los individuos. Se realizó una importante investigación con los pacientes del Departamento de Cardiología que habían sufrido un infarto de miocardio o una angina de pecho. Dicho estudio estableció una importante correlación entre el hecho de poseer una mascota y el de seguir con vida al cabo de un año.

Acariciar a un animal suele ser muy eficaz para reducir el impacto del estrés. Otra opción podrían ser los peluches. Aunque no cabe duda de que son mucho más cómodos que los animales, también son menos cariñosos. Con todo, mostrarse tierno con un peluche no tiene nada de humillante. Al contrario, si los adultos lo hiciesen con más frecuencia, simplemente serían más adultos en el control de sus vidas.

¿Y qué ocurre con el contacto humano? Al registrar la frecuencia y el ritmo cardiaco de los enfermos cuando estos se encontraban solos y luego cuando la enfermera, el médico, un amigo o un familiar iban a verlos, Lynch estableció que la interacción humana afectaba a la actividad cardiaca, hasta en el coma más profundo, en el que se puede comprobar que una brusca aceleración del ritmo cardiaco marca el momento exacto en que la enfermera retira su mano del brazo del enfermo dormido.

El corazón capta cualquier contacto y cualquier modificación de contacto y, asimismo, reacciona muy rápido. El simple tacto calma (siempre y cuando no esté cargado de angustia).

El impacto del contacto físico es innegable, las máquinas que lo registran dan fe de ello, incluso cuando los individuos intentan negarlo («Eso a mí no me afecta para nada»), ya que resulta increíble comprobar que los individuos, tanto los enfermos como los que participan en los experimentos, se muestran, la mayor parte del tiempo, totalmente inconscientes de las modificaciones fisiológicas que se producen en su cuerpo. El contacto es algo tan tabú en nuestra civilización que no nos gusta la idea de mostrar una reacción tan potente ante una mano que se posa dulcemente sobre la nuestra. Sin embargo, es un hecho.

Lynch desarrolla sus comprobaciones sobre la influencia de las interacciones humanas y el contacto físico y, a partir de las estadísticas, afirma que «todos los datos indican que la ausencia de compañía, la soledad crónica, el aislamiento social y la desaparición súbita de un ser querido figuran entre las principales causas de muerte en Estados Unidos. Con independencia de la edad, el sexo o la raza del individuo, los índices de mortalidad de los solteros, viudos y divorciados son entre dos y diez veces superiores, en función de la causa de la muerte, a los de las personas casadas». Nos necesitamos.

Hacer el amor

Le besa... y se está besando a usted mismo. Toda esa energía, esa tensión que sube dentro de usted alcanzará su paroxismo en el orgasmo. Después se sentirá tranquilo, feliz. Una sensación de dulce euforia le invadirá, sus piernas se sentirán entre algodones y tendrá la sensación de estar bajo la influencia de una anestesia. Todo esto se debe a las famosas endorfinas, esos analgésicos excitantes del cerebro que estimulan la adrenalina e inhiben el dolor. Su nivel de sangre tras el orgasmo alcanzará cotas impresionantes, hasta cuatro y cinco veces superior a la normal.

Plenitud, paz interior, una ligera euforia, el corazón que late, las piernas que tiemblan y la impresión de encontrarse en las nubes: estas sensaciones se parecen a los efectos que sienten las personas que fuman opio. «¿Y si el amor fuese el auténtico "opio del pueblo"?», se aventura a decir el doctor Marc Schwob, respaldado por todos aquellos que han vivido la embriaguez de la pasión y, con ella, el deseo de dejarlo todo, el trabajo, las responsabilidades, los deberes... «La represión sexual protege a la sociedad industrial», añade Wilhelm Reich.

El acto sexual favorece una descarga nerviosa, hormonal y sexual que estimula la energía del organismo, aumenta la vitalidad y calma las tensiones, todo ello sin efectos secundarios.

Hacer el amor es el mejor remedio contra el cansancio, la ira, la hipocresía y la depresión. No hay riesgos de hacer flaquear al corazón; los cardiólogos de hoy en día recomiendan a las personas cardiacas que tengan una actividad sexual periódica, siempre y cuando se haga el amor con alguien a quien se quiera, ya que hacerlo también es experimentar la sensación de ser amado, ser aceptado incondicionalmente, es decir, tener una relación intensa y cercana con otra persona. Todos estos aspectos son importantes para encontrar en el acto del amor la serenidad, la tranquilidad y la confianza en uno mismo.

El acto sexual que tenga como único objetivo la satisfacción instintiva de pulsiones despojadas de cualquier sentimiento y como única meta el disfrute del cuerpo no generará los mismos resultados. Las fantasías y los elementos excitantes cavarán un vacío interior, el sexo pasará a ser insaciable y la relación entre los dos seres tampoco finalizará con un sentimiento de plenitud y felicidad, sino con una necesidad de aislarse, de establecer una distancia entre uno mismo y el otro, para fumar un cigarrillo, beber una copa e incluso levantarse e irse. Tratar el cuerpo propio o el del otro como objetos genera menosprecio por uno mismo y por el otro e indiferencia por la pareja-objeto, hasta el hastío, muy lejos de ese amor bueno para el ánimo. ¡Amemos el amor!

Reír

La risa es un excelente método antiestrés y, probablemente, uno de los mejores somníferos que existen. Por desgracia, cada vez nos reímos menos. Hace aproximadamente cincuenta años, nos reíamos tres veces más que ahora. Calcule: ¿cuánto tiempo dedica al día a la risa?

La risa provoca movimientos convulsivos del diafragma, como los bostezos y la tos (sobre todo en los conciertos). Además, es contagiosa. Posee una importante función social, nos relaja y relaja el ambiente. Dispersa las dudas, permite ver las cosas con distancia y constituye un potente analgésico e incluso puede ayudarnos a curar enfermedades.

Respirar

La respiración es la herramienta preferida para el control de las emociones. Por ello, respiramos tan poco o tan mal. Al limitar el aporte de oxígeno, bloqueamos el proceso energético en nuestro cuerpo. Respirar profundamente permite que el aire se introduzca totalmente en los pulmones, hace retroceder al diafragma e hincha alternativamente el vientre y el pecho. Las respiraciones profundas favorecen un aflujo importante de oxígeno para recuperarnos de forma más rápida, eliminar las tensiones, poder soportar mejor el dolor y tranquilizarnos, aunque también para despertarnos, calentarnos, tonificarnos y vencer los nervios o la timidez (cuando sentimos miedo respiramos suavemente, si respiramos profundamente el cerebro cree que ya no tenemos miedo, tan simple como eso; inténtelo). Respirar profundamente reduce inmediatamente la tensión arterial. Observe su respiración y compruébelo. Varíe su ritmo respiratorio, modifique la profundidad de la inspiración o la expiración, y compare las diferencias.

Al respirar de forma consciente, se introducirá en sí mismo y adoptará cierta distancia con la situación que le preocupa, de forma que obtendrá tiempo para la reflexión y más facilidad para controlar las dificultades.

Si alguien le arremete o si se siente incómodo con alguien sin saber qué responder, antes de abrir la boca, respire. Respire centrando su atención en su interior. Siga el recorrido del aire por su cuerpo y responda a su agresor. Verá cómo se siente más seguro, preciso, implacable y creíble.

Respire conscientemente cada vez que tenga que tomar una decisión, cada vez que se enfrente a una dificultad y quiera reconquistar su libertad en una relación, cada vez que quiera asegurarse de lo que desea, cada vez que quiera sentirse Vivo.

La relajación

La relajación tiene como objetivo permitir un descanso muscular completo y, según la interpretación del cerebro, un descanso psíquico: «Si el cuerpo está relajado, esto significará que no hay peligro». Relajarse permite adoptar cierta distancia con respecto a nuestros problemas, disminuir la tensión arterial y reducir el nivel de angustia. Con demasiada frecuencia, nos acostumbramos hasta tal punto a las tensiones que dejamos de sentirlas. Algunos llegan a asegurar de buena fe que se sienten «muy relajados» ya que estar tensos se ha convertido en su estado normal. Al relajarse descubren sensaciones que nunca antes han sentido.

Al principio, resulta más fácil aprender dejándose guiar por una persona competente, aunque en la actualidad existen muchos productos que permiten practicar a solas en casa. Las técnicas de relajación son múltiples, cada uno deberá elegir la que más le convenga. Aquí se indican algunas:

• Cierre los ojos, respire. Comience por la mano derecha y luego la izquierda, los pies, las piernas... Apriete fuerte los músculos y relájelos, experimente diferentes sensaciones. Apriete y relaje de forma alternativa todas las partes del cuerpo.

• Imagínese tumbado en una playa, escuchando el sonido del mar y sintiendo el calor del sol en su piel. Visualice una imagen de sus músculos relajándose bajo los rayos del sol. Tómese su tiempo y visualice los rayos del sol posándose sobre su pierna derecha, luego sobre la izquierda, en los brazos...

• También puede concentrarse en la respiración y pasarla mentalmente por todo el cuerpo.

Puede relajarse sentado, aunque deberá procurar que la espalda se encuentre recta para no obligar a los músculos del cuello a realizar esfuerzos para mantener la cabeza. Cierre los ojos, escuche su respiración.

• Escuche los ruidos exteriores, concentre su atención en todos los ruidos y sienta el contacto de los pies con el suelo. Concéntrese. Una de sus piernas comienza a percibir sensaciones diferentes a la otra, acentúe esa impresión de aturdimiento, la pierna se le duerme... Deje que esa sensación invada progresivamente al resto de su cuerpo.

Poco a poco, se relajará cada vez más rápido, con más entrenamiento, en unos instantes se sumirá en una relajación profunda, ya esté sentado en el metro, en su silla de trabajo o en cualquier lugar.

Esta posibilidad de cargarse de energía de forma instantánea, de volver a centrarse, es una herramienta maravillosa de gran eficacia. Con independencia de que nos encontremos físicamente cansados o psíquicamente extenuados, la relajación regenera y favorece el contacto con nosotros mismos, con nuestros deseos y necesidades, nos hace más creativos e incluso más inteligentes. Nuestras capacidades de concentración, de asociación de ideas y de memorización mejoran ampliamente a través de la relajación muscular. Pensamos demasiado en que hay que realizar esfuerzos para hacer las cosas. Los esfuerzos son inútiles e incluso inhibidores.

El médico búlgaro Georgi Lozanov realizó pruebas a personas que calculaban de forma prodigiosa y a otros genios dotados de una sorprendente memoria. Durante sus proezas, los resultados registrados mostraron cuerpos en reposo y ondas cerebrales alfa, las habituales durante la relajación.

Un electroencefalograma muestra, efectivamente, los diferentes tipos de actividad eléctrica del cerebro. El despertar se caracteriza por el ritmo beta, una onda corta. En el transcurso del adormecimiento y cada vez que se cierran los ojos y que se sueña o que nos relajamos, nos encontramos con ondas alfa, un poco más largas y lentas que las beta. Cuando nos encontramos con ondas alfa, nuestro cerebro funciona de forma diferente, accedemos con más facilidad a nuestros recursos y facultades de asociación, analogía e imaginación mental. Posteriormente, cuando avanzamos un poco más en el sueño, el cerebro pasa a las ondas theta. La mayoría de las personas que no han realizado entrenamientos se adentran en el sueño cuando su cerebro manifiesta ondas theta. Sin embargo, también podemos permanecer despiertos, alcanzando entonces un estado de relajación profunda que permite acceder a determinadas técnicas, como, por ejemplo, la de la insensibilización ante el sufrimiento. Se trata también del estado en el que sume la hipnosis profunda. Al encontrarnos con ondas delta, estamos profundamente dormidos; sólo algunos yoguis pueden aún acceder a la conciencia.

Sin pretender llegar a ser yoguis, podemos, con todo, beneficiarnos ampliamente de un aumento de nuestro nivel corriente de ondas alfa. Por tanto, cierre los ojos con más frecuencia para alejarse de las exigencias del mundo exterior y orientarse hacia las riquezas de su mundo interior.

Debajo del asfalto está la playa

Gracias a las propiedades de las asociaciones automáticas entre las imágenes mentales y la fisiología, podrá recargar las pilas en el mar o en la montaña en unos momentos de relajación. En el transporte público, en vez de padecer refunfuñando el hacinamiento, los olores y el ruido y malgastar el tiempo y la energía, ¿por qué no se evade mentalmente hacia un lugar agradable de la naturaleza para impregnarse de los olores del mar o del campo y dejarse acariciar por los rayos de sol?

No deje que el ambiente influya negativamente en su estado de ánimo. Si coge ese metro o ese tren todos los días para ir a la oficina, no es un motivo para pasar un mal trago. La «vida moderna», como la denominamos, es muy estresante debido a la gran cantidad de exigencias y ritmos que impone. Sin embargo, en vez de suspirar por el tiempo que queda para las vacaciones y asociar los recuerdos de las mismas al estrés de la vuelta al trabajo, recicle esas imágenes para sumirse en las sensaciones de relajación que aquellas le ofrecieron.

Recursos e imágenes mentales

En el cerebro, los recuerdos se almacenan en las redes neuronales, todas las experiencias están recopiladas. Las imágenes

Somos los artesanos de nuestras vidas 255

del pasado se asocian a sentimientos que ha experimentado en esos momentos, en los pensamientos que tuvo. Volver a verlos le evoca los sonidos, los olores y las sensaciones.

Piense en un momento difícil de su vida, reviva la escena..., ¿qué siente? Automáticamente, su respiración cambiará, algunos músculos de su cara e incluso de su cuerpo se contraerán. Vuelva a vivir las emociones de ese instante. Se asociarán imágenes y sensaciones, unas le recordarán las otras y a la inversa. Se desarrollará el mismo proceso con los recuerdos positivos, aunque estos, desafortunadamente, dejarán una impronta menor en comparación con los negativos. Olvidamos con mayor facilidad los momentos felices y los éxitos que los momentos difíciles y los fracasos.

Cuando se encuentra ante una situación estresante, su cerebro asocia espontáneamente con los recuerdos de las imágenes los sonidos y las sensaciones del pasado, y le conecta con sus reacciones anteriores en el mismo tipo de situación o de emoción. Este efecto acumulativo es útil si sabe resolver de forma eficaz el problema, pero es muy molesto cuando ya se ha sentido impotente y sin recursos ante dicha dificultad. El control de sus imágenes mentales puede ayudarle a crear dentro de usted las condiciones de éxito. Sus representaciones inconscientes guían sus estados internos. Al orientarlos conscientemente, podrá influir en su experiencia. Dentro de usted se encuentran los recursos necesarios para enfrentarse a la mayoría de las situaciones que se le planteen, aunque no sepa siempre cómo utilizarlos o ni si los posee siquiera.

Si ha obtenido éxito en alguna ocasión, su cerebro dispondrá de la información necesaria para situarse en las condiciones de un nuevo logro. Si ha tenido confianza en sí mismo, aunque sólo haya sido una vez, ya ha pasado por la experiencia. Su cerebro conoce la receta de la confianza. ¿Por qué no la utiliza cada vez que la necesita? Porque usted la orienta de otro modo. Quizás otras experiencias de falta de confianza hayan adquirido tanta potencia que se adelanten al recuerdo positivo o, simplemente, quizá no crea en la posibilidad de tener confianza en otra situación.

¿Cómo puede acceder a sus recursos? Con esta técnica: en primer lugar, reviva brevemente una situación en la que se haya sentido bloqueado, simplemente para identificar sus sensaciones y aquello que necesita para darle a la situación un cariz más positivo. Podrá cerrar los ojos o tenerlos abiertos según lo que le resulte más fácil. Tras detectar el recurso necesario (confianza, seguridad, atención, dinamismo, calma, persuasión, claridad, etc.), rescate de su memoria el recuerdo de un momento de su pasado en el que haya experimentado dicha confianza, calma, persuasión, etc. Vuelva a visualizar las imágenes, escuche los sonidos, su voz y lo que diga en el interior, y experimente las sensaciones que acompañan a dicho estado. Repítase entonces el nombre del recurso «confianza», «calma» o «persuasión», etc. Ocasionalmente, para reforzar el proceso, pellízquese uno de sus pulgares con ayuda del pulgar y el índice de la otra mano. Su estado de recurso se asociará ahora con la pronunciación del nombre y la presión del pulgar. Compruebe, pellízquese el pulgar y sienta la sensación de que el recurso vuelve a usted.

Ahora estará preparado para la transferencia: recuerde de nuevo la imagen de la situación difícil y, a partir del momento en el que comience a sentir que se bloquea, comience a presionar el pulgar, pronuncie la palabra mágica *confianza* y sienta lo que ocurre cuando está en contacto con sus recursos en dicha situación negativa. Entonces, proyéctese en el futuro, ante un problema similar, pero más grave, y observe lo que sucede.

Podrá elegir sus estados internos si se lo propone. Sólo le hará falta algo que es útil: entrenarse para movilizar los recursos antes de meterse en la boca del lobo. En caso contrario, los automatismos de la costumbre serán más fuertes.

Recuerde los Juegos Olímpicos de Montréal de 1976. Los soviéticos consiguieron el primer puesto llevándose la friolera de 47 medallas de oro. Los alemanes del Este, que quedaron segundos, consiguieron la cantidad total igualmente impresionante de 40 medallas de oro. Tras descartarse, en primer lugar, la hipótesis del dopaje, se tuvo que admi-

Somos los artesanos de nuestras vidas 257

tir que estos fantásticos resultados se debían a los nuevos métodos de entrenamiento utilizados en esos países. ¿Qué sistemas? ¡El entrenamiento mental! La relajación, las imágenes mentales, el pensamiento positivo y la experiencia sensorial imaginada: estos eran los secretos del éxito que la mayoría de nuestros deportistas han adoptado en la actualidad y que podemos adaptar a las exigencias de nuestras vidas cotidianas. Consisten en borrar mentalmente los errores pasados y el temor al fracaso y en representar visualmente el éxito, como si ya se hubiese conseguido. Pero, cuidado, no se debe imaginar sólo lo que se desea, sino que uno debe verse como si se hubiese obtenido el éxito realmente, sintiendo todas las sensaciones. Se trata de adentrarse en el estado fisiológico óptimo de recurso.

Dormir

El estrés produce insomnio: insomnio de noche, de mañana o despertares en plena noche. Nos sentimos desprotegidos ante los obstáculos con los que se encuentra el sueño. A pesar de su celebridad, las ovejitas no son una gran ayuda y, por mucho que las cuente, usted sigue dando vueltas en el colchón sin poder conciliar el sueño.

Para empezar, no todo el mundo tiene las mismas necesidades de sueño y, por eso, las ocho horas al día son un mito. Debe saber que Thomas Edison sólo dormía dos horas y Napoleón cuatro. Einstein, por su parte, dormía sus diez largas horas. Churchill dormía muy poco por la noche, aunque se echaba sistemáticamente la siesta cada día. Esperemos que estos ejemplos ilustres le permitan relativizar sus noches. No existe una regla absoluta en materia de cantidad o de horario de sueño. Simplemente deberá escuchar sus propias necesidades, que, además, no tienen por qué ser las mismas a lo largo de toda la vida. Generalmente, dormimos menos con treinta y cuarenta años que con veinte.

El organismo humano está en armonía con los ciclos que no puede controlar, por lo que es natural dormir menos cuando hay luna llena. No vale la pena ponerse nervioso ni preocuparse, el cuerpo reconoce los ritmos del universo como los suyos propios. El cansancio debido a una noche más corta que de costumbre puede incluso deberse, en mayor medida, a la lucha por conciliar el sueño que por la falta real de reposo.

El sueño no es uniforme, sino cíclico. Se distinguen diferentes fases de sueño, del más ligero al más profundo, caracterizadas por las ondas cerebrales, que son cada vez más largas. Si su despertador suena por la mañana, en medio de un ciclo, por mucho que haya dormido 8 horas, se sentirá cansado. Una siesta de 20 minutos le permitirá descansar, ya que permite realizar un ciclo completo de sueño. Una siesta más larga podría no hacerle descansar si el despertador suena en mitad del ciclo. Lo mejor será «programarse» para despertarse antes de que suene el despertador entre dos ciclos.

Huelga decir que por la noche deberán evitarse las cenas demasiado copiosas y las sustancias excitantes como el café o el tabaco. No deberá olvidar tampoco dejar de lado los excitantes «emocionales». Si hay demasiadas hormonas de estrés en la circulación sanguínea, estas perturbarán el sueño. Una película de terror no es una buena manera de irse a la cama.

Para dormir sin somníferos, nuevamente, el método más eficaz será encontrar soluciones a los asuntos que le preocupan y realizarse plenamente. Una jornada que le proporcione un sentimiento de haber cumplido le ofrecerá, además, un sueño profundo y reparador.

El insomnio es la señal de que está sometido al estrés, de que hay algo dentro de usted o en su vida que no funciona, como una prueba que debe superar o, simplemente, que su vida está un tanto vacía. Solucione los problemas de los que tenga conciencia y si no pasa nada, si tiene la impresión de que «todo va bien», investigue, escuche a su inconsciente, escuche sus sueños.

La hipersomnia puede ser tan demoledora como el insomnio. En este caso, consume tiempo, quizás el tiempo que no sabe cómo emplear. Si duerme mucho, en muy pocas ocasiones se deberá a un cansancio físico. Se tratará más bien de estrés. Detrás de la hipersomnia se oculta la angustia. Cuando no nos atrevemos a enfrentarnos a ella, mejor dormir: «Mientras duermo, no veo nada, no oigo nada».

Que tenga felices sueños

Los somníferos plantean un problema importante. Disminuyen notablemente la fase de sueño paradójico (denominado así porque la profundidad del sueño se asocia con movimientos rápidos de los ojos). Se trata del momento privilegiado del sueño y, normalmente, ocupa entre un 20 y un 25 % del tiempo total de sueño.

A pesar de que todavía no conocemos todas las funciones del sueño, sabemos que este desempeña un papel fundamental en la memorización y que es la base (o la manifestación) de un trabajo de reorganización de las redes neuronales, como si el inconsciente intentase recopilar todos los datos, las sensaciones, la información recogida durante la jornada. Al margen de la conciencia, el cerebro continúa reflexionando... A aquello a lo que no puede acceder la conciencia, accede el trabajo del sueño. Al margen de las prohibiciones que impone a la conciencia el marco limitado de lo que «hay que pensar», dentro del cual su problema parece irresoluble, el sueño puede elaborar elementos de solución. Su inconsciente es la parte que le queda libre, la parte que «no sabe que es imposible».

Un sueño fue el que ofreció al inventor de la máquina de coser, Elias Howe, la solución al problema con el que se encontraba y también fue un sueño el que mostró a Niels Bohr la estructura del átomo y a Rutherford su desintegración; a Von Kekulé un sueño le permitió establecer las bases de la química estructural, a Mendel definir las leyes de la genética, a Einstein concebir el espacio y el tiempo y a Loewi intuir el mecanismo de los neuromediadores... del sueño. Casi todas las invenciones de Thomas Edison surgieron a partir de sus sueños.

Respete sus sueños, en ellos se le presentarán pistas, ideas e imágenes. Sin embargo, para superar las fronteras de la conciencia, el inconsciente se suele ver obligado a encriptar sus mensajes. Tómese su tiempo para descifrar las imágenes, oriente la «perspectiva» de sus sueños hacia los asuntos que le preocupan, escuche sus reformulaciones y así podrá acceder a los recursos más insospechados.

Colores

El mundo es de colores, azul, verde, rojo, amarillo, es luz con diferentes longitudes de onda. Existen los colores del exterior, los que usted ha elegido para su interior y los que lleva puestos. ¿Se ha parado a pensar en lo que un día le hizo elegir un color u otro? No cabe duda de que la experiencia diaria es la que le hace tener ganas de ponerse una camisa roja un día y negarse a colocársela al día siguiente.

Se han realizado muchos estudios acerca del impacto de los colores. Algunos médicos incluso utilizan la terapia de colores para curar a sus enfermos. Parece ser que el rojo calienta y dinamiza, pero se debe ser cauteloso, ya que tan sólo aporta energía y concentración cuando esta puede recibirse. Cabe destacar que no se debe realizar una sistematización abusiva.

Los mismos colores tendrán sobre usted un impacto diferente en función de su estado de ánimo en un momento determinado. Si es nervioso o hipertenso, el rojo le estará totalmente contraindicado. El naranja es estimulante, optimista. El amarillo estimula el intelecto, aunque también es sinónimo de depresión. El verde debe utilizarse con mesura, ya que, aunque calma el nerviosismo y permite regenerarse, su uso prolongado estimula las emociones de envidia y celos. El azul es tranquilo y refrescante. Si está resfriado, elija más bien el rojo, por algo se habla de colores calientes y fríos. El azul favorece la escucha de los demás, la meditación. Sin embargo, también puede fomentar el cansancio y la depresión. El violeta modera todas las emociones y reduce el miedo y la ira. Se trata de un buen remedio contra las angustias. Evidentemente, hay colores compuestos y cada matiz posee sus propiedades.

Su indumentaria se asemeja a usted, usted la elige en función de su estado de ánimo. Ella, a su vez, también influye sobre usted, al igual que su vivienda. Usted se peina o decora sus interiores según sus estados emocionales en un momento dado y los colores que ha elegido actúan sobre usted. No cabe duda de que resultará mucho más fácil dormir en una habitación con las paredes de color pastel que en una de color rojo vivo. Por eso, si se encuentra nervioso o deprimido, compruebe el color de la pared nada más llegar a su despacho.

Música

Evidentemente, el silencio es un espacio de reposo para nuestros oídos, propicio para la relajación, aunque hay sonidos más eficaces que el silencio.

Para relajarse al llegar del trabajo, se pone un disco sin pensárselo, se acomoda para escucharlo o lo deja como sonido de fondo mientras se ocupa de sus cosas.

Los ritmos biológicos tienden a sincronizarse con los musicales. Los latidos del corazón se adaptan a los tiempos marcados y las ondas cerebrales, de alfa a beta, siguen los movimientos de la orquesta. No toda la música amansa a las fieras. Incluso las plantas aprecian de distinto modo los discos que les hacen escuchar. Fanáticas de Bach o de Mozart, suelen ser sensibles a las desarmonías y reaccionan mal ante la música *hard rock* o *pop*. El *rock*, de ritmo rápido y potente, excita y dinamiza. Una balada nos pone románticos. El clásico barroco relaja gracias a sus ritmos lentos y solemnes.

Desde hace siglos, cantamos nanas a los niños para arrullarlos. Disponemos de canciones para esfuerzos realizados de forma conjunta, para animarnos en el trabajo, para ir a la guerra, para rezar o para acompañar en una boda o en un entierro. No nos cuesta nada reconocer el significado de una canción, incluso cuando no entendemos bien la letra. Los religiosos han utilizado desde siempre canciones, sonidos y mantras con diferentes ritmos para alcanzar estados de conciencia modificados. También hemos podido provocar en laboratorios modificaciones bioquímicas y estados alterados de conciencia mediante el uso de percusiones.

La música barroca de los siglos XVI a XVIII se ha estudiado de forma especial por sus efectos positivos en el aprendizaje. Al escuchar a Bach, Vivaldi, Talemann, Corelli y Haendel, los movimientos lentos (largo) de los conciertos barrocos, el ritmo cardiaco se ralentiza, de media, en cinco latidos por minuto, la tensión arterial desciende ligeramente, las ondas beta disminuyen en beneficio de las alfa, y las ondas theta y las delta del adormecimiento desaparecen. No se trata de somnolencia, sino de un estado de relajación que permite una focalización de la atención en el pensamiento. Esta música, a sesenta latidos por minuto, se utiliza en el «sobreaprendizaje». Mejora considerablemente nuestra capacidad de memorización. Muchos investigadores han elaborado música para favorecer diferentes actividades; hay músicas para crear, reflexionar, dormir, despertarse, tonificarse, relajar el dolor o «calmar los nervios».

El deporte

¿Por qué se dice que el deporte reduce el estrés? El diccionario, por el contrario, nos ofrece la siguiente definición: «Actividad física ejercida para jugar, luchar o realizar un esfuerzo». En sentido figurado, también se suele decir de un ejercicio o de un trabajo que «se va a sudar» para destacar su carácter difícil o peligroso. Hay muchos deportes competitivos u orientados al rendimiento.

El deporte permite liberar tensiones, pero también expresarse, abrirse. Nos enseña a controlar y orientar la energía hacia un objetivo. Permite organizarse y adquirir una mayor confianza en uno mismo según el rendimiento. Los deportes de equipo favorecen el contacto con los demás, así como sentir la experiencia de la solidaridad, que es fundamental para el control de las pulsiones violentas. Además, ¿quién ha dicho que la competición deba ser estresante? La competición deportiva consiste en controlar cada vez más la tensión interna.

Los amigos

Los verdaderos amigos son las personas a las que podemos decírselo todo. Mientras decide si quitarse la máscara totalmente en la vida, retíresela al menos ante sus amigos. Deje que le vean en toda su vulnerabilidad. Comparta con ellos sus dudas, sufrimientos y alegrías. Atrévase a mostrarles sus emociones y escuche las de ellos. Los amigos, mediante su simple presencia, representan un apoyo irremplazable en la superación de pruebas. Es cierto que la gente huye de las personas que se quejan, pero nunca de las que se confían verdaderamente.

Confesarse ante un amigo, intercambiar con él las dificultades de la vida es una manifestación de confianza. Al hablar de lo que le molesta, no le estará aburriendo con sus problemas, sino que le estará ofreciendo algo irremplazable: su confianza, con la que le confirma la calidad de su amistad.

Cuando se sienta triste o deprimido, pregunte a sus amigos por qué sienten aprecio por usted. Siempre anima escuchar halagos.

Silencio y soledad

La búsqueda de uno mismo se realiza con uno mismo, en silencio y soledad. La soledad siempre supone una carga cuando es forzada, pero puede elegirse libremente. Entonces, se convierte en la ocasión para tener un tiempo de reflexión, de escucha de uno mismo.

La soledad suele asustar porque favorece el enfrentamiento. Ante ella encontramos nuestra realidad. Nos asusta no saber cómo enfrentarnos a ella; además, ¿a quién no le ha asustado alguna vez sentirse vacío interiormente?

¿Cómo no vamos a sentirnos vacíos cuando hemos cedido nuestros sentimientos más profundos y nos hemos sometido a las normas paternales y sociales, cuando ya no podemos confiar en nuestras sensaciones y no podemos crear un pensamiento independiente? La riqueza interior tan sólo puede expresarse cuando hay vida interior. En cuanto se elimine esta, tan sólo quedará el vacío. El niño (y después el adulto), al ser obligado a adaptarse a los mandamientos paternales, tendrá que negar su realidad e incluso dudar de sus sensaciones. En su interior ya sólo quedará vacío y rabia acumulada, sufrimientos no expresados, miedos inconfesables y vergüenzas deshonrosas.

En la soledad, en el silencio y en la meditación, lo primero que descubrimos son nuestros «demonios», que representan nuestras angustias, nuestros miedos, nuestras iras reprimidas, todo lo que ocultamos en las tinieblas de nuestro inconsciente. Lo que queremos es acallarlos, ya que no nos gusta mirarlos de cara. Sin embargo, olvidamos que no verlos ni oírlos no significa que sean menos activos. Al observarlos, al escucharlos, estos «demonios» dejan de acecharnos. Nos permiten atravesar las aguas, normalmente turbias (debido a que han sido reprimidas), de la psique y, en consecuencia, descubrir nuestros tesoros y acceder a nuestro yo profundo.

Escuchar la voz de nuestro yo interior nos obliga a comprobar el desfase que existe frecuentemente entre la vida que llevamos y nuestra realidad interior, un desfase que nos negamos a ver en la vida corriente y que a veces la voz interior se ve en la obligación de denunciar en forma de enfermedad, accidente y fracaso, ocasionándonos un sufrimiento de tal envergadura que desgarra los gruesos tejidos de nuestras certezas. ¿Tenemos realmente que vernos postrados en una cama, excluidos de un papel social, para escucharnos finalmente? La voz interior se manifiesta en la soledad o en la adversidad.

No corra el riesgo de darse cuenta demasiado tarde de que la vida ha pasado de largo.

Resérvese periodos de soledad y no intente rellenarlos sistemáticamente con música o lectura. Hay tiempo para hacer cosas para uno mismo y tiempo para, simplemente, estar con uno mismo. Estar en silencio es necesario para oír nuestro interior.

Si se siente incómodo consigo mismo, en vez de encender la televisión, encienda una vela. Su llama le ayudará a sentir la Vida dentro de sí mismo. Si no soporta comer solo, encienda otra vela para sentirse acompañado.

El silencio y la soledad son necesarios para llegar a ser verdaderamente uno mismo, para sentirse existir no sólo como miembro de un grupo, sino como individuo. Cada persona necesita espacio para establecer una distancia con la rutina, para reflexionar sobre lo que es, para meditar sobre el sentido de su vida y acceder más a la conciencia.

12
EL SENTIDO DE LA VIDA

«Si la lógica te indica que la vida es un mero accidente sin sentido, no renuncies a la vida. Renuncia a la lógica» (Libro del Eclesiastés).

Nuestra lógica humana no es obligatoriamente la lógica de la Vida. Observemos la realidad con honestidad. Si sólo escuchásemos a los Hombres y a su egoísmo, lo más probable es que la Vida no llegase muy lejos. En definitiva, probablemente no es la Vida la que carece de sentido, sino que más bien somos nosotros.

Renunciamos a nuestras emociones, a nuestra propia opinión, a nuestra libertad de ser para obedecer a los automatismos adquiridos en el transcurso de nuestra educación. Nos sometemos a los «hay que» de nuestros padres y de la sociedad. Elegimos el conformismo social y los automatismos de nuestro «carácter», que nos permiten «no hacernos preguntas», y cuando nos damos cuenta de que no somos felices, nos lamentamos: «Mi vida no tiene sentido». Encendemos la televisión para ver una ristra de imágenes, algo que tampoco tiene mucho sentido, pero que al menos nos distrae.

¿Y si nos lo planteásemos en serio? ¿Y si nos hiciésemos algunas preguntas? ¿Qué dirección podemos darle a nuestra existencia? ¿Cuál es nuestra razón de ser?

El ser humano sigue siendo terriblemente egocéntrico. «Mi vida no tiene sentido» tiene como subtítulo «Mi vida no colma mis deseos». El mundo gira alrededor de él, que se imagina que la meta de la Vida es hacerle feliz. Piensa que los cinco mil millones de años de paciente evolución tan sólo tienen como objetivo permitirle, a él personalmente, comprarse el sofá o el reproductor de vídeo de sus sueños. Se queja de que la vida es injusta cuando sus deseos encuentran obstáculos.

Aunque es cierto que en la Biblia está escrito que todo ha sido creado para él, el ser humano podría empezar a madurar, observar a su alrededor y asumir su función, ya que también puede darse el caso de que sean los humanos los que no colman las expectativas de la Vida, y no al contrario. Puede que la naturaleza nos necesite, que tenga algún proyecto con cabida para nosotros.

Nuestra propia existencia nos confiere responsabilidad ante la Vida. Nuestra responsabilidad de seres vivos y humanos no consiste en complacer a nuestros ascendientes ajustándonos al molde que nos proponen ni en obligar a nuestros hijos a adaptarse a nuestras leyes, sino que consiste en favorecer el movimiento de la vida, en encontrar nuestro lugar en la evolución, en permitir la expresión humana de la Vida. Puede tratarse de decir que no a nuestros padres, de rechazar sus herencias si estas no siguen el sentido de la Vida. Consiste en ofrecer a nuestros hijos el espacio que necesitan y la libertad y el valor para cuestionar nuestras leyes a fin de poder hacerlas suyas.

La función existe gracias a la herramienta. Para delimitar nuestra función en la vida tenemos que observar cuáles son nuestras herramientas específicas: las manos para crear con la materia y un cerebro para construir mentalmente.

La especie humana está dotada de un órgano maravilloso que le permite encontrarse con la emoción, la memoria, el pensamiento, la conciencia y el control de su comportamiento. Tan sólo el hombre puede inhibir sus reflejos si así lo desea. El ser humano posee, gracias a su materia gris, una libertad sin parangón en el resto de la naturaleza.

Si el sentido de una vida existe en algún lugar, no puede ser en otro que en el que la diferencia. Nuestra especificidad, la de los seres humanos, es el control de nuestro comportamiento, la libertad de nuestro pensamiento, ese espacio interior del que nunca nadie podrá despojarnos. Con independencia de los acontecimientos y de las situaciones, siempre podremos elegir nuestra forma de ser. En esta libertad de comportamiento frente a la Vida reside el sentido de nuestra existencia.

Cuando nuestros comportamientos son automáticos, hipnóticos o guiados por el mero placer del momento, carecen de sentido. El sentido de la vida y la responsabilidad son inseparables.

Vivir de acuerdo con los valores propios de uno mismo es la única vía hacia la propia estima, hacia el sentimiento de riqueza interior y, en definitiva, hacia la auténtica felicidad, la que no depende de que las circunstancias sean felices o no.

Vivir de acuerdo con los valores propios de uno mismo significa atreverse a ser diferente, a desobedecer las normas aceptadas y el consenso social, a salir de la hipnosis colectiva de la sociedad de la imagen y el consumo, a ser libre y a asumir la responsabilidad de los actos, a arriesgarse a ser uno mismo. Este es el reto de nuestra época.

Ética y valores, los retos de nuestra época

Disponemos de más libertad que nuestros antepasados, de más elección. En la actualidad, podemos elegir una profesión, una empresa, una pareja, una casa, pero también un coche, lo que comeremos al mediodía, el color de las sábanas... Al margen de algunos aristócratas que han perdido con el cambio, en la actualidad disponemos de más tiempo y dinero para viajar, consumir, componer música y hacer todo tipo de cosas. Disponemos también de una libertad de pensamiento inimaginable para nuestros antepasados, gracias a una información muy rica y variada (hasta el punto de llegar a saturarnos).

Por tanto, disponemos de más poder de elección, a pesar de que aún no somos capaces de elegir desde un punto de vista afectivo, ya que elegir equivale a responsabilidad. Sin embargo, por ahora estamos obligados a ver cómo el sentimiento de responsabilidad está bastante ausente en la mayoría de nuestras acciones cotidianas. Las elecciones del hombre occidental de hoy en día se realizan en función de objetivos egoístas (mi deseo prima sobre el del otro) o más bien egotistas (cada uno hace lo que quiere). El altruismo, o la simple reflexión sobre las consecuencias del comportamiento individual sobre el grupo humano, o incluso sobre uno mismo, a medio y largo plazo, sigue estando lejos de nuestras preocupaciones.

En unos ámbitos cada vez más variados, las radios, televisiones y periódicos se hacen eco de numerosos debates éticos. El reto de nuestra época de libertad de elección es el de resolver estos problemas, aunque no deben ser patrimonio de los especialistas, pues pertenecen a todos nosotros, los humanos, que somos tanto unos como otros responsables del futuro del planeta.

Una sociedad se basa en las elecciones diarias de sus consumidores. ¿Cuáles son los criterios que le guían en el supermercado? Al salir (o, mejor, antes de salir) pregúntese a qué sociedad contribuye con el contenido de su carro. No se refugie detrás de las críticas a los industriales o al gobierno. Los industriales tan sólo responden a sus exigencias y el gobierno no puede hacer nada si usted, mediante sus compras, continúa apoyando lo que reprocha por otro lado.

No se olvide de que la cesta de la ama de casa es la que manda en las fábricas y no intente taparse los ojos, la técnica del avestruz es la más fácil, pero la más peligrosa.

«Si tuviésemos que reflexionar sobre todo lo que hacemos...». Se trata de elegir, reflexionar sobre lo que se hace significa ocupar su lugar en el mundo, apreciarse. No reflexionar significa actuar como un autómata y hacer surgir condiciones de impotencia y menosprecio de uno mismo. Todos somos importantes.

A poca gente le gustaría vivir al lado de una central nuclear, de una planta química o de un gallinero industrial, aunque a mucha le sigue gustando la comodidad de la electricidad, sigue consumiendo muchos cosméticos y aceptan las gallinas y los huevos producidos en batería.

«Si no lo hago yo, lo hará otro». Recuerde que este razonamiento dio lugar a los campos de concentración.

Cada vez somos más interdependientes, cada uno constituye un eslabón del sistema. Reconocer nuestro lugar y asumirlo es necesario, no sólo para la supervivencia de la especie, sino también para la individual, aunque sólo sea para poder mirarnos ante un espejo, para que, en el ocaso de nuestra vida, estemos seguros de no tener motivos de los que avergonzarnos o culparnos al mirar hacia atrás para aguantar la mirada de nuestros hijos. No hay nada más importante en este mundo que poder sentirse orgulloso de uno mismo, que poder apreciarse. Bueno, sí, hay una cosa más importante: que sus hijos se sientan orgullosos de usted. Hágase digno de respeto a través de su comportamiento, nunca es demasiado tarde. Corra riesgos para defender sus valores; para sentir la dignidad de Hombre, necesitamos saber que tenemos razones por las que morir. Cuando uno comienza a proteger su vida más que sus valores, la vida deja de tener valor. ¿Qué decir cuando se protege más el dinero, la imagen, la casa o el coche que los propios valores?

Job y el sentido del sufrimiento

El fracaso y la adversidad son unos valores ricos a pesar de que no les confiramos sentido. El acontecimiento que produce estrés se convierte en un factor de evolución, crecimiento y conciencia. Si no tiene sentido, surgen la angustia y la desesperanza.

¿Cómo podemos encontrarle sentido a una situación repentina? No caiga en la trampa del determinismo, no todo lo que le sucede tiene un significado a priori. Un acontecimiento no tiene sentido por sí mismo, sino que lo adquiere por lo que modifica, por lo que provoca en nuestra vida. Un obstáculo, un acontecimiento adverso, una situación ardua son cuestiones planteadas por la Vida. Lo que les proporciona sentido son las respuestas que les damos. A pesar de todo, buscamos indicios en el exterior. Nos gustaría que se nos guiara, que se nos dijera «el sentido de la vida es... y esto es lo que debes hacer».

Esta necesidad de ser guiado, de despojarnos de responsabilidad, es el éxito de los mentores, de las sectas y de los videntes.

Nos gustaría ser como niños, a los que se les dice lo que va a ocurrir y cómo deben comportarse, nos gustaría renunciar a nuestra responsabilidad, y, no obstante, es en ella donde reside el sentido de nuestra vida.

«Si la vida tiene sentido, deberá tener un sentido el sufrimiento, ya que este forma parte de la vida», afirma el psicólogo Viktor Emil Frankl. Sabe lo que se dice. Los campos de concentración se lo han enseñado. En su libro observa que «lo que le ocurría al prisionero era el resultado de una decisión interior y no de las circunstancias a las que estaba sometido».

«Cuando un hombre se da cuenta de que su destino es sufrir, su tarea consistirá entonces en asumir su sufrimiento. Deberá reconocer que, incluso en el sufrimiento, está sólo y es único en el mundo. Nadie le aliviará sus penas ni las padecerá en su lugar. Su única posibilidad reside en la manera en que lleve su carga». Así nos lo enseña Job.

Nietzsche añade: «Aquel que posea un "porqué" que le sirva de objetivo, de finalidad, podrá vivir con cualquier "cómo"».

Sin embargo, tenemos la desagradable manía de trasladar nuestros porqués al pasado, en lugar de orientarlos hacia el futuro, hacia... ¿Cómo puedo utilizar esta adversidad para manifestar mejor mis valores?

«¿Por qué me ocurre esto a mí?», esta también es la primera reacción de Job, que no entiende, por mucho que piense, que haya cometido alguna falta.

La Biblia denuncia esta reacción de tener que interpretar un sufrimiento como un castigo, una supuesta justa retribución de actos pasados. Nuestra idea de la justicia es bastante restrictiva y, sobre todo, tiende a culpar, al igual que nuestros métodos pedagógicos. No cabe duda de que la retribución existe y que quizá vivamos una devolución de las cosas. Nuestra actitud estimula reacciones en el entorno, provoca acontecimientos, suscita situaciones. Las emociones reprimidas, los complejos aislados en el inconsciente nos llevan a vivir repeticiones de situaciones y esquemas. A lo que no aceptamos enfrentarnos conscientemente, la vida nos enfrenta en la realidad exterior, algo lógico, pero también ¿justo?

Lucía es golpeada por cuarta vez. La violencia existe, pero ¿es una coincidencia que siempre les ocurra a los mismos? Póngase por un momento en la situación de un agresor. ¿A quién preferiría agredir, a alguien fuerte que pueda plantarle cara o a alguien que va a interpretar su papel de víctima? Por eso, con frecuencia «les ocurre» a los mismos, a quienes tienen costumbres de víctimas. ¿Cómo asimilamos dichas costumbres? Las aprendemos de los padres, bien porque hayan abusado de nosotros, nos hayan pegado o simplemente ignorado, bien porque nos hayan servido de ejemplo (también ellos se han presentado como víctimas). ¿Acaso es justo que Lucía sea golpeada hoy porque ya fue golpeada de niña y porque conserva los sentimientos de miedo y de impotencia?

No cabe duda de que se trata de lo que podríamos denominar una programación inconsciente. Sin embargo, el hecho de que Lucía sea golpeada no es culpa suya, no provoca de forma consciente estos acontecimientos en su vida, aunque deja que ocurran. Se mezcla en situaciones que favorecen la agresión, y su emotividad atrae los golpes. Se enfrenta, a través del exterior, a su violencia. La rabia que siente por haber sido tratada como lo fue por sus padres y que no puede exteriorizar la encuentra en el resto. Lo que podría hacer es, al observar que suele comportarse muchas veces como víctima, intentar entender de dónde procede esta violencia y curar las heridas abiertas en su infancia.

El entorno nos proporciona un espejo de las imágenes de nuestra realidad interior, permitiéndonos hacerla más objetiva. Nuestras experiencias nos informan acerca de nosotros mismos y pueden, aunque apenas les hagamos caso, ayudarnos a descubrirnos y, en consecuencia, a crecer, evolucionar, convertirnos en lo que queremos ser.

No existen actitudes ideales frente al sufrimiento, simplemente tenemos que intentar buscar la que sea más productiva. Podemos utilizar los acontecimientos de nuestra vida como instrumentos de perfeccionamiento y de estudio de nosotros mismos, como medios para enfrentarnos, pulirnos y ser mejores y, en consecuencia, más felices. No obstante, todo lo que nos sucede no tiene por qué estar anclado en el pasado.

La rana y el tarro de crema

Andrés me dice: «Sé cuál es el sentido de mi vida». Soy toda oídos. «Sí, con dieciocho años fui atropellado por un camión. Desperté en la cama de un hospital, totalmente inmovilizado y vendado. Ni siquiera podía hacer mis necesidades sin ayuda, no podía ni mover la cabeza. Mi único horizonte durante muchos días fue una bombilla del techo. Tuve tiempo para reflexionar acerca del sentido de mi vida. Después padecí dos años de horror diario en cuatro hospitales y centros de rehabilitación, dos años de dolor físico y psíquico, de humillaciones y angustias, sin mencionar el enfrentamiento con el sufrimiento y la muerte de otros. ¿Y sabe qué? No deseo a nadie lo que he vivido, fue demasiado duro, pero si pudiese elegir, volvería a ser atropellado por un camión, porque antes de eso era un cretino. Cada día doy gracias por haber sufrido el accidente, aprendí lo que quiere decir ser una persona y hoy por hoy soy feliz, veo las cosas de un modo diferente. La Vida me ha tenido que dar duro para llegar a entender».

Todas las personas con las que me he encontrado y que han pasado por una situación adversa, por muy dura que haya sido, han salido fortalecidas y nunca se han lamentado. Con todo, el sentido tan sólo aflora tras la cura (tanto física como psíquica).

Una rana se cae en un tarro de crema. Se agita y se debate con frenesí, intentando salir por todos los medios. ¿Cuál es su objetivo? No hundirse. Sin embargo, las paredes deslizantes del tarro no permiten la adherencia. La rana está agotada y a punto de abandonar cuando descubre que toda esa actividad furiosa y alborotada ha batido la crema y la ha transformado en un arrecife de manteca solidificada. Basta con escalar un poco y ¡fuera!

No siempre sabemos para qué sirven nuestras acciones. Que no nos permitan conseguir el resultado no significa que tengamos que presuponer que sean forzosamente inútiles.

Analice su pasado. Con la distancia que establece el tiempo, ¿no ve con otros ojos las experiencias que fueron más difíciles de superar? ¿Acaso no le han permitido desarrollar sus capacidades y forjar nuevos valores? Mirar al pasado permite adquirir conciencia del trozo de manteca, ver que un camino muy pocas veces es aleatorio y asir las riendas de la vida.

Durante las situaciones adversas, al estar demasiado anclados en el momento presente sin disfrutarlo realmente, ya que nos sentimos invadidos por nuestros temores futuros y nuestras culpabilidades pasadas, nos cuesta visualizar el camino que se nos presenta. Para superar una dificultad, pregúntese qué valores desea movilizar, qué es lo que le obliga a abandonar, qué cambios le propone. La conciencia de la meta le conferirá el valor de la travesía.

Por ello, no se resista a las emociones que afloran en usted. El camino para superar una dificultad no debe cruzarse sin sentir nada, apretando los dientes, sino que, al contrario, hay que aceptar el sufrimiento, dejarse envolver, transformar, dejando que la oruga se convierta en mariposa y que la Vida realice su obra.

¿Piedad o compasión?

Nuestra actitud frente al sufrimiento del otro también tiene sentido. La piedad no sólo es inútil, sino también tóxica, ya que encierra al otro en el sentimiento de impotencia y de negación de sí mismo. La compasión es otra cosa, le devuelve al otro su dignidad, consiste en atreverse a mirar la realidad de lo que le ocurre a la persona que está ahí, es decir, en atreverse a identificarla de forma suficiente para poder sentir su sufrimiento sin tener que cargar con él. Con frecuencia, sólo podemos decir que «es duro». Dígalo mirando a esa persona a los ojos, compartiendo un auténtico contacto.

Compadecer significa sentir y, en consecuencia, percibir los recursos que deben movilizarse para superar el dolor, la herida. El valor, el amor..., si también percibe esta dimensión, sentirá nacer dentro de usted un sentimiento de solidaridad y de respeto en relación con la calidad del alma, algo que le servirá para crecer y que representará un sentimiento de agradecimiento.

Margarita tiene las cuatro extremidades paralizadas. Está postrada en la cama desde hace casi dieciocho años y, aunque sufre mucho, su alegría por vivir permanece intacta. Al pasar un rato con ella, uno siente mucho respeto y agradecimiento hacia ella, ya que muestra lo esencial, ayuda a relativizar las preocupaciones diarias y a sacar más valor de la propia vida.

La compasión es una forma de amor que alimenta al otro y que fortalece sus recursos, que le ayuda positivamente.

Durante la adversidad, no todas las personas alimentan una bonita calidad del alma. Sin embargo, si considerar la intensidad del sufrimiento sufrido es importante, también debemos intentar no animar la queja de una persona. Observe a las personas con admiración por su valor y, en caso de que todavía no lo tengan, su mirada se lo aportará, les ayudará a crearlo. Con todo, no se juzga a alguien en mitad de una dificultad, ya que si fuese fácil para dicha persona, no se trataría de una adversidad.

La sonrisa interior

En definitiva, para controlar el estrés y ser felices necesitamos apreciar la vida, con todo lo que conlleva, tanto lo bonito o lo bueno como lo feo o lo malo, lo duro. Lo que le per-

El sentido de la vida

mitirá apreciar la vida será su capacidad para apreciarse a sí mismo, para ejercer su libertad en cualquier circunstancia.

Ser feliz significa saber recibir el momento, con distancia..., pero implicándose totalmente. Compromiso y distancia. Deberá entregarse a cada cosa, implicarse para realizarse a través de la situación, sin verse influido por el resultado de sus actos, recibir con la misma sonrisa interior tanto el fracaso como el éxito.

La sonrisa interior es la capacidad para aguantar las agitaciones de la vida. Significa permanecer en la acción y en la emoción de lo experimentado al mismo tiempo, manteniendo la distancia que permite tener conciencia del tiempo, del pasado y del futuro, y de la relatividad de las cosas.

«Para un luchador, la lucha en sí es una victoria, en ella encuentra la felicidad. Como depende de él continuar la lucha, considera que la victoria o la derrota, el placer o la pena dependen únicamente de él» (Gandhi).

Plantee actos justo, la Vida hará con ellos lo que desee, pero usted se convertirá en un ser brillante. Por el camino se encontrará con enseñanzas, con balsas salvavidas, se le ayudará y se dejará guiar por creencias. Tras cruzar el río, cambie de vehículo. En la selva, una balsa no siempre resulta útil. Aprenda a utilizar distintos vehículos en cada etapa y a separarse de ellos en cuanto las supere. No se atasque, la vida es mucho más bonita y simple de lo que se imagina.

No le coja cariño a nada durante el camino, siendo consciente de que se basa en la experiencia y no en la estabilidad. Atrévase a dejar a un lado las dependencias y encontrará el Amor, atrévase a dejar de lado sus ideas y encontrará la Luz. Participe en el movimiento de la Vida, no la frene, ni la limite, nade en su corriente. No huya del estrés, enfréntese a la vida, atrévase a sufrir.

La felicidad se nutre de libertad interior, amor y sentido.

«Tú mismo, si quieres crecer, desgástate contra tus litigios, que conducen a Dios. Es el único camino que existe en el mundo» (*Ciudadela*, de Saint Exupéry).

BIBLIOGRAFÍA PARA PROFUNDIZAR

1. La alquimia de la felicidad
   JACQUARD, Roland, *L'art intérieur, schizoïde et civilisation*, Points PUF, 1975.
   LOWEN, Alexander, *Gagner à en mourir*, Hommes et groupes, 1987.
   MASLOW, Abraham H., *El hombre autorrealizado: hacia una psicología del ser*, Kairós, 1998.
   DE PANAFIEU, Jacques, *Gagner sa vie sans la perdre*, L'âge du verseau, 1991.
   REICH, Wilhem, *Escucha, hombrecito*, Bruguera, 1978.
   SCHULTHEIS, Rob, *Cimes, extase et sports de l'extrême*, Albin Michel, 1988.

2. ¿Qué es el estrés?
   LABORIT, Henri, *L'inhibition de l'action*, Masson, 1981.
   RIVOLIER, J., *L'homme stressé*, PUF, 1989.
   SELYE, Hans, *Tensión sin angustia*, Guadarrama, 1975.

3. El cuerpo se expresa
   Alors survient la maladie, SIRIM, éd. Empirika, 1983.
   FILLIOZAT, Isabelle, *Le corps messager*, La méridienne, 1988.
   LYNCH, James, *Le coeur et son langage*, InterEditions, 1987.

4. LOS ADICTOS AL ESTÍMULO
   LE BRETON, David, *Passions du risque*, Métailié, 1991.
   HALL, Edward, *Más allá de la cultura*, Gustavo Gili, 1978.
   LURÇAT, Liliane, *Violence à la télé: enfant fasciné*, Syros, 1989.

5. CUESTIÓN DE TEMPERAMENTO
   BERNE, Eric, *¿Qué dice usted después de decir hola?*, Grijalbo, 1999.
   CORNEAU, Guy, *Père manquant, fils manqué*, Ed. de l'Homme, 1989.
   CYRULNIK, Boris, *La naissance du sens*, Hachette, 1991.
   MILLER, Alice, *El drama del niño dotado y la búsqueda del verdadero yo*, Tusquets, 1998.
   STEART, Ian, *Manuel d'analyse transactionnelle*, Van Joines, Inter Ed.

6. CRISIS Y CAMBIOS
   KÜBLER, Élisabeth, *La muerte: un amanecer*, Luciérnaga, 2002.
   TOFFLER, Alvin, *El cambio del poder*, Plaza & Janés, 1992.
   VIORST, Judith, *Pérdidas necesarias*, Plaza & Janés, 1990.

7. LOS FRENOS AL CAMBIO
   DADOUN, Roger, *Cien flores para Wilhelm Reich*, Anagrama, 1978.
   MILGRAM, Stanley, *Obediencia a la autoridad: un punto de vista experimental*, Desclée de Brouwer, 2007.
   DE MONTMOLLIN, Germaine, *L'influence sociale*, PUF, 1977.
   PAICHELER, Geneviève, *Psychologie des influences sociales*, Delachaux et Niestlé, 1985.
   TERRASSON, François, *La peur de la nature*, Sang de la terre, 1988.

8. EL INFIERNO ES EL OTRO
   Comment surtir des petits conflits dans le travail, Dunod, 1984.

CYRULNIK, Boris, *Bajo el signo del vínculo*, Gedisa, 2006.
ENGLISH, Fanita, *Qui suis-je face à toi*, Hommes et groupes, 1987.
GORDON, Thomas, *Parents efficaces*, Marabout, 1980.
HALL, Edward T., *Más allá de la cultura*, Gustavo Gili, 1978.
LEMAIRE, Jean G., *Le couple: sa vie, sa mort*, Payot, 1986.
MILLER, Alice, *Por tu propio bien: raíces de la violencia en la educación del niño*, Tusquets, 1998.
MULLER, Jean Marie, *Evangelio de la no violencia*, Fontanella, 1973.
—, *Estrategia de la acción no-violenta*, Hogar del Libro, 1983.
SEMELIN, Jacques, *Sans armes face à Hitler*, Payot, 1989.

9. LOS PELIGROSOS «ANTIESTRESANTES»
BORDEAUX-SZEKELY, Edmond, *La vie biogénique*, Soleil, 1985.
KOUSMINE, *Sauvez votre corps!*, Laffont, 1987.
LABLANCHY, Jean Pierre, *Comment vaincre sa fatigue*, M. A. Éditions.
STARENKYJ, Danièle, *Le mal du sucre*, Orion, 1990.

10. MEDIO AMBIENTE Y CONTAMINACIÓN
ALTENBACH, Gilbert y Boune LEGRAIS, *Habitat et santé*, Cosmitel, 1988.
HALL, Edward T., *La dimensión oculta: enfoque antropológico del uso del espacio*, Instituto Nacional de la Administración Pública, 1973.
SHALLIS, Michael, *Le péril électrique*, L'âge du Verseau, 1989.
WINGERT, Helga, *La maison polluée*, Terre Vivante, 1986.

11. SOMOS LOS ARTESANOS DE NUESTRAS VIDAS
COMBY, Bruno, *Control del estrés*, Ediciones Mensajero, 1996.
EDDE, Gérard, *Les couleurs pour votre santé*, Dangles, 1982.

FLUCHAIRE, Pierre, *Renaître au sommeil naturel*, Dangles, 1989.
—, *La revolución del sueño*, Plural de Ediciones, 1992.
KELEN, Jacqueline, *Un amour infini*, Albin Michel, 1982.
KERFORME, Philippe, *Les rêves lucides*, L'âge du Verseau, 1992.
LEPELLETIER, Jean Pierre, *Plus efficace et moins stressé*, Éd. d'Organisations, 1992.
MOODY, Raymond, *Humor y salud: poder curativo de la risa*, Edaf, 1979.
RUBINSTEIN, Henri, *Psychosomatique du rire*, Robert Laffont, 1983.
SCHWOB, Marc, *De l'amour plein la tête, ou la biologie de l'amour*, Les guides santé Hachette, 1984.
Les thérapeutiques du stress, Les entretiens de Monace, Éd. du Rocher, 1988.
ZAMBROWSKI-MORENO, Solange, *Vivre sa vie en relaxation et programmation positive*, Ed. du Levain, 1989.
ZARAÏ, Rika, *Mes secrets naturels pour guérir et réussir*, Lattès, 1988.

12. EL SENTIDO DE LA VIDA

DHABI, Marie Madeleine, *Un itinéraire à la découverte de l'intériorité*, Epi, 1984.
DHIRAVAMSA, V. R., *La vía del no-apego*, La Liebre de Marzo, 1991.
DÜRCKHEIM, Karfield Graf, *Méditer*, Le courrier du livre, 1976.
FRANKL, Viktor E., *El hombre en busca de sentido*, Herder, 2004.
GUESNÉ, Jeanne, *La conscience d'être ici et maintenant*, L'espace Bleu, 1991.
LINSSEN, Robert, *Bouddhisme, Taoïsme et zen*, Le courrier du Livre, 1992.
MULLER, Jean Marie, *Simone Weil, l'exigence de non violence*, Etc, 1991.
THICH NHAT HANH, *Hacia la paz interior*, Nuevas Ediciones de Bolsillo, 2004.

TRUNGPA, Chögyam, *El mito de la libertad y el camino de la meditación*, Kairós, 1998.
VAILLANT, François, *La no violencia en el Evangelio*, Sal Térrea, 1993.

REVISTAS
- *Actualités en Analyse Transactionnelle*
  Los clásicos del análisis transaccional (2 volúmenes que recopilan los principales artículos).
  Información y pedidos:
  IFAT 10, Richer, 75009, París (Francia)
  CFIP, 153, Gribaumont, B-1200, Bruselas (Bélgica)

- *Alternatives Non-Violentes*
  16, Paul Appel, 42000, St. Étienne (Francia)

- *Question de*
  N.º 75: «Méditer et agir»
  N.º 81: «Karlfried Graf Durkheim»
  N.º 88: «L'enfant du possible, pour une autre éducation», Albin Michel

- *Science et vie* (versión española: *Ciencia y vida*)
  N.º 168 (septiembre de 1989), especial «Les émotions»
  N.º 162 (marzo de 1988), especial «Le cerveau et la mémoire»

www.ingramcontent.com/pod-product-compliance
Lightning Source LLC
Chambersburg PA
CBHW051117160426
43195CB00014B/2251